KB263166

THE BOOK OF CHANGES

주역의 본질

때에 따라 체인지하라

 # 프롤로그 : 주역이 디지털이다

1

주역은 영어로 <The book of changes>다. 변화의 책을 뜻하는 보통명사가 아니고 『주역』을 가리키는 고유명사다.

『주역』이란 무엇인가? 『주역』은 주대의 책이다. '주'는 주나라를 뜻하는 시대의 이름이며, '역'은 책 이름이다.

모든 것이 변화하는 천지자연 속에 항상과 무상이라는 두 마리 새가 함께 노니는 이치가 있어, 복희가 처음으로 획을 그어 팔괘를 지었다. 팔괘를 거듭하면 그 속에 64괘가 있으므로, 64괘는 복희가 만든 것이다. 은대 말기와 서주 초기에 문왕이 64괘의 괘사인 단을 짓고, 주공이 384효의 효사를 지은 바 있어 '주'라 이른다.

역에는 천지자연의 변하지 않는 본질적 이치가 있다. 낮이 밤이 되고 밤이 낮이 되는 것처럼, 양이 음으로 변하고 음이 양으로 변하는 변역과 양이 음과 사귀고 음이 양과 사귀는 교역의 뜻이 있어 '역'이라 이른다. 이것이 『주역』의 에센스이며 본질이다.

2

성경현전. 성인이 쓴 글을 경이라 하고, 현인이 경을 풀이한 글을 전이라 한다.

복희가 획을 그어 지은 괘와 문왕이 지은 괘사인 단과 주공이 지은 효사가 『역경』이다. 춘추시대 말기에 공자가 "기술은 하되, 창작은 아니다."라고 선언하며 『역경』에 열 개의 날개를 달아 주었다. 이것이 『십익전』이다. 공자의 『십익전』은 전적으로 의리를 써서 『역경』의 의미를 드러낸 것이다.

후한 시대 이래로 『주역』을 말한 것은 모두 상수와 오행에 바탕을 둔 '상수역'에 얽매이지 않은 것이 없었으나, 삼국시대 위나라의 왕필이 상수역을 비판하고, '득의 망상론'을 주장하며 『주역』에 주석을 달아 『주역주』를 남겼다. 왕필이 『주역』'경문'에 공자의 『십익전』중 <상경 단전>, <하경 단전>, <상경 상전>, <하경 상전>, <건곤 문언전> 다섯 전을 붙여 하나로 합쳤다. 후학 중에 이를 고친 사람이 없었으므로 현재 통용되는 『주역』은, 왕필이 편집하여 하나로 합한 것을 기본으로 한다. 공자의 나머지 다섯 전 <계사 상전>, <계사 하전>, <설괘전>, <서괘전>, <잡괘전>은 뒤에 부록으로 붙여서 따로 전해져 오고 있다.

3

사물의 중심이 되는 골자를 정수라 한다. 뼈에 있는 골수가 정수다.

역에 태극이 있으니, 이것이 양의를 낳고, 양의가 사상을 낳고, 사상이 팔괘를 낳는다. 팔괘가 길흉을 정하니, 길흉이 대업을 낳는다. <계사 상전 11장>에 있는 이것이 주역의 정수다.

1생 2법의 이치로 태극에서 → 음양이 나오니 → 사상 → 팔괘 → 64괘로 분화하여 전개해 나간다. 일음일양이 도다. 음양은 비트(0과 1로 표현되는 컴퓨터의 정보량을 나타내는 기본 단위)의 표현 체계와 같다. 음양 노소가 사상이다. 사상은 양자컴퓨터의 정보량을 나타내는 기본 단위인, 큐비트의 표현 체계와 같다. 사상이 팔괘를 낳는다. 『주역』의 괘는 디지털의 표현 체계와 같은 원리이므로, 양자컴퓨터가 빠른 속도로 발전해 가면 팔괘 비트를 기본 단위로 하는(팔괘의 표현 체계와 같은) 디지털 문명이 구현될 것이다. 주역이 디지털이다.

괘획이 이미 서면, 문득 길흉이 뒤쪽 면에 존재한다. 길흉을 알면 일의 변화에 대응할 수 있다. 길흉은 득실의 상이니, 선하면서 길한 것은 행하고, 막히면서 흉한 것은 그치면, 일상생활에서 모두 천지자연의 이치에 위배되지 않아 하늘로부터 도와서 길하여 이롭지 않음이 없을 것이다.

4

길흉회린은 점사다. 길흉은 상대적이고, 회린은 그 중간에 있다.

길한 곳에서 삼가고 두려워할 줄 모르면 스스로 욕보게 되고, 이것이 흉에 이르지 않더라도 마침내 흉으로 나아간다.

뉘우치고 고치면 → 길하고 → 길한 곳에서 삼가고 두려워할 줄 모르면 욕보게 되고 → 욕을 보면 흉해지고 → 흉에서 벗어나고자 하면, 뉘우치고 고쳐야 한다. 회 → 길 → 린 → 흉 → 회 → 길의 순서로 반복된다.

『주역』은 본디 점치는 책으로 시작되었다. 성인이 『주역』을 지은 뜻은, 어리석은 이에게 점서법을 가르쳐서 역으로써 길흉을 알아 삶의 지침으로 삼도록 함이다. 알지 못하는 것을 계발시키고, 길을 취하고 흉을 피하게 함으로써, 어떤 목표를 이루고자 하면 이를 완성할 수 있도록(개물성무) 하고자 함이다. 그러므로 성인은 괘의 한 가운데에 이러한 길흉회린의 상이 있으면, 이 같은 길흉회린의 괘효사를 달았다.

『주역』은 천지를 기준으로 엮어졌으며, 천지의 이치를 다 담고 있는 광대한 책이다. 『주역』은 도적과 같은 소인이 아니라, 곤궁한 사람을 도와주고 사적 이익을 추구하지 않는 도덕적 품성이 높은 군자를 위한 책이다. 올바름을 가르치는 대형이정의 책이다. 지혜로운 자가 주역 64괘 384효의 괘효사를 자세히 살펴본다면, 시초를 셈하여 괘를 구하지 않더라도 다가오는 미래의 일을 반 이상을 알 수 있을 것이다.

『주역』을 사용하는 네 가지 쓰임이 있으니, 이것이 『주역』이 주는 네 가지 선물이다.

◆ 괘효사의 뜻을 깊이 음미하면, 말이 능숙해질 수 있다.

◆ 역으로써 움직이고자 하는 자는, 그 변화를 관찰하여 능동적으로 행동할 수 있게 된다.

◆ 괘의 상을 면밀히 관찰하면, 기물을 만들 수 있게 된다.

◆ 역으로써 점을 치려는 자는, 점치는 뜻을 깊이 음미하여 점치는 것으로써 의혹을 풀 수가 있게 된다.

5

수를 궁구하여 미래를 미리 아는 것을 점이라 한다. 미래를 미리 아는 것이 예지다. 미래를 미리 아는 것은, 때와 일의 변화에 통하여 알기 때문이다.

단순히 시초점을 쳐서 미래의 길흉을 알고자 하는 것만이 점치는 행위가 아니다. 개미가 높은 곳에 올라가면 장마가 올 것을 예측할 수 있고, 기러기가 일찍 남쪽으로 내려오면 날씨가 추워져서 흉년이 들 것임을 미리 알 수 있다. 풍향계를 설치하여 바람의 방향을 관측하는 것을 바람을 점친다고 하였다. 점이란 미래의 조짐에 대한 판단 결과를 말한다.

괘와 효는 때時와 일事이 구체적으로 처해 있는 상황, 그리고 그 변화를 상징한다. 주역 64괘 384효와 괘효사를 오해하거나 멀리하지 말고, 주역의 본질을 바르게 이해하고 활용하는 지혜가 필요한 것이다.

시초를 셈하여 괘를 구하고 괘효사를 해석하여 미래의 조짐을 단정적으로 판단하는 것은, 때와 일의 변화에 통하여 미래를 미리 알기 때문이다.

수가 의지하고 있는 근원은 참천양지다. 천지의 수가 양은 기(홀수), 음은 우(짝수)니 곧 <하도>의 수다. 천수(1, 3, 5, 7, 9)가 25, 지수(2, 4, 6, 8, 10)가 30이니 무릇 천지의 수가 55다. 다섯 개의 생수(1, 2, 3, 4, 5) 가운데 하늘은 셋(1, 3, 5)이고, 땅은 둘(2, 4)이다. 참천양지는 천天을 셋으로 하고, 지地를 둘로 하여 수를 세웠다는 뜻이다. 수는 모두 이것을 의지하여 일어난다.

양은 3이고 음은 2니, 양수 3과 음수 2를 합한 수가 5다. 5는 음과 양을 합한 수이니, 태극을 표시하는 <하도>의 중앙에 5가 오게 된다. 대연수는 50이니, 쓰는 것은 49다. 대연수 50은 <하도>에서 나온 천지의 수 55를 근원으로 하여 50으로 대연한 수다. 49를 쓴다 함은 대연수 50에서 태극을 상징하는 1을 쓰지 않음이다.

◆ <하도>의 중앙에 위치한 5와 10을(5는 중中수, 10은 전全수이니 쓰지 않는다.) 태극이라 하고,

◆ 천지의 수 55에서 5와 10을 뺀, 양수의 합 20(1, 3, 7, 9)과 음수의 합 20(2, 4, 6, 8)은 양의라 하고,

◆ (1, 2, 3, 4, 5는 생수니) 1, 2, 3, 4가 각각 중앙의 5를 얻어 6, 7, 8, 9가 된 것을 사상이라 한다.(6, 7, 8, 9, 10은 천지의 성수다.) 사상의 수는 바로 천지자연의 이치이니 <하도>와 <낙서>에 각각 그 정해진 자리가 있다.

◆ 사방의 합을 나누어 건, 곤, 감, 리라 하고, 네 귀퉁이가 빈 것을 더하여 진, 손, 간, 태가 된 것을 팔괘라 하였다.

◆ 4영에 역을 이루고 18변에 괘를 이룬다. 이 책에 시초를 셈하여 괘를 구하는 이치와 주역 64괘 384효의 괘효사를 해석하는 법을 알기 쉽게 풀어서 설명하였다.

6

때에 따라 체인지하라!

모든 것은 변화한다. 천차만별하게 변하고 있는 세상사의 소용돌이 속에,『주역』은 "때에 따라 체인지하는 것이 도를 좇는 것이다."라고 속삭여준다. 괘는 때를 상징한다. 줄어들고 늘어나며, 가득 차고 텅 비는 것을 때라고 한다. 괘는 시간의 흐름과 구체적으로 처해 있는 상황, 꼭 알맞은 시기를 나타내 보인 것이다.

이 책의 전체적인 흐름을 따라가면 괘와 효, 때時와 일事의 심층적 의미가 확연하게 다가올 것이다. 이 책은 총 2부로 구성되어 있다.

◆『주역』은 주대의 책이다. 복희·문왕·주공이 지은『주역』경문과, 공자가 달아준 열 개의 날개, 왕필이『주역』경문에 공자의 다섯 전을 붙여 하나로 편집한『주역주』의 구조를 알기 쉽게 풀어서 설명하였다.

◆ 황허에서 나온 용마의 그림 <하도>와, 낙수에서 나온 거북 등에 쓰인 글 <낙서>를 수리적으로 풀어서 설명하고, 복희 팔괘·문왕 팔괘·정역 팔괘의 괘도를 실어 알기 쉽게 풀어서 설명하였다.

◆ 주역의 정수는 태극 → 음양 → 사상 → 팔괘 → 64괘로 분화하여 전개되는 1

생2법의 이치다. 천지자연의 이치인『주역』상경 30괘의 좌표와, 인사의 작용인『주역』하경 34괘의 좌표를 자세하고 일목요연하게 분석하여 설명하였다.

◆『주역』은 본디 점치는 책으로 시작되었다. 성인이 주역을 지은 뜻은, 어리석은 이에게 점서법을 가르쳐서 역으로써 길흉을 알아 삶의 지침으로 삼도록 함이다. 뉘우치고 고쳐서 길을 취하고 흉을 피하게 함으로써, 이루고자 하는 목표를 완성시킬 수 있도록(개물성무) 하고자 함이다.

◆ 이 책 2부에『주역』64괘 384효를 상경 30괘와 하경 34괘로 나누어 싣고, 공자의『십익전』을 각각 정리하여 간략하게 실었다. 특히, <계사 상전> 12장과 <계사 하전> 12장의 각 장과, 64괘의 순서와, 팔괘가 의미하는 상징 등을 조목조목 알기 쉽게 풀어서 설명하였다.

◆ 이치는 하나인데, 생각은 가지각색이라 각기 여러 가지 방법으로 말한다. 붓다의 깨달음인 중도, 깨달음으로 가는 실천의 가르침인 팔정도, 주역의 핵심 사상인 중中·정正을 깊이 이해하면 주역의 본질과 참 이치를 바르게 이해할 수 있을 것이다.

◆ 이 책 중간중간에 주역을 만난 헤르만 헤세의 통찰, 주역 64괘에서 디지털 이진법 원리를 도출한 라이프니츠, 사마천『사기』에 전완의 점을 쳐서 10대 이후의 일까지도 추산한 사실의 기록 등, 주역의 본질과 참 이치를 재미있게 이해할 수 있는 역사적 사실을 여러 가지 추려서 수록하였다.

주역을 배우고자 하는 입문자, 주역의 이치와 본질을 빠짐없이 깊이 있게 공부하고자 하는 사람, 주역으로 점을 치려는 사람, 주역을 일상생활에서 늘 곁에 두고 삶의 지침으로 삼으려는 사람들에게 꼭 필요한 주역의 모든 것을 알기 쉬운 한글로 엮어서 한 권에 담은『주역』의 종합판이 이 책이다.

'때를 알고, 때에 따라 체인지하라!'
이 글을 읽는 그대에게 이 말을 전합니다.

두 손 모아 절하며
구산동에서 **손 민 익**

차 례

1부

Chapter 1
주역은 주대의 책이다

1. 주역이란 무엇인가?

주역은 영어로 〈The book of changes〉다. 변화의 책을 뜻하는 보통명사가 아니고 『주역』을 가리키는 고유명사다.

『주역』이란 무엇인가? 『주역』은 주대의 책이다. '주'는 주나라를 뜻하는 시대의 이름이며, '역'은 책 이름이다.

『주역본의』는 주희가 48세에 쓴 책으로 주역의 에센스를 가장 잘 정의해 주는 책이라 인정된다. 주희는 『주역본의』(상·하경 2편, 십익전 10편으로 구성되어 있다)에서 『주역』은 본디 점치는 책이라고 선언하며 "『주역』은 주대의 책"이라고 정의했다.

모든 것이 변화하는 천지자연 속에 항상과 무상이라는 두 마리 새가 함께 노니는 이치가 있어, 복희가 처음으로 획을 그어 팔괘를 지었다. 팔괘를 거듭하면 그 속에 64괘가 있으므로 64괘는 복희가 만든 것이다.

주의 덕이 흥성하던 은대 말기와 주대 초기에 문왕이 64괘의 괘사인 단을 짓고, 주공이 384효의 효사를 지은 바 있어 '주'라 이른다.

역에는 천지자연의 변하지 않는 본질적 이치가 있다. 낮이 밤이 되고 밤이 낮이 되는 것처럼, 양이 음으로 변하고 음이 양으로 변하는 변역과 양이 음과 사귀고 음이 양과 사귀는 교역의 뜻이 있어 '역'이라 이른다. 이것이 주역의 본질이며, 에센스다.

◆요임금 때 '농업의 스승'으로 삼았던 후직(후직은 요임금과 순임금 시절에 농업 책임자를 일컬어 붙인 명칭이다)이 주나라 왕의 시조였다.(주의 시조는 제곡의 정비가 낳은 기다. 기가 곧 후직이다. 순임금이 후직에게 희 씨를 성으로 내렸고, 주나라는 희 씨를 성으로 하는 왕조였다)

후직의 후손 고공단보가 (융적이 쳐들어오자) 도읍 빈을 떠나, 몰려오는 백성들을 이끌고 기산 아래로 이주하여 성을 쌓고 정착했다.

고공단보의 손자가 서백(성은 희, 이름은 창. 서백은 중국 서쪽 지방 제후를 일컬음. 후에 문왕으로 추존. 생몰 BC 1152~1056)이다.

은나라 말기에 유리옥에 갇힌 서백(간신들로부터 자신의 포악무도함을 탄식하고 있다는 말을 들은 은나라 마지막 왕, 주에 의해 유리옥에 갇힘)이 자신이 처한 시대적 난제를 극복하고, 모든 백성이 길함을 얻고 흉함을 피하게 하고자, 복희 팔괘와 낙서(홍범 구주)의 이치를 바탕으로 주역 64괘의 순서를 다시 정하고, 건·곤을 머리에 둔 64괘에 각 괘의 괘상을 풀이한 괘사인 단을 지어 '역'이라 이름하였다.

◆ 주공(성은 희, 이름은 단. 문왕의 넷째 아들이며 서주를 창건한 무왕 발의 동생)이 문왕의 역을 계승하여, 주역 64괘 384효(64괘 × 6획 = 384효)의 각 효마다 효상을 풀이한 효사를 지었다.

1.1. 은대 말기와 서주 창건의 시대

서주는 은나라를 무너뜨린 무왕(문왕의 맏아들 발)이 창건(BC 1046)한 나라다. 은나라의 마지막 왕인 주는 주지육림(애첩 달기의 말에 따라 술로 가득 채운 연못과 나뭇가지에 고기 안주를 매달아 숲을 만들어 밤새도록 주연을 베풂)의 고사가 전해지고, 기름을 바른 뜨거운 쇠기둥 위로 죄인을 걷게 해 죽이는 포락지형의 형벌을 만들어 이를 보면서 즐기는 (숙부 비간을 죽이는 등) 포악무도한 행동을 일삼았다.

무왕이 (아버지 문왕의 위패를 안고) 주를 토벌하기 위해 목야(은나라 수도 외곽)로 출진하자, 무왕에게 정벌 당한 주는 조가(은나라 수도)에 있는 녹대에 올라 스스로 타오르는 불 속으로 뛰어들어 죽었다.

〈주본기〉에 주나라는 무왕에서 난왕까지 37명이 왕위에 올라 867년간 유지(BC 256년 멸망)되었다고 기록하고 있다.

주역의 괘사인 단과 효사가 지어진 시대적 배경(은대 말기와 서주의 창건 전후, 문왕과 은나라 마지막 왕 주의 일에 얽힌 고사 등이 주역 괘사·효사에 있음)을 이해하여야 주역의 괘효사를 정확히 해석하는 데 도움이 될 것이다.

◆ 은나라 고종(무정) 때, 귀방을 정벌했다는 고사(63. 기제괘)
◆ 제을(은나라 마지막 왕, 주의 아버지)이 딸을 시집보냈다는 고사(54. 귀매괘)
◆ 진(은나라 장군)이 귀방을 정벌하는 데 3년이 걸렸으며, 대국(은나라)으로부터 상을 받았다는 고사(64. 미제괘)
◆ 왕이 서산(기산)에서 제사 지냈다는 고사(17. 수괘, 46. 승괘)
◆ 은나라 멸망에 대한 고사(달기, 기자, 주(은나라 마지막 왕)에 대한 고사 등) 주 문왕에 대한 고사와 무왕의 은나라 정벌에 대한 고사들이 주역 괘효사에 들어 있다.

『주역』은 도적과 같이 사적 이익을 추구하는 소인이 아니라, 곤궁한 사람들을 도와주고 사적 이익을 추구하지 않는 도덕적 품성이 높은 군자(군君은 통치자, 자子는 아들을 뜻한다. 역사적으로 군자는 봉건제와 종법제에 의해 유지되어 온 통치 집단과 관련된 모든 사람을 의미하는 뜻으로 사용되었고, 귀족과 같은 의미로 쓰이게 되었다)를 위하여 쓰인 책이며 올바름을 가르치는 대형이정의 책이다.

『사기』를 간략하게 이해하면 주역을 이해하는 데 도움이 될 것이다. 사마천의 『사기』 130편은 황제를 비롯한 오제(황제, 전욱, 제곡, 요, 순)부터 사마천 자신이 살았던 전한 무제까지 2,500여 년의 중국 고대사를 기록한 기전체의 역사서다.

사마천은 사고에 보관된 『좌전』, 『국어』, 『세본』, 『전국책』, 『초한춘추』 등과 제자백가의 책들을 참고하고 전국을 직접 다니면서 채집한 기록을 바탕으로 『사기』를 편찬하였다.

본기 12편	전설상의 오제부터 → 전한 무제까지 2,500여 년간의 제왕의 계보와 역사적 행적을 기록
표 10편	본기에 나오는 여러 제왕과 제후들의 흥망을 연대표로 기록해 놓음
서 8편	봉건사회의 역법, 천문, 법제, 예법, 치수와 경제 제도의 사회적 규범과 제도적 법식을 기록
세가 30편	역대 제후의 계보와 역사적 행적을 나라별로 기록. 공자는 제후는 아니었지만, 〈공자세가〉로 기록하고 있다. 제후가 아닌 진섭도 기록.
열전 70편	점쟁이, 장사꾼, 군인, 학자, 정치인 등에 이르기까지 역대 명인들의 전기를 기술했다.

춘추시대에 실제로 주역점을 친 사례 22조(『춘추좌씨전』에 19조, 『국어』에 3조)가 기록되어 전해온다. 사기 〈공자세가〉에 공자가 말년에 역에 심취하여 죽간들을 연결한 책의 가죽끈이 세 번이나 끊어질 정도로 많이 읽었으며, "만약 나에게 몇 년의 수명이 더 있어, 이처럼 한다면 내가 역을 제대로 통달할 수 있을 것이다."라고 말했다는 기록이 있다.

1.2. 봉건제와 종법제

주나라 초기에 1,800여 개에 달했던 씨족 사회 중심의 제후 국가들은 주변의 지배를 확대해 나가는 약육강식의 싸움을 벌여 나갔다.

은을 무너뜨리고 새 왕조를 세운 서주는 그 뒤 여러 차례의 군사 정벌을 통하여 영토를 확장하였다. 새 영토를 통치하고, 교통로를 확보하며, 왕권의 안정과 효율적인 지배를 위하여 요지에 혈족과 공신들을 제후로 봉하는 봉건제를 실시하였다. 봉건제는 종법제에 의하여 유지되었다.

봉건제는 제후들에게 일정한 봉토와 백성들을 지배하는 대신, 의무적으로 주 황실을 보호하는 군사적 책임을 지고 공물을 바치도록 하는 제도였다. 종법은 친족 제도의 기본이 되는 법이다. 그 기원은 서주 시대의 맏아들 계승제였다. 맏아들이 아버지의 지위를 이어받아 대종이 되고, 다른 아들들은 분봉되어 소종이 되도록 규정한 사회 제도에서 비롯된다.

주나라 천자는 맏아들이 계승하고, 시조에 대한 제사를 받들게 되는데 이를 대종이라 했다. 또 다른 아들들은 제후로 봉해졌는데 이를 소종이라 했다. 제후 밑의 경·대부·봉토가 없는 사土도 같은 윤리에 따라 각각 대종과 소종으로 나누어졌다. 종법제는 정치의 봉건제와 가족의 혈통 관계가 결합되어 하나의 조직으로 이루어진 것이다.

서주를 창건한 무왕은 혈족과 공신들을 봉했다. 주공은 노나라에, 소공은 연나라에, 관숙은 관나라에, 채숙은 채나라에, 나머지 동생들도 차례로 분봉하였다. 강태공은 제나라에 봉하여졌다. 서주 초기에 70여 개에 이르렀던 제후국은 춘추전국시대 말기에 170여 개로 늘어났다.

1.3. 인간 존재의 자각

북방 민족인 견융의 침입으로, BC 771년 서주의 수도 호경이 함락당했다. 이로써 서주는 멸망하고, 평왕이 동쪽 낙읍(서주 황실의 동도. 지금의 허난성 뤄양)으로 도읍을 옮겨 동주를 세웠지만,

① 태(순임금이 후직을 태에 봉했다) →
② 빈(후직의 후손, 공유의 아들 경절이 빈에 도읍을 정했다) →
③ 기산 아래 주원(고공단보가 기산 아래 성을 쌓고 정착했다) →
④ 풍읍(고공단보의 손자 서백 창이 풍읍을 지어 도읍을 옮겼다) →
⑤ 호경(서주의 도읍) →
⑥ 낙읍(BC 771 평왕이 동쪽 낙읍으로 도읍을 옮겨 동주를 세웠다)

옛날과 같은 위세는 다시 찾을 수 없었다. 천자는 권위를 잃고 제후들이 서로 다투는 동주 열국의 시대인 춘추전국 시대가 되었다. 170여 개에 이른 제후국들은 서로 싸움을 벌여 나갔다. 동주 이전의 주를 서주라 하고 BC 771년부터는 동주라 한다. 동주는 평왕 이후의 춘추 시대(BC 771~477)와 원왕 이후의 전국 시대(BC 476~221)로 나누어진다.

이 시대는 철제 농기구의 사용과 전국시대 이후 소로 밭을 가는 우경의 출현으로 농업 생산력이 현저히 증대되었다. 또한 상공업도 발달했으며, 정치적 혼란 속에서도 사상과 문화가 꽃피었다. 공자(BC 551~479)와 노자는 이 시기에 태어났다.

진나라가 한·위·조 3국으로 분리되던 때부터 진시황이 천하를 통일할 때까지 전국 7웅(한·위·조·제·연·초·진)이 중원의 패권을 다투던 255년 동안이 중국의 전국 시대다. 전국 시대는 제후들이 부국강병책을 추구하면서 봉건제가 무너지고 새로운 지배체제를 주장하는 제자백가가 등장한 대변혁의 시기였다.

군웅이 할거하던 춘추전국 시대를 마무리하고 주나라의 제후국 중 하나였던 (서쪽에 위치한) 진나라가 중국 최초의 통일국가를 수립(BC 221)했다. 진시황은 통일 후 봉건제를 군현제로 바꾸고 중앙집권제를 실시하였다. 주왕조의 창건에서 멸망까지를 살펴보면 천하대세가 덕에서 무력으로 전환되었다. 역사의 주축인 하늘과 사람의 관계는 하늘의 절대적 권위를 상징하는 천명론이 쇠락하고 인간 존재를 자각해 가는 전환의 과정을 뚜렷하게 엿볼 수 있다.

북극성에서 빛이 지구까지 오는 데 1,000년이 걸린다. 북극성에서 빛이 500년 만에 지구까지 올 수는 없다. 연기의 법칙에 어긋나기 때문이다. 천지가 있고 난 뒤에 만물이 있고, 만물이 있고 난 뒤에 사람이 있게 되었다. 한낮이 지나면 밤이 오고, 천지는 사계절로 변해간다. 음이 극하면 양이 되고, 양이 극하면 음이 된다. 생겨난 것은 반드시 사라진다.

끝나고서 다시 시작하는 것이 해와 달의 운행이요, 죽고서 다시 시작하는 것이 봄·여름·가을·겨울의 순환이다.

나비가 알을 낳으면 알에서 유충이 나와 한 마리의 애벌레가 된다. 애벌레는 3일 후 고치 속에 들어앉아 재탄생을 기다리다 7일 후 나비로 다시 탄생한다. 이것이 나비의 일생이다. 애벌레는 고치가 되는 것이 두렵겠지만, 그것을 거쳐야 나비가 된다.

현상은 자연계나 인간계에 어떤 모습으로 나타나는 것으로, 인간이 지각할 수 있는 모든 사물을 말한다. 본질은 사물의 고유한 특성과 본성을 의미한다.

무상하게 변해가는 현상 속에서, 언제나 변하지 않는 자연의 근본원리를 아는 것이 도道다. 언제나 변하지 않는 본질을 바로 보아야 한다. 마치 사람이 돌을 던지면 개는 돌멩이(현상)를 따라서 쫓아가지만, 사자는 돌을 던진 사람(본질)을 바로 무는 것과 같은 이치다.

개	돌멩이를 쫓아간다	현상	무상 無常	어리석음	흉 凶	피해야 할 행동
사자	돌을 던진 사람을 바로 문다	본질	항상 恒常	지혜	길 吉	취해야 할 행동

세상은 끊임없는 전쟁과 충돌의 연속이다. 모든 것이 변화하는 우주와 만물의 속성 가운데 순간순간 변해가는 상황을 있는 그대로 보아야 한다. 흘러가고 껍데기만 남은 현상을 돌덩이처럼 굳은 실체라고 착각하며 부여잡고 있는 어리석음을 버려야 승리할 수 있다.

뗏목은 강을 건너기 위하여 필요한 것이다. 강을 건넜으면 뗏목을 버려야 한다. 들판을 지나 산정에 오르기까지 뗏목을 지고 다닌다면 그것은 어리석은 일이다. 그물은 물고기를 잡기 위하여 필요한 것이다. 물고기를 잡았으면 그물은 걷어야 한다. 잠자는 침대에까지 그물을 펼쳐 둔다면 그것은 사리에 맞지 않는 일이다. 상황을 있는 그대로 바라보고 자기 자신을 등불로 삼아 쉼 없이 노력하는 것이 승리의 길이다. 그리하여 금강경은 이렇게 말한다.

생각과 현상에 이끌리지 말고 있는 그대로를 바로 보아라. 일체 현상계의 모든 생멸법은 꿈이며, 환幻이며, 물거품이며, 그림자 같고, 이슬 같고, 번개 같으니 마땅히 이처럼 보아라.

급격한 변화와 불확실성의 시대에 두려움은 상황을 과대평가하여 지나치게 몸을 움츠릴 수 있고, 분노나 초조함은 선택의 폭을 좁히는 경솔한 행동을 초래하게 된다. 특히, 승리의 결과로 생긴 자만은 도가 지나친 행동으로 이어져 또 다른 전쟁에서 패배하는 원인이 된다는 것이 역사상 모든 전쟁에서 드러난 교훈이다.

그래서 모든 상황을 있는 그대로 바라보는 평상심이 승리의 토대가 되는 것이다. 텅 빈空 마음. 원인과 상황, 결과를 바르게 바라보는 지혜가 승리의 길이다. 시공간의 세계를 살아가는 우리는 천지 만물과 세상사가 변해가는 이치를 바르게 알아야 할 것이다.

주역 64괘 384효를 지도와 나침반으로 삼고, 현재 자신이 처해 있는 상황의 시간적·공간적 좌표를 명확하게 설정함으로써, 흉을 피하고 길함을 선택하는 삶의 지혜가 주역에 담겨 있음을 볼 수 있다. 그리하여 주역은 말한다. 때에 따라 체인지하는 것이 주역의 도를 좇는 것이다.

2. 주역을 완성한 문왕·주공·공자의 뜻은?

2.1. 지욱 선사의 『주역선해』

명나라가 망하고, 청나라가 들어서는 혼란하고 급변하는 변화무쌍한 시대. 난세를 몸소 경험한 지욱 선사는 '교역의 시대인가? 변역의 시대인가?'하고 끊임없는 질문을 던지며 자신을 성찰해 나갔다.

이러한 질문은 혼란하고 어지러운 세상, 초불확실성의 시대를 살아가는 우리 자신을 향한 질문이기도 하다. 진정, 이 시대는 교역의 시대인가? 변역의 시대인가?

지욱 선사는 43세가 되던 1641년부터 『주역선해』를 쓰기 시작하여 47세인 1645년에 『주역선해』의 저술을 끝마쳤다.

◆세상사는 꿈만 같아 다만 천차만별하게 변하고 있으니, 교역의 시대인가? 변역의 시대인가? 천차만별한 세상사를 다 겪어 오면서 시대와 땅이 함께 변했는데, 변하지 않는 것은 의연하게 예전과 같구나!

나는 까닭에 "해와 달이 하늘에 머물러 있지만 운행하지 않은 듯하고, 강물과 시냇물이 서로 빠르게 흘러가면서도 흐르지 않는 듯하다."는 옛 현인의 말씀이 나를 속이지 않음을 알 수 있었다.

그 변하지 않는 이치를 알아서 그 지극한 변화에 대응하고, 그 지극한 변화를 관찰해서 그 변함없는 이치를 체험하는 것은 항상恒常과 무상無常이라는 두 마리 새가 함께 노니는 것이 아니겠는가?

내가 어찌 문왕이 유리옥에 갇혔던 일과 주공이 유언비어로 모함을 받았던 일, 그리고 공자가 천하를 주유하던 중에도 가죽끈이 세 번이나 끊어질 만큼 주역을 읽으셨던 일. 그 세 분의 뜻을 알 수 있겠냐마는 주역을 완성하신 세 분 모두 나와 같은 이러한 뜻이었을 것이다.

나는 부끄럽게도 세 분 성인과 같은 덕의 배움은 없지만, 백성들이
스스로 역의 이치를 체득하여 굳이 길함을 찾고 흉함을 피하고자 요
행과 술수에 빠지지 않기를 바라는 마음이 세 성인의 뜻일 것으로 생
각하여 『주역선해』를 저술하였다.

18년간의 한글 번역 작업을 거쳐서 6만 3천여 장에 이르는 방대한 화엄경을 1975
년 완간(『신화엄경합론』 47권)한 탄허 선사는 중국 명나라 말기에 당시 4대 고승 중
한 사람으로 일컬어지는 지욱 선사(1599~1655)가 유학과 불교적 언어로 쓴 『주역선
해』의 한문 원전에 토를 달고 한글로 번역하여 1982년 『현토 역주 주역선해』를 출간
(전 3권)하였다.

2.2. 역은 어찌해서 만든 것인가?

◦ 무릇 역은 만물의 뜻을 깨달아 모든 일을 성취하여(개물성무) 천하의 모든 도를 덮으니
이와 같을 뿐이다. 이런 까닭으로 성인이 이로써 천하의 뜻을 통하고, 천하의 업을 정하
며, 천하의 의심을 판단한 것이다. (계사 상전 11장)

하늘의 원초적 힘인 건원에서 만물이 비롯되며, 땅의 생성하는 모체인 곤원에서 만
물이 생육하게 된다. 천지의 대덕인 생명을 낳고 낳는 모든 변화의 과정인 역은 하늘
의 본질이고, 도의 과정이며, 인간 행위의 준칙이므로, 지선의 덕으로만 천지의 광대
함과 짝을 같이할 수 있다.

하늘의 창조적 작용을 의미하는 건乾의 이치는 사람이 알기 쉽고, 땅의 생산적 작용
을 의미하는 곤坤의 이치는 간단하다. 쉽고 간단하기 때문에 천하의 모든 이치를 얻으
며, 천하의 이치를 얻으니 천지의 중中에 자리한다. 천지가 자기 자리를 설정하니 역
의 변화가 그 가운데서 진행된다.

64괘 384효로 구성된 역은 존재하는 모든 도를 포괄한다. 이를 〈계사전〉은 '역은 천지와 더불어 같다. 그리하여 천지의 도를 보편적으로 포괄한다.'고 하였다.

주희는 『주역』을 본질적으로 복서의 책으로 보았다. 역은 사람으로 하여금 복서하여 역으로써 길흉을 알아 삶의 지침으로 삼도록 하여, 뉘우치고 고쳐서 길을 취하고 흉을 피하게 함으로써 이루고자 하는 목표를 완성할 수 있도록(개물성무) 하고자 함이다.

점을 복서라고 하며 점을 치는 재료는 복과 서로 구분된다. 복卜은 거북점을 뜻하는 귀복의 준말로 귀복은 거북 껍데기로 점을 치며, 서筮는 점을 치는 재료가 대나무였다. 서는 주역점의 시작이 된다.

괘·효가 이미 만들어져 있으니, 천하의 도가 다 그 가운데 있으므로 역으로써 천하의 뜻을 통하며, 천하의 사업을 정하며, 천하의 의혹(의심을 일으킬만한 것)을 끊는 것이다. '개물성무'도 복서에 의해 길흉을 나타냄으로써 사람들로 하여금 길흉을 알게 하여 알지 못하는 것을 계발시키고, 또 사람이 어떤 목표를 이루고자 하면 이를 완성한다는 뜻으로 해석된다.

역의 근본적인 뜻은 천지의 이치를 근거로 인간 사회에서 마땅히 행해야 할 '준거 기준이 되는 법칙'을 깨닫는 데 그 목적이 있다. 그러므로 역은 먼저 천지를 이치적 측면에서 해석하고, 거기에서 인간 존재와 세상사의 당위 문제 해결을 위한 이론적 준거를 제시하고 있다.

역을 지은이는 우환 속에서 역경을 지었다. 문왕은 유리옥에 유폐되어 괘사인 단을 지어 '역'이라 이름하였고, 주공은 유언비어로 고초를 당했을 때 효사를 지었다.

다스림은 어지러움에서 생겨나고(복괘 다음이 박괘다), 어지러움은 다스림에서 생겨난다.(구괘 다음은 쾌괘다) 박괘가 없으면 복괘가 없고, 쾌괘가 없으면 구괘가 없을 것이다. 막을 것을 미리 막으면 나라가 강성해지고, 자손이 번성하게 된다. 아직 그렇게 되지 않았을 때 미리 막는 것이 귀한 것이다. 이것이 역의 러플리(개략적인 줄거리)다.

역을 지은 뜻은 '천하에 근심할 일이 가득하기 전에 먼저 근심하고, 천하에 즐거움이 가득한 다음에 즐거워해야 한다.'는 삶의 지침을 전해 주기 위해서일 것이다. 주역의 요지는 '사람으로 하여금 허물이 없게(무구) 하고자 함'이었다.

한 번 음하고 한 번 양하여 생성·변화가 순환하여 그치지 않는 것이, 바로 주역의 도다. 계사繫辭는 본래 문왕과 주공이 지은 글이다. 주역 괘·효의 아래에 해석을 붙인 글로, 주역 '경문'이다. 〈계사전繫辭傳〉은, 공자가 주역의 기본적인 큰 줄거리와 범례를 일반적으로 논하여 서술한 글이다. 계사전은 주역 '경문'에 붙이지 않고 상·하로 나누어 설명하였다.

〈계사 상전 1장〉은 주역의 생성(창조)과 변화의 원리를 설명하고 있다.

◆ 하늘은 높고 땅은 낮으니, 건·곤괘가 정해졌다. (땅과 하늘의) 낮고 높음이 있으니, (육효의 자리가) 위아래로 자리 잡았다. (하늘과 땅이) 움직이고 고요함에 일정한 법칙이 있어, 굳셈(ー)과 부드러움(ᆢ)으로 나뉘었다. 일事은 같은(선한 일은 선하게, 악한 일은 악하게) 종류끼리 모으고, 만물은 (선악이 같은) 무리로 나뉘니, 길흉이 생긴다. 하늘에서 상(천체)을 이루고, 땅에서 형체를 드러내니 변화가 보인다.

그러므로 괘의 변화는 굳셈과 부드러움이 서로 문지르고, 팔괘가 서로 갈마듦을 말한다. 우레로 (천지를) 고동치고, 비바람으로 적시며, 해와 달이 운행함에 따라 추위와 더위가 순환하여 그치지 않는다.

건乾도는 남자를 만들고, 곤坤도는 여자를 만든다. 건은 최초로 생물이 시작됨을 주관하고, 곤은 만물을 완성한다.

건은 알기 쉽고,(건의 기가 한번 지나갈 때 만물이 모두 생기니, 오직 씩씩함을 행하는 건의 그 쉬움을 알 수 있다) 곤은 간단함을 통해 능히 만물을 이룬다.(곤은 순하고 고요하여 그 능한 바가 작위 하지 않는 까닭으로, 간단하여 능히 만물을 이룬다) 쉬우면 쉽게 알 수 있고, 간단하면 쉽게 따를 수 있다. 쉽게 알면 친할 수 있고, 쉽게 따르면 공功이 있을 것이다. 친하면 오래갈 수 있고, 공이 있으면 능히 크게 될 것이다.

　오래가는 것은 현인의 (자기에게서 얻는) 덕이며, 크게 되는 것은 현인의 (일에서 이룬) 업이다. 쉽고 간단하니 천하의 이치를 얻었다. 천하의 이치를 얻으니 천지와 더불어 천지의 중中에 자리한다. 여기에 이르면 극공의 (주역의) 도를 체득하는 것으로 성인聖人만이 잘할 수 있는 일이니, 천지와 더불어 천지의 화육(천지자연의 이치로 만물을 만들어 기름)에 참여할 수 있는 것이다.

3. 문왕·주공이 주역 경문을 짓고, 공자가 십익전을 서술했다

3.1. 복희가 처음으로 획을 그어 팔괘를 지었다

◦ 천지가 변화함에 성인이 이를 본받았다. 하늘이 상(천체)을 드리워 길흉을 보이니, 성인이 이를 본떴다. 하늘이 신물(황허에서 나온 하도, 낙수에서 나온 낙서)을 내니, 성인이 이를 본받았다. (계사 상전 11장)

◦ 역이 천지와 더불어 같다. 역에 천지의 이치가 갖추어져 있으니, 역의 괘·효에 천지의 도를 모두 담고 있다. (계사 상전 4장)

세계 문명은 강에서부터 시작되었다. 티그리스강과 유프라테스강 사이, 나일강·인더스강·황허강 주변에서. 5,000여 년 전, 문명의 동이 터오던 신석기 시대. 동굴과 들판에서 살며, 수렵과 채취로 먹을 것을 구하고, 조·피·수수를 경작하며, 새끼를 꼬아 매듭을 지어서 숫자를 표시하고, 매듭을 의사전달의 도구로 사용하던 때였다.

어느 날, 한 남자가 황허의 강 언덕을 한가로이 오르내리고 있었다. 그때, 갑자기 하늘에서 벼락이 떨어져 황허를 내리쳤다. 그러자 강물이 용트림하듯 부글부글 끓어올랐다. 잠시 후 신기한 용마 한 마리가 황허에서 물을 박차고 강 언덕으로 뛰어 올라왔다. 자세히 보니 머리는 용이고, 몸체는 말의 모습이었다.

참으로 희귀한 용마를 본 남자는, 불현듯 신비로운 용마를 타보고 싶은 충동이 일었다. 안장도 고삐도 없이 신비로운 용마를 타고 바람처럼 내달려 집으로 돌아왔다. 집에 도착하여 용마를 자세히 살펴보니, 용마의 등에는 이상하게 생긴 반점(용마의 등에 박혀있는 얼룩덜룩한 점)들이 찍혀있었다.

이를 신기하게 여겨 반점에 널빤지를 대고 찍어 보았다. 용마의 그림에는 심오한 우주의 이치가, 새끼로 매듭을 지은 상으로 찍혀 있었다. 이를 황허에서 나온 용마의 그림이라 하여 〈하도〉라 칭하였다. 그 남자의 이름은 복희라 전해져 온다.

당시 천하의 왕 노릇을 하던 복희가 우주 만물이 생성·변화하는 역의 이치를 깨달아

◆ 우러러서는 해와 달, 별들이 움직이고, 춘하추동 사계절이 변하는 하늘
   의 상을 살피고,

◆ 구부려서는 산의 높고 낮음, 바다와 연못의 깊고 얕음, 동식물의 분
   포 등 땅의 법식을 관찰하고,

◆ 새와 짐승의 무늬와 초목의 알맞음을 연구하고,

◆ 가까이는 자신의 몸에서부터 취하고, 멀리는 천지 만물에 이르기까
   지 모든 존재의 특성을 형상화하여,

비로소 처음으로 획(기 ━, 우 ⋯)을 그어 8괘를 짓고, (8괘를 거듭하면 그 속에 당연히 64괘가 있으므로) 64괘는 모두 복희가 지은 것이다.

* $\{2^3(2 \times 2 \times 2) = 8\} \times \{2^3(2 \times 2 \times 2) = 8\} = 64(2^6)$

하늘의 운행이 땅에 영향을 미치고, 땅은 그 영향으로 변화하면서, 그 변화가 다시 하늘에 미치는 순환을 연속한다. 그 가운데 사람과 만물이 교감하여 변화하는 과정을, 주역은 64괘 384효로 나타내고, 괘사와 효사로 해석하고 있다.

3.2. 유리옥에 갇힌 문왕이 괘사인 단을 짓고 '역'이라 이름하였다

◆ 사마천의 사기 〈하본기〉에 기록된 하나라의 역인 '연산역'은 간괘를
   머리에 두어 연산역(만물이 시작하고, 만물이 끝맺음 하는 것이 산만
   큼 담고 채우는 것이 없으므로, 간괘를 머리에 두어 연산역이라 함)
   이라 하였고, 은나라의 역인 '귀장역'은 곤괘를 머리에 두어 귀장역

(만물이 모두 땅에 돌아가 머무르므로, 곤괘를 머리에 두어 귀장역이라 함)이라 하였다. 여기에는 각각 점사가 있어 길흉을 판단하였으나, 현재 모두 전해져 오지 않는다.

◆ 청동기 시대였던 3,000여 년 전 은대 말기에 중국 서쪽 지방 제후로 있던 문왕이, 폭군이었던 은나라 주왕에 의해 유리옥에 갇히게 되었다. 자신이 처한 시대적 난제를 극복하고 앞으로 모든 백성이 길함을 얻고 흉함을 피하게 하고자, 건·곤 두 괘를 머리로 삼아 64괘의 순서를 정비하고 64괘의 각 괘를 해석하는 괘사인 단을 지어서 '역'이라 이름하였다.

◆ 문왕이 괘체의 상을 관찰하여 64괘 아래 해석을 붙인 글인 단을 지었다. 단이란, 문왕이 지은 괘사를 말한다. '단'이란 상象을 말한 것이며, 상은 일 괘 전체를 가리켜 말한 것이다. 상을 말한 것이 '단'만 같음이 없고, 움직이면 변화變를 보니(지혜로써 경계를 비추어 보니) 변화를 말한 것이 '효'만 같음이 없다.

3.3. 주공이 효사를 지었다

◆ 주공은 주를 창건(BC 1046)한 무왕의 동생으로, 주의 창건 초기에 국가의 기반을 다졌다. 무왕을 도와 은나라를 정벌한 공으로 곡부에 봉해져 노나라의 시조가 되었다. 무왕이 죽자 직접 왕권을 장악하라는 주변의 유혹을 뿌리치고 대신 무왕의 어린 아들 성왕을 보좌하는 길을 택했다.

그러나 주공이 섭정직에 오르자마자, 그의 세 동생(관·채·곽)과 무경(몰락한 은의 후계자)이 이끄는 대규모 반란이 일어나고 유언비어가 나돌았다. 그는 반란을 진압하고 몇 차례의 정벌에 나서 황허강 유역의 화베이 평원 대부분을 주의 영토로 편입시켰다. 7년 동안 섭정한 후 스스로 자신의 지위에서 물러날 때쯤에는, 주의 정치·사회 제도가 중국 북부 전역에 걸쳐 확고히 수립되었다. 그가 확립한 통치 조직은 후대 중국 왕조들에 모범이 되었다.

주공이 아버지 문왕의 역을 계승하여 384효(각 괘마다 6효가 있다. 64괘×6효 = 384효)의 각 효를 해석하는 효사를 지었다. 효란 변화變를 말한 것이다. 효사는 6효 대성괘의 한 절(a passage)을 가리켜 말한 것이다.

문왕이 괘사를 짓고, 주공이 효사를 지음에 이르러 길흉의 상이 더욱 드러나게 되었다. 마침내 주역은 64괘 384효를 통하여 천지 만물과 세상사를 단정적으로 판단할 수 있게 되었다. 이것이 『주역』 '경문'이다.

3.4. 공자가 달아준 열 개의 날개

성경현전. 성인(일반적으로 주역의 성인은 복희·문왕·주공·공자를 말하지만, 때로는 복희·문왕·주공을 의미하기도 하므로 전체의 문맥에 따라 그 뜻을 잘 해석하여야 한다)이 쓴 글을 경이라 하고, 현인이 경을 풀이한 글을 전이라 한다. 주역 64괘의 괘명과 순서는 그 자체가 경이다.

복희가 획을 그어 팔괘를 짓고, 64괘를 만들었을 때는 이치가 있고 글(괘사, 효사)이 없어, 음양의 상만 세워 사람마다 나름대로 해석하였다. 문왕이 지은 괘사인 단은 대강(인간이 근본적으로 실천해야 할 큰 도리)을 제시하여 길함에 대한 단사가 대부분이고, 흉함에 대한 단사는 적다. 주공이 지은 효사는 길함에 대한 효사는 적고 경계하는 내용들이 많은데, 사람들의 삶의 자세를 변화시켜 바로잡도록 하기 위함이다.

춘추 시대 말기에 공자(BC 551~479)가 기술은 하되 창작은 아니(술이부작)라고 선언하며 『주역』 경문에 열 개의 날개를 달아 주었다. 열 개의 날개를 『십익전』이라 한다. 〈단전 상편〉, 〈단전 하편〉, 〈상전 상편〉, 〈상전 하편〉, 〈건곤 문언전〉, 〈계사 상전〉, 〈계사 하전〉, 〈설괘전〉, 〈서괘전〉, 〈잡괘전〉이 그것이다.

- **경(본문)**
    ◆ 괘명(중천건) : 6획 괘에 붙여진 이름이다.
    ◆ 괘체(䷀) : 아래 3획 괘(건하 ☰)와 위의 3획 괘(건상 ☰)를 조합하면
        6획 괘(64괘)가 완성된다.
    ◆ 단(괘사) : 문왕이 일 괘 전체의 상을 말한 것이다.
    ◆ 상(효사) : 주공이 각 괘의 육 효의 상을 말한 것이다.

- **십익전(공자가 달아준 열 개의 날개, 『역경』의 해설)**
    ◆ 단전 상·하편(2) : 괘사인 단의 해설
    ◆ 상전 상·하편(2) : 대상(일 괘 전체의 상을 해설), 소상(효사의 해설)
    ◆ 문언전(1) : 건·곤 2 괘의 해설
    ◆ 계사전 상·하편(2) : 주역의 총론적 해설
    ◆ 설괘전(1) : 8괘의 괘상을 해설
    ◆ 서괘전(1) : 64괘의 배열 순서에 대하여 해설
    ◆ 잡괘전(1) : 64괘의 배열을 섞어서 간단하게 해설

공자는 이미 오래전에 죽은 주공을 대단히 숭배하여, 한때는 "오랫동안 주공을 꿈에서 보지 못한 것을 보니, 정말로 내가 허약해지고 늙은 것 같다."라고 했다. 공자는 주공을 후세의 중국 황제들과 대신들이 모범으로 삼아야 할 인물로 격찬했다.

『주역』 경문을 읽기 전에 공자가 달아준 열 개의 날개를 먼저 읽는다면, 우리가 주역의 세계를 여행할 때, 『주역』 경문의 세계에 감추어진 기기묘묘한 비경으로 안내하고, 그 세계의 오묘한 이치를 여행자의 눈높이에 맞추어서 쉽게 해설하여 줄 것이다. 공자가 달아준 열 개의 날개는, 『주역』을 공부하는데 훌륭한 길잡이 역할을 해줄 것이다.

3.5. 현재 통용되는 『주역』은 왕필이 편집하여 하나로 합한 것을 기본으로 한다

◆ 춘추 시대 『주역』으로 점을 친 사례 22조가 기록(『춘추좌씨전』에 19조, 『국어』에 3조)되어 전해온다.

◆ BC 213년(진시황 34년) (승상) 이사의 상소(천하가 통일되고 법령도 정비되었는데, 과거에 빠져서 오늘의 새로운 체제에 반항하는 학자들이 백성들을 혼란에 빠뜨리고 있으니, 제자백가의 책들을 불살라야 한다)에 따라, 진시황에 의해 의약과 농사, 점서에 관련된 책만을 남겨두고 제자백가의 책들은 모두 불태워졌다. 진나라가 모든 책을 불태웠으나 『주역』은 본디 점치는 책이어서 살아남아 전해오는 것이 끊이지 않았다.

◆ 후한 시대 이래로 『주역』을 말한 것은 모두 상수와 오행(상수역)에 얽매이지 않은 것이 없었으나, 삼국 시대 위나라의 왕필(226~249)은 후한 이래 번성하였던 상수역을 비판하고 '득의 망상론'을 주장하며 『노자』와 『주역』에 주석을 달아 『노자주』와 『주역주』를 남겼다.

* 왕필의 득의 망상론 : 뜻을 얻는 것은 상을 잊는 데 있고, 상을 얻는 것은 말을 잊는 데 있으니, 상을 세워 뜻을 다하였다면 상은 가히 잊을 수 있음이다.

* 괘란 시時다. 효란 시에 알맞게 변하는 것이다. 시에 막히고 통하는 것이 있으므로 쓰임에 나아가고 물러남이 있다.

왕필은 현학(『노자』, 『장자』, 『주역』을 심오한 진리를 담고 있는 책이라 하여 삼현玄이라 하는데, 현학은 삼현을 중시한다)을 대표하는 학자로 의리역의 창시자다.

왕필이 공자의 다섯 전(〈상경 단전〉, 〈하경 단전〉, 〈상경 상전〉, 〈하경 상전〉, 건곤 2 괘의 〈문언전〉)을 모아서 『주역』 경문에 붙여 하나로 합쳤는데, 후학 중에 이를 고친 사람이 없었으므로, 현재 통용되는 『주역』은 왕필이 편집하여 하나로 합한 것을 기본으로 한다.

『주역』에서 '단'에 이르기를(단왈), '상'에 이르기를(상왈), '문언'에 이르기를(문언왈) 하고 말하는 것은 경문과 공자의 이 다섯 전을 구별해서 설명하는 것이다.

공자의 나머지 다섯 전(〈계사 상전〉, 〈계사 하전〉, 〈설괘전〉, 〈서괘전〉, 〈잡괘전〉)은 뒤에 부록으로 붙여서 따로 전해져오고 있다.

① 중천건(괘명)

② 괘체(☰)

③ 단(괘사)

- 건은 크고, 형통하고, 이롭고, 곧다.

④ 효사

- 초구. 잠긴 용이니, 쓰지 말라.
- 구이. 용이 밭에 나타났으니, 대인을 봄이 이로울 것이다.
- 구삼. 군자가 날이 마치도록 굳세고 굳세게 해서 저녁에 두려운 듯하면, 위태하나 허물이 없을 것이다.
- 구사. 혹 뛰어 연못에 있으면, 허물이 없을 것이다.
- 구오. 용이 하늘에서 나니, 대인을 만나봄이 이로울 것이다.
- 상구. 지나친 용이니, 후회가 있을 것이다.
- 용구. 뭇 용을 보되, 우두머리가 없으면 길하리라.

⑤ 단전 왈,(단전에서 말하기를) 크도다, 건乾의 원元이여.

⑥ 상전 왈,(상전에서 말하기를) 하늘의 행함은 건장하니, 군자가 이를 본받아 스스로 굳세게 해서 쉬지 않느니라.

⑦ 문언 왈,(문언전에서 말하기를) 원元은 착한 것의 어른이요, 형亨은 아름다움의 모임이요, 이利는 의로움의 조화됨이요, 정貞은 일을 주장함이다.

북송 시대(960~1127)의 주돈이(1017~1073)는, 태극을 동아시아 철학의 주요 주제로 삼은 최초의 인물이다. 꽃 중에 군자 같은 연꽃을 유난히 사랑하였던 주돈이는, '무극이 태극'으로 시작하는 『태극도설』을 남겼다.

북송 시대의 정이천(1033~1107)은, 의리 역학의 거두로 『역전』을 남겼다. 『역전』은 왕필의 계보를 잇고 있다. 주돈이의 제자였던 정이천은, 주희에게 결정적 영향을 미쳤다.

우주와 인간에 이르는 삼라만상을 '이'와 '기'의 원리로 수렴하여 모든 현상을 통일적으로 파악하고 성리학을 집대성한, 남송의 주희(1130~1200)는 46세에 『근사록』(주자학의 기본 교재가 될 정도로 중요한 책), 48세에 『주역본의』, 57세에 『역학계몽』을 지었다.

주희가 초학자를 위해 1186년 지은 주역 해설서가 『역학계몽』(4권)이다. 『역학계몽』의 내용은 하도·낙서에 대한 수리적인 설명, 태극·양의·사상·팔괘에 대한 설명, 주역점 치는 법에 대한 설명, 각 괘에 대한 설명으로 구성되어 있다.

주희가 정이천의 『역전』을 비판하고, "『주역』은 점치는 책"이라고 선언하며, 점서와 의리를 융합하여 '주역 본래의 뜻'을 밝히기 위하여 지은 책이 『주역본의』(12권)이다.

『주역』은 상경 30괘, 하경 34괘로 나누어져 있다.

상경 30괘는 건·곤으로 시작하여 감·리로 마치니 이에 하늘과 땅(천지), 해와 달(일월)의 상이며 천도를 주로 밝히고 있다. 하경 34괘는 함·항으로 시작하여 기제·미제로 마치니 이에 느낌과 응함(감응), 다하여 막힘과 마침내 통함(궁통)의 상으로 인사를 주로 밝히고 있다.

주역을 볼 때, 곁으로 『주역본의』와 『역전』을 끌어들여 주희의 『주역본의』를 먼저 보고, 정이천의 『역전』을 보아서 서로 참고한다면, 『주역』의 본뜻을 더욱 밝게 이해할 수 있을 것이다.

Chapter 2

주역의 정수 : 역에 태극이 있으니
→ 양의 → 사상 → 팔괘 → 64괘

1. 주역의 정수 : 역에 태극이 있으니

1.1. 역이란?

◦ 역에 태극이 있으니, 태극(적연부동한 천지의 근원)이 양의(음양)를 낳고, 양의가 사상(음양 노소 : 노양, 소음, 소양, 노음)을 낳고, 사상이 팔괘(건, 태, 리, 진, 손, 감, 간, 곤)를 낳는다. 팔괘가 길흉을 정하고, 길흉이 대업을 낳는다. (계사 상전 11장)

◦ 가는 것을 헤아리는 것은 순리에 따르고, 오는 것을 앎은 거스르는 것이므로 역은 역수 逆數다. (설괘전 3장)

◦ 낳고 또 낳음生生을 역이라 한다. (계사 하전 4장)

◆뼛속에 있는 골수가 정수다. 사물의 중심이 되는 골자를 정수라 한다. 하나가 생김으로부터 무궁한 데까지 이르는 것이 역의 정수다.

　- 역에 태극이 있으니, 태극이 양의를 낳고, 양의가 사상을 낳고, 사상이 팔괘를 낳으니, 팔괘가 서로 사귀어 64괘를 낳는다. 이것이 주역의 정수다.

◆역은 상象이다. 상으로 그 이치를 드러낸다. 성인이 역을 지음에 그 뜻을 상으로 드러내었으니, 뜻을 얻었으면 그 상을 버려야(왕필은 이를 "득의 망상"이라 하였다) 할 것이다. 역은 수로 인해 상을 얻는 것이니, 상과 수와 이치理는 하나다. 그러므로 먼저 상을 보고 그 괘사와 효사를 음미하며, 움직이면 그 변화를 보고 그 점을 음미하는 것이다.

역수는 수학에서 곱하여서 1이 되는 두 수의 각각을 다른 수에 대하여 이르는 말이다. 2의 역수는 ½이니 거슬러 오르며 세는 것이다. 유전은 음양 2획으로 좇아 나오고 出, 환멸은 음양 2획으로 좇아 들어간다. 건곤은 오직 순수한 음양일 뿐이니, 그러므로 건곤은 역의 문이다.

성인이 역을 지은 뜻은 또한 사람으로 하여금 유전에 의거하여 환멸을 깨달아悟 생사의 유전에 초탈함(세속적인 한계를 벗어남)을 바라는 것이다. 이를 비유해 보면, 역은 역수(거슬러 오르며 세는 것)라는 의미가 더 확연히 다가올 것이다.

천지의 큰 것을 생생이라 하였으니, '생생'은 천지의 큰 덕인 생명이 끊임없이 힘차게 쉬지 않고 낳고 또 낳음(생성·변화함)을 말한다.

- 역에 다섯 가지 뜻이 있다.

천지 만물을 만들어내고 변화시키는 서로 반대되는 성질의 두 가지 기운을 음과 양이라 한다. 문왕이 괘사인 단을 짓고 '역'이라 하였음은, 역에 다섯 가지 뜻이 있기 때문이다.

① 변역變易 : 양이 변하여 음이 되고, 음이 변하여 양이 됨을 말한다.
② 교역交易 : 음이 양과 사귀고, 양이 음과 사귀는 것을 말한다.
③ 반역反易 : 그 순리와 역리를 서로 하고 그 좇는 것과 등지는 것을 살펴서 거꾸로 보는 것을 말한다.
④ 대역對易 : 그 음양을 견주어 서로 대어 보고, 마주 대하여 보는 것을 말한다.
⑤ 이역移易 : 나뉘고 모임을 살피고, 그 가고 옴을 셈하여 추이(일이나 형편이 시간의 경과에 따라 변하여 나감)하여 오르고 내리는 것을 말한다.

- 역에는 두 가지 뜻이 있다.(『주자어류』)

  ◆ 하나는 변역이니, 양이 음으로 변하고, 음이 양으로 변하는 것이다. 이것은 유행하는 측면이다. 노양이 변하여 소음이 되고, 노음이 변하여 소양이 되는 것이니, 이것은 점서의 법이다. 예를 들면, 주야 한서(낮과 밤, 추위와 더위)와 왕래 굴신(가고 오고, 굽혔다 폈다)이 이것이다.

  ◆ 다른 하나는 교역이니, 양이 음과 사귀고, 음이 양과 사귀는 것이다. 예를 들면, '천지가 자리를 잡고, 산택이 기를 통한다.'고 말한 것이 이것이다. 이것은 (대대待對의 측면으로) 괘도에 보인다.

- 역에 천지자연의 변하지 않는 본질이 들어 있으니
  역에는 변역, 불역, 간이의 세 가지 뜻이 있다고 주장하기도 한다.

1.2. 역은 생각함도 없고, 함도 없다

∘ 역은 생각함도 없고, 함爲도 없다가, 고요하게 움직이지 않는 겨를에 느끼매, 드디어 천하의 까닭에 통하니, 천하의 지극한 신이 아니면 누가 이에 능히 참여 하리오.
(계사 상전 10장)

  ◆ 주역은 머무는 바 없는 이치(무주無住의 리理)를 말하고 있다. 역은 천지자연의 이치다. 성인은 천지자연과 일체가 되어 설시하여 괘를 뽑지 않고도 세상만사를 알 수 있다.

  ◆ 육조 혜능대사(638~713)는 아버지가 일찍 돌아가시고, 늙은 어머니만 홀로 남게 되어 시장에 땔나무를 팔아서 몹시 어렵게 살고 있었다. 스물네 살이 되었을 때, 어떤 가게에 땔나무를 가져다주고 나오다 금강경 외우는 소리(응무소주 이생기심 : 머무는 바 없는 그 마음을 내어라)를 듣고, 바로 마음이 활짝 열렸다. 이치는 하나인데, 다

만 생각이 가지가지다.

집착하지 않고 머무는 바 없는 이치. 이를 『주역』은 "역은 무사 무위하여 적연부동이다가 감이수통 천하지고"라고 말한다. 금강경의 "응무소주 이생기심"은 같은 자리를 가리키고 있다.

마음이 없으면 보아도 보이지 않고, 들어도 들리지 않으며, 먹어도 그 맛을 알지 못하니 주역은 마음의 도다.

비어있음은 동양 고대 사상의 중요한 개념이다. 불교에서는 모든 중생이 미혹한 생각에서 벗어나 지혜를 얻는 상태를 무상과 무아, 공으로 설명한다.

노자는 "서른 개의 바퀴살이 하나의 바퀴통으로 모이는데, 수레가 쓰임이 있는 것은 그 바퀴통 속이 비어 있기 때문이다."고 무無의 쓰임새를 역설하였다.

서른 개의 바퀴살이 바퀴통 하나로 모인다. 그 바퀴통 속이 비어 있으므로 수레로서 쓰임이 있게 된다. 그릇을 만들기 위해서 진흙을 빚는다. 그 그릇이 비어 있으므로 그릇으로써 쓰임이 있게 된다. 방을 만들기 위해서 문을 만들고, 창을 낸다. 그 방이 비어 있으므로 방으로서 쓰임이 있게 된다. 있다는 것의 이로움은 비어 있으므로 쓰임이 있기 때문이다.

하나가 곧 일체고, 일체가 곧 하나다. 주역 64괘 384효는 일괘와 일효로써 각각 한 가지 일과 한 가지 사물에 상대하며, 일괘, 일효 속에서 만사만물과 일체 사물을 온전히 판단한다. 일체 사물이 일사일물이며, 일사일물이 곧 일체 사물이므로 일체 괘효가 일괘일효이며, 일괘일효가 곧 일체 괘효다.

일事에 나아가서 일을 헤아리면 상하와 내외가 그 원인을 이루는 근본이 스스로 분명히 알 수 있도록 또렷하고, 상에 나아가 상象으로 말하면 움직임과 고요함, 굳셈과 부드러움이 스스로 산뜻하여 조촐하니 이것을 불역이라 한다.

주역 64괘는 각 괘가 때時를 나타낸다. 한 번 음하고 한 번 양하는 것이 도이므로 도를 좇아 때에 따라 체인지하는 것(그때그때의 형편과 때에 따라 나아감과 물러섬, 움직임과 고요함을 능히 함)이 주역의 길이다. 주역 64괘 384효의 각 효가 음양九六으로써 각 자리位 간에 응함이 있는지를 살펴, 이치理에 따라 나아가고 물러설 줄 아는 지혜가 주역 64괘 384효에 다 담겨 있는 것이다.

2. 태극

◦ 문을 연 것을 건乾이라 이르고, 문을 닫은 것을 곤坤이라 하며, 한 번 열고 한 번 닫는 것을 변變이라 이르고, 가고 오는데 궁하지 않음을 통通이라 한다. 나타나는 것을 이에 상象이라 이르고, 형체를 이에 기器라 이르고, 지어 쓰는 것을 법法이라 이르고, 출입에 이롭게 하여 백성이 다 씀을 신神이라고 한다.

이런 까닭으로 역에 태극이 있으니, 태극이 양의를 낳고, 양의가 사상을 낳고, 사상이 팔괘를 낳고, 팔괘가 길흉을 정하니, 길흉이 대업을 생기게 한다. (계사 상전 11장)

주역을 알기 위해서는 태극, 양의, 사상, 팔괘의 의미를 먼저 이해하여야 한다. 태극은 적연부동(고요함에 이르러 완전히 정지된 상태)이다. 태극은 천지 만물이 생기기 이전에 시원이 되는 실체다. 만물은 태극의 씨앗을 받아 생명 활동이 있게 되고, 또 생명 활동이 다 하면 태극으로 돌아간다. 우주 만물이 태극에서 나와서 태극으로 돌아가므로 태극은 천지 만물의 근원이다.

태극이란 말은 복희가 괘를 지을 때, 그리고 문왕이 단(괘사)을 지을 때(은말 주초)는 나타나지 않았다. 공자 시대에 최초로 태극이란 용어가 등장했다. 태극이란 말은 〈계사전〉에 처음으로 나온다. 태극은 천지 만물의 근원이며, 변하지 않는 하나의 본질(주자학에서의 이理)이다. 역에 천지자연의 변하지 않는 본질이 들어 있고, 천지 만물이 있기 전에 태극이 적연부동(고요함에 이르러 완전히 정지된 상태)하게 있다.

◆ 모든 존재의 근원인 태극의 움직임이 양이 되고, 고요하여 음이 된다. 북송의 철학자 주돈이의 『태극도설』(만물의 근원은 태극이며, 태극이 실제로 만물을 형성하는 음양오행의 과정을 250여 자의 글과 그림으로 설명한 책)은 "무극이 태극이다."로 시작한다. 무극이란 말은 송대 주돈이가 최초로 사용하였다.

천지가 분화하기 전의 본체를 "무극이 태극"이라고 한 것은 '무극'이라고만 하면 공허하고 적막함으로만 생각하여 만물의 근원이 될 수 없고, '태극'이라고만 하면 생성된 일물—物로 생각하기 때문에, 천지가 분화하기 전의 본체의 양면을 "무극이 태극"으로 표현한 것이다.

태극의 움직이고 고요한 기운에 의해 음양이 생겨나 오행이 있게 되며, 만물이 생성 변화하게 된다.

주희는 태극에 스스로 움직임과 고요함이 있다고 보았다. 태극에서 기가 나와 흐른다. 태극이 기의 원천이다. 이 태극이 음양을 낳는다. 음양이 사상(노양, 소음, 소양, 노음)을 낳고, 사상이 팔괘(건, 태, 리, 진, 손, 감, 간, 곤)를 낳으니, 팔괘가 길흉을 정하고, 길흉이 대업을 낳는다. 변해가는 현상에 변하지 않는 본질이 있다. 이는 주역의 만물 생성의 원리를 말함이다.

◆이 태극이 움직이므로 양을 낳고, 움직임이 지극하여 고요하게 되며, 고요하여 음을 낳고, 고요함이 지극하여 움직임으로 되돌아간다. 태극은 형상이 없고, 음양은 기를 가지고 있다. 그러므로 태극은 이理고, 동정은 기氣다.

역의 이치易理는 1(태극)이 2(음양)를 낳고, 2(음양)가 4(사상)를 낳으며, 4(사상)가 8(팔괘)을 낳고, 8이 (→ 16 → 32 → 64) 64를 낳으니(이를 '1생2법'이라 한다) 이에 세상 만물이 서로 같지 아니함(만유 부동)에 이르게 됨을 말한다.(이는 유전문이다)

역학易學은 64(64괘, 천지 만물)가 다만 32요, 32가 다만 16이며, 16이 다만 8이요, 8이 다만 4이니, 4가 다만 2요, 2가 다만 1(태극)이 됨을 말한다. 1은 본래 남이 없으니 무생이며, 무극의 이치다.(이는 환멸문이다)

태극이 무극이다. 천지 만물이 각각의 태극을 가지고 있으니, 역학은 오직 심성일 따름이라고 하는 것이다. 이것이 주역의 알고리즘이다. 주역은 시작이 있는데 마침은 없는 것이 있으나, 마침이 있는데 시작이 없는 것은 없다고 하였다. 알고리즘의 끝과 시작을 알면 주역적인 생사의 진리를 알 수 있을 것이다.

2.1. 주돈이의 『태극도설』

주돈이의 『태극도설』은 1176년 송나라 때 주희(1130~1200)가 편찬한 『근사록』 (주자학을 공부하는 초학자의 입문서)에 수록되어 있다. 주돈이는 북송의 철학자다.

『태극도설』은 전체 250여 자로 된 짧은 책으로 만물의 근원은 태극이며, 태극이 실제로 만물을 형성함을 그림과 글로 설명하고 있다.

◆ 우주의 근원은 무극이면서 태극이다. 태극이 움직이면 양이 생기고, 움직임이 극(최고의 상태)에 달하면 고요함에 이르며, 고요함이 음을 낳는다. 고요함이 극에 달하면 다시 움직인다. 한 번 움직이고 한 번 고요함이 서로 그 뿌리가 되어 음양으로 나뉘어 양의가 서게 된다.

　음양이 서로 변화·합일하여 수, 화, 목, 금, 토(오기)가 생긴다. 오기가 순서대로 펼쳐져 사시(봄, 여름, 가을, 겨울)가 운행된다. 오행이 일음양이고, 음양이 일태극이며, 태극이 본래 무극이다. 무극이 참됨이다.

　음양오행의 정精이 묘하게 합하고 엉기어 하늘의 도(건도)는 남성이 되고, 땅의 도(곤도)는 여성이 된다. 건곤의 두 기氣가 교감하여 만물을 화생化生하고, 이리하여 만물이 낳고 낳는 변화는 무궁하다.

　오직 사람이 음양의 빼어난 기운을 얻었기 때문에 가장 신령하니 몸은 이미 생기고 정신이 나와 지성이 된 것이며, 오성이 감동하여 선악이 나누어지고 만사가 나오게 된다.

◆ 성인은 자신을 중정과 인의로 규정하고, 고요함을 위주로 해서 인극 (人極, 사람이 지닌 최고의 상태)을 세웠다. 이런 까닭에 성인은 그 덕이 천지와 하나가 되어, 그 밝음은 해와 달과 같고, 그 질서는 사시(사계절이 순환하는 순서)와 같다. 그 차례와 그 길흉은 귀신과 같다. 군자는 그것을 닦아 다스리니 길하고, 소인은 어지럽히니 흉하다.

　그러므로 이르시되, 하늘의 도를 음양이라 하고, 땅의 도를 강유라 하며, 사람의 도를 인의라 한다.

또 이르시되, 처음을 살펴서 끝마침을 되돌아보면(원시반종) 삶과 죽음의 도리를 알게 된다.

위대하구나, 역은 지극하도다!

◆ 모든 존재의 본질은 형체가 없으면서 작용이 있다. 『태극도설』은 형체 없음을 무극(○)이라 하고, 그 작용을 태극(☯)이라 하여 "무극이 태극"이라 하였다. ○는 무극의 모습이고, 태극☯은 무극○의 작용이다.

〈계사전〉은 "역에 태극이 있으니, 태극이 양의를 낳는다."고 설명하고 있으며 이는 천지 만물의 생성 원리를 말함이다.

2.2. 성학십도의 첫 번째 그림, 〈태극도〉

퇴계 이황(1501~1570)이 17세에 왕위에 오른 선조가 성군이 되기를 바라는 마음으로 1568년에 지은 『성학십도』는 열 장의 그림에 유학의 핵심 원리를 담고 있다.

『성학십도』의 첫 번째 그림은 〈태극도〉다. 〈태극도〉는 음양 조화의 원리를 설명한 것으로 주돈이의 『태극도설』과 〈태극도〉를 싣고 그다음에 주희의 주해, 끝으로 이전 유학자들의 견해를 인용하여 자신의 해설을 실었다.

태극은 천지가 분화하기 전(천지창조 전)의 원기元氣를 말한다. 『성학십도』에서 하늘을 태극이라 이른다. 하늘은 멀리 있는 것이 아니다. 어느 때에도 있고, 어느 곳에도 있다. 이 하늘은 모든 생명의 본성이다. 모든 사람이 자신 안에 있는 하늘을 이해하고 실현하는 원리를 『성학십도』는 설명하고 있다. 모든 것이 하나의 근원에서 나왔기 때문에 그 원리가 똑같다.

2.3. 생명의 본성이 태극이다

생명의 본성이 태극(유교 경전에서는 '일태극', 선불교에서는 '청정법계'라고 한다)이다. 태극은 우주의 원리로서 천도天道에 기본을 둔 것이다.

하늘이 명하는 것을 성性이라 하고, 성性에 따르는 것을 도道라 하며, 도道를 닦는 것을 가르침이라 한다.

역에 태극이 있으니, 생명의 본성인 태극이 양의를 낳고, 양의가 사상을 낳고, 사상이 팔괘를 낳는다.

양陽은 하늘을 나타내며, 남성적인 것의 성기를 상징한다. 음陰은 땅을 나타내며, 여성적인 것의 성기를 상징한다. 양의 성기는 가만히 있을 때는 늘어지고, 움직일 때는 곧아지고 커진다. 음의 성기는 가만히 있을 때는 닫혀 있고, 움직일 때는 열리고 넓어진다.(계사 상전 6장)

양수(1, 3, 5, 7, 9)는 10이 없어, 양은 뒤가 부족하다. 음수(2, 4, 6, 8, 10)는 1이 없어, 음은 앞이 부족하다.

하늘의 기운이 바람을 통하여 아래로 내려가고, 땅의 기운은 천둥을 통하여 위로 올라간다. 바람은 하늘의 성기며, 천둥은 땅의 성기다.

우리 몸의 유전자 DNA 암호 구조를 비교하여 보면, 디지털 2진법(0, 1) 구조와 놀랍도록 서로 통한다는 것을 알 수 있다.

인간과 생물이 생존해 나가기 위해서는 많은 먹이와 물을 공급해 주어야 한다. 또한 추위와 더위를 이겨낼 수 있는 주거지와 땅이 필요하다. 그러나 현실에서는 이러한 자원이 한정되어 있고, 생물의 각 개체는 이러한 자원을 놓고 서로 경쟁한다. 이러한 생존 경쟁에서 누가 이길 것인가? 무엇이 승자를 결정하는 것일까?

생존에 유리한 특성이 조상에게서 자손에게 전달되는 것이 유전이다. DNA는 생물의 구조, 특성, 기능에 이르기까지 생명체의 모든 정보가 담겨 있는 유전자 암호다. DNA는 우리 몸의 모든 세포에 들어 있는 염기서열로 이루어진 분자다. 모든 세포의 유전정보를 담고 있는 DNA는 우리 몸의 설계도라 할 수 있다.

우리 몸의 유전자 암호는 아데닌(A), 티민(T), 구아닌(G), 시토신(C) 4가지 염기들의 배열에 따라 여러 가지 정보가 나오게 된다.

1926년 제임스 왓슨은 DNA 구조가 이중 나선형이라는 것을 발견하여 노벨상을 받았다. DNA는 두 가닥의 염기가 나선형으로 감긴 구조를 하고 있는데, 각 가닥의 염기들은 상보적인 결합을 통해 서로 짝을 이루고 있다. DNA 복제는 이중 나선이 풀리면서 각 가닥이 복제된다.

4종류의 염기(A, T, G, C)에서 3개씩 조합되어 하나의 유전 단위인 코돈(유전 암호의 기본 단위)을 형성한다. 즉 4종류의 염기를 3개씩 묶으면, 코돈의 종류는 총 64가지(4 × 4 × 4 = 4^3 = 64)가 된다. 유전자 암호는 64가지로 이루어져 있다. 주역 64괘와 코돈의 종류 64가지!

> 태극(생명의 본성) → 양의(주역의 음양 ▬, ▬▬ = 디지털 이진법 0, 1 = 이중 나선형 DNA 구조) → 사상(노양 ☰, 소음 ☷, 소양 ☲, 노음 ☷ = DNA 4가지 염기 A, T, G, C) → 64괘(코돈의 종류 64가지 = 64종류의 유전자 암호)

주역에서 생명의 본성, 태극 → 음양 → 사상 → 팔괘 → 64괘로 전개되는 과정을 살펴보면 천지자연의 이치와 생명의 본성이 주역 64괘 속에 오롯이 담겨 있고, 음양(▬, ▬▬)의 기호로 천지자연의 모든 것을 담아서 상징하고 있음을 알 수 있다.

3. 일음일양이 도다

한 번은 음으로, 한 번은 양으로 변하는 것을 도라고 한다. 역에 태극이 있으니, 이 것이 양이를 낳고, 양이가 사상을 낳으며, 사상이 팔괘를 낳는다.

양의란 비로소 하나의 획으로 음양을 나누는 것이다. 사상이란 다음에 두 획으로 태소太少를 나누는 것이다. 음이 극하면 양이 되고, 양이 극하면 음이 된다. 극이란 최고의 상태를 말한다.

변화의 도를 아는 자는 신神이 행하는 바를 알 수 있다. 주역은 변화의 도를 말한다. 주역으로 변화의 도를 아는 자는 신神이 행하는 바를 알 수 있는 것이다.

양	음
—	--
하늘	땅
남성	여성
적극성	소극성
창조적	수용적
밝음	어두움
낮	밤
따뜻함	차가움
강건함	유연함
마른	젖은
여름	겨울
태양	달
포지티브	네거티브

* 음과 양 하나만으로는 만물이 세상에 나지 않는다. 음과 양이 함께 작용해야만 만물이 세상에 나온다.
* 양의는 두 가지 모습을 뜻한다. 태극이란 한 번은 음이 되고 한 번은 양이 되는 동태성과, 음과 양의 두 가지 모습으로 나뉘어 있는 동시적 정태성을 의미한다.

3.1. 양의가 사상을 낳는다

　존재의 궁극적 일자가 태극이다. 양의는 태극으로부터 생성하는 음양을 가리키는 개념이다. 음양의 기가 생장·소멸하는 운동, 즉 '한 번은 음이 되었다가, 한 번은 양이 되는' 운동을 형이상학적인 도의 움직임으로 파악한다. 음양은 상호 대립하면서, 동시에 상호 의존하는 두 가지의 형이상학적인 실체로 간주한다. 그들의 상호 작용에 의하여 만물이 형성된다.

　만물이 생긴 후에 상이 있고, 상이 있고 난 뒤에 많아지며, 많아진 후에 수가 있다. 수는 상에서 생기므로 수를 사용하여 상을 구할 수가 있는 것이다.

　『여씨춘추』에도 "태일은 양의를 낳고, 양의는 음양을 낳는다."라고 하여 양의의 개념을 사용하고 있다. 그러나 『주역』이 "태극 → 양의 → 사상 → 팔괘, 팔괘가 길흉을 정하고, 길흉이 대업을 낳는다."라고 서술하고 있는 것과 비교하면, 『여씨춘추』에서 "태일 → 양의, 양의 → 음양 → 만물로 나아가는 과정"을 다소 다르게 표현하고 있지만, "태극 → 양의로 나아가서 궁극적으로 만물로 나아가는 사고방식"은 동일한 세계관을 공유하고 있음을 알 수 있다.

4. 사상 : 음양 노소

◆사상은 태극에서 음양으로 한 번 변한 후, 음양에서 사상으로 다시 한 번 변하여 나온 것이다. 춘하추동의 4계절은 태극에서 생성된 음양의 기운이 그 강약에 따라 다시 4가지 기운의 양상(음양 노소 : 노양, 소음, 소양, 노음)으로 세분화한 것이다.

　태극에서 나온 양은 건이고, 음은 곤이다. 양의 가볍고 맑은 기운은 위로 올라가 하늘이 되고, 음의 무겁고 탁한 기운은 아래로 내려가 땅이 되었다. 하늘은 위에 있으니 건괘는 위에 놓고, 땅은 아래에 있으니 곤괘를 아래에 놓으니 건곤이 위아래로 열列을 이루었다. 건곤이 역의 문을 여니 음양이 합덕하여 사상(노양☰, 소음☵, 소양☳, 노음☷)이 나온다.

5. 팔괘가 길흉을 정한다

◆옛날에 복희가 천하에 왕 노릇할 때 우러러 하늘의 상을 살피고, 구부려 땅의 법식을 살피며, 새와 짐승의 무늬와 땅의 마땅함을 살피어, 가까이 자신의 몸에서 취하고, 멀리 만물에서 취하여 팔괘를 지었다. 신명의 덕을 통하고, 역으로써 만물의 실정을 분류하였다. 64괘의 기본이 되는 팔괘는, 사상이 다시 음양의 작용으로 분화되어 성립된 것이다.

하늘과 땅이 위아래로 자리를 정하니, 하늘의 성기는 산이 되고, 땅의 성기는 못이 되어, 하늘은 산을 통하여 땅과 사귀고, 땅은 못을 통해서 하늘과 사귄다. 건곤이 서로 사귀어, 건곤 사이에서 산과 못(산택)이 서로 기를 통하니,(통기) 건괘(하늘) 옆에는 태괘(못)를 놓고, 곤괘(땅) 옆에는 간괘(산)를 놓았다. 우레와 바람(뇌풍)이 서로 부딪치며,(상박) 물과 불이 서로 쏘지 아니하여,(불상석) 팔괘가 서로 섞인다.(상착)

◆하늘에 음기운이 와서 움푹 팬 것이 못(☱)이다. 땅의 음기운이 하늘로 올라가면 불(☲)이 된다. 땅속에서 양기운이 나오는 것이 우레(☳)다. 하늘에 음기운이 생기니 바람(☴)이다. 하늘의 양기운이 땅으로 내려오면 물(☵)이 되어 땅속으로 흘러내린다. 땅에 하늘의 양기운이 올라가 불쑥 솟은 것이 산(☶)이다.

우레와 바람이 서로 부딪치는 데서 조화가 빠르게 멀리까지 베풀어지므로, 뇌풍이 상박한다. 상극 관계인 물과 불은, 물은 내려가는 성질이 있어 계속 내려가고, 불은 올라가는 성질이 있어 계속 올라가니 수화가 불상석으로 배치되어, 수승화강으로 팔괘가 서로 섞이게 된다.

팔괘의 성품은 건은 굳세고, 태는 기뻐하고, 리는 밝게 걸리고, 진은 움직이고, 손은 들어가고, 감은 빠지고, 간은 그치고, 곤은 따르는 것이다.

팔괘가 열을 이루니,(일건천☰, 이태택☱, 삼리화☲, 사진뢰☳, 오손풍☴, 육감수☵, 칠간산☶, 팔곤지☷) 팔괘의 체(천지의 이치를 그 안에 담고 있는 실체)가 길흉을 정하고, 길흉이 대업을 생기게 한다.

5.1. 팔괘의 괘체, 괘명, 괘상, 괘덕

◆ 태극 → 양의 → 사상 → 팔괘로 분화하여 전개한다.

	차례	1	2	3	4	5	6	7	8
	괘명	건	태	리	진	손	감	간	곤
	괘상	하늘	못	불	우레	바람	물	산	땅
	괘덕	강건함	기뻐함	밝음	움직임	들어감	빠짐	멈춤	유순함
팔괘 (세 번 변함)	괘체								
	팔괘 비트	000	001	010	011	100	101	110	111
사상 (두 번 변함)	사상	(노양, 9)		(소음, 8)		(소양, 7)		(노음, 6)	
	사상 비트	00		01		10		11	
양의 (한 번 변함)	양의	(양, 움직이는 것)				(음, 고요한 것)			
	비트	0				1			

태극(우주 만물의 근원)
1생2법으로 태극에서 양의가 나온다.

* 건과 곤이란, 순수한 양과 순수한 음으로 이루어진 괘의 이름이다. 하늘과 땅이라는 실체에, 건곤이라는 괘명을 붙였다.
* 1생2법으로 태극에서 양의(음양)가 나온다. 양의(음양)는 비트(컴퓨터의 정보량을 나타내는 기본단위. 모든 정보는 0과 1의 이진수 체계로 표현되는데, 이 0과 1이 하나의 비트가 됨)의 표현 체계와 같다. 양자컴퓨터가 발전해 감에 따라 전통적인 컴퓨터의 기본 단위인 비트(0과 1)와 달리, 양자 컴퓨터는 큐비트(0과 1이 공존 : 00, 01, 10, 11)라는 기본단위를 사용하는데, 주역의 음양, 사상, 팔괘는 (디지털 컴퓨터와 같은 원리이므로) 비트, 큐비트(사상 비트), 팔괘 비트로 표시할 수 있음을 나타낸다.

5.2. 주역 상경 30괘(천지자연의 이치, 體)의 좌표

하괘 \ 상괘	건	태	리	진	손	감	간	곤
건	1. 중천건		14. 화천대유		9. 풍천소축	5. 수천수	26. 산천대축	11. 지천태
태	10. 천택리							19. 지택림
리	13. 천화동인		30. 중화리				22. 산화비	
진	25. 천뢰무망	17. 택뢰수	21. 화뢰서합			3. 수뢰둔	27. 산뢰이	24. 산지박
손		28. 택풍대과					18. 산풍고	
감	6. 천수송					29. 중수감	4. 산수몽	7. 지수사
간								15. 지산겸
곤	12. 천지비			16. 뇌지예	20. 풍지관	8. 지수비	23. 산지박	2. 중지곤

◆천지가 있은 연후에 만물이 생겼으니, 주역 상경 30괘는 (건곤감리를 써서) 건·곤으로 시작하고, 감·리로 마침을 삼았다.

5.3. 주역 하경 34괘(인사의 작용, 用)의 좌표

하괘 \ 상괘	건	태	리	진	손	감	간	곤
건		43. 택천쾌		34. 뇌천대장				
태		58. 중택태	38. 화택규	54. 뇌택귀매	61. 풍택중부	60. 수택절	41. 산택손	
리		49. 택화혁		55. 뇌화풍	37. 풍화가인	63. 수화기제		36. 지화명이
진				51. 중뢰진	42. 풍뢰익			
손	44. 천풍구		50. 화풍정	32. 뇌풍항	57. 중풍손	48. 수풍정		46. 지풍승
감		47. 택수곤	64. 화수미제	40. 뇌수해	59. 풍수환			
간	33. 천산돈	31. 택산함	56. 화산려	62. 뇌산소과	53. 풍산점	39. 수산건	52. 중산간	
곤		45. 택지췌	35. 화지진					

◆만물이 있고 난 후에 남녀가 있고, 남녀가 있고 난 후에 부부가 있
으므로 주역 하경 34괘는 함·항으로 시작하고 기제·(만물은 다할 수가
없으므로) 미제로 끝을 맺는다.

5.4. 괘, 단(괘사), 단전

복희가 하늘을 우러러 살피고, 땅을 굽어살펴, 음양에 기·우의 수가 있는 것을 보고 획(그 시대는 문자가 없어 기━, 우━━를 그려 음양을 상징)을 그어 팔괘를 짓고 사물을 상징(건☰은 하늘의 상이니, 하늘을 본뜬 것이다. 곤☷은 땅의 상이니, 땅을 본뜬 것이다) 하였다.

일음일양이 각각 일음일양을 낳는 상이 있는 것은 보고, 아래에서 위로 세 배로 하여(3획 소성괘) 팔괘가 이루어지면, 또 그 획을 세 배로 하여(6획 대성괘) 64괘를 만들었으니,(중천건괘☰는 6획이 모두 기고, 상하의 괘가 모두 건乾이니 순수한 양이고, 지극히 굳셈健을 나타낸다) 64괘는 복희가 만든 것이다.

주역은 천지 만물과 인간사가 생성·변화하는 흐름의 이치를, 64괘 384효의 괘상과 괘효사로 나타내고 있다.

◆ '단'은 문왕이 지은 괘사를 말한다. 주역 64괘의 각 괘 하나하나가 나타내고 있는 괘상의 상징적 의미와 가르침을 설명하고 있다. 한 괘의 괘명과 괘상의 뜻을 전체적으로 총괄하여 단정적으로 판단하므로 단이라 하였다. 이것을 가지고 한 괘의 길흉을 단정적으로 판단하니 '단'이다.

　문왕이 중천건괘 아래 "건, 원형이정"이라 말을 달았다. 원元은 크다는 뜻이고, 형亨은 통한다는 뜻이며, 이利는 마땅하다는 뜻이고, 정貞은 올바르다는 뜻이다.

　괘사의 본질적인 특징은 대체로 위 구절은 천지자연의 이치를 말하고, 아래 구절은 이에 따라 사람이 이를 본받아서 올바른 도덕적 행위를 하도록 인도하는 지침이 담겨 있다.

　주희는 『주역』을 복서(점)를 위하여 만들어진 책으로 보았다. 문왕이 지은 괘사인 단은 한 괘의 길흉을 판단한 것으로 점사라고 보았다. 그러므로 '원형이정'은 중천건괘의 점사다.

◆〈단전〉은 공자가 문왕의 단을 해석한 글이다. 『주역』 경문에 붙여진

단전은, 단왈(단에 이르기를) 하고 설명하여 문왕이 지은 단과 구별하고 있다. 중천건괘 아래 문왕이 지은 괘사인 단이 있고, 그 아래 주공이 지은 효사(초구, 구이, 구삼, 구사, 구오, 상구, 용구)가 있다. 그 아래 단왈,(단에 이르기를) 대재건원(위대하도다. 건원이여!) 이하는 공자가 지은 단전이다.

단전의 구조는 주역 64괘의 괘마다 먼저 괘명을 해석하고, 다음 괘사를 해석하고, 괘의 뜻을 해석하는 순서로 되어있다.

* 역에는 상象이 있은 연후에 괘효사가 있고, 서(주역점)에는 변화變가 있은 연후에 점이 있다. 상象의 변화變는 이치理에 있으되 일事에 드러나지 않고, 괘효사는 각각 상으로 인하여 그 길흉을 가리키고, 점은 내가 만난 바의 괘효사로 인하여 결택(의심을 끊고 이치를 분별함)한다.
괘란 때時, 즉 시간의 흐름과 구체적으로 처해 있는 상황, 꼭 알맞은 시기를 나타내 보인 것이다.
* 왕필은 괘가 때時를 상징한다고 하였다. 줄어들고 늘어나며, 가득 차고 텅 비는,(소식영허) 천지 시운이 변하고 바뀌는 것을 때時라고 한다.

5.5. 본괘, 지괘, 도전괘, 착종괘, 배합괘, 호괘

◆ 본괘

대연수 50을 본체로 삼아, 50개의 시초 중 1개(태극을 상징)를 빼고 49개를 사용하여 점을 친다. 한 괘는 6효이며 삼변하여 9(노양), 8(소음), 7(소양), 6(노음) 중의 한 효를 얻는다. 18변(18번 시초를 셈)하여 한 괘를 얻는다. 점을 쳐서 얻은 괘를 본本괘, 변한 괘를 지之괘라 한다.

◆ 지괘

3변하여 한 효를 얻고, 18변하여 한 괘를 얻으면 각 효는 9(노음), 8(소음), 7(소양), 6(노음) 네 개의 수 중에 하나를 갖는다. 9는 변할 수 있는 양효이며, 6은 변할 수 있는 음효다. 8은 변하지 않는 음효이며, 7은 변하지 않는 양효다. 점을 판단할 때, 시초를 셈하여 얻은 본괘와 지괘의 괘사·효사를 판단하여 해석한다.

◆ 호괘

〈계사전〉은 "세상의 물건을 섞어서 (길흉을 드러내고) 덕을 가려내고 시비를 분별하려면, 중효(호괘)가 아니면 갖추지 못한다."라고 하여 호互괘로 괘가 품은 성질과 뜻을 분별할 수 있음을 밝히고 있다.

호괘는 초효와 상효를 제외하고 가운데 네 효를 보아, 2효·3효·4효를 아래 괘로, 3효·4효·5효를 위 괘로 하여 이루어지는 괘다.

수뢰둔괘(䷂)는 아래 괘는 진(☳), 위 괘는 감(☵)이다. 가운데 네 효로 보면 2효부터 4효까지는 곤(☷)이 되고, 3효부터 5효까지는 간(☶)이 된다. 그러므로 수뢰둔괘의 호괘는 산지박괘가 된다. 호괘(간 ☶)에 의해 효사(수뢰둔괘 육삼효사䷂ 숲속에서 길을 잃었다)를 풀이할 수 있는 것이다.

◆ 도전괘

괘를 거꾸로 뒤집어 보아 상호관계를 살피는 것을 도전이라 한다. 도전괘와 부도전괘를 살펴보면 본괘를 거꾸로 뒤집어 보았을 때 (초효→상효, 2효→5효, 3효→4효, 4효→3효, 5효→2효, 상효→초효로) 다른 괘로 되는 경우를 도전倒轉괘라 하고, 본괘와 같은 괘로 나오면 부도전괘라 한다.

수뢰둔괘(䷂)의 도전괘는 산수몽괘(䷃)가 된다. 주역 상경은 부도전괘인 건·곤으로 시작하고, 주역 하경은 도전괘인 함·항으로 시작한다. 주역 64괘는 부도전괘 8괘와 도전괘 56괘로 되어있다.

◆ 착종괘

서로 섞이어 엉클어지는 것을 착종이라 한다. 아래 괘와 위 괘의 위치를 서로 바꾼 괘로 되는 경우를 착종錯綜괘라 한다. 수뢰둔괘(䷂ 감상, 진하)의 착종괘는 뇌수해괘(䷧ 진상, 감하)가 된다.

◆ 배합괘

여섯 효를 모두 양효는 음효로, 음효는 양효로 각각 바꾸어 만든 괘를 말한다. 뇌수해괘(䷧)의 배합配合괘는 풍화가인괘(䷤)다.

Chapter 3

하도와 낙서의 수리적 이해

1. 하도의 수리적 이해

　고대 중국인들은 성인이 출현할 길조로 하늘이 봉황과 기린을 출현시키는 것처럼, 황허에서 〈하도〉가 나오고, 낙수에서 〈낙서〉가 나오는 것을 하늘이 신물(하도·낙서)을 내보내어 성인이 '천지 만물의 법칙'으로 삼도록 하는 길조로 여겼다.

　공자가 쓴 『춘추』는 '획린'(BC 481년 노나라 서쪽에서 사냥하다가 기린이 잡혔다)으로 끝을 맺고 있다. 기린은 성인이 세상에 나오면 나타난다는 상상의 동물이다. 공자조차도 기린이 잡히자 "봉황은 오지 않고, 황허에서 도문(하도와 같은 그림과 낙서와 같은 글, 즉 신물)도 나오지 않으니 나도 이제 그만이로구나!" 하고 탄식하였다고 한다.

<h2 style="text-align:center">〈황허에서 나온 용마의 그림, 하도〉</h2>

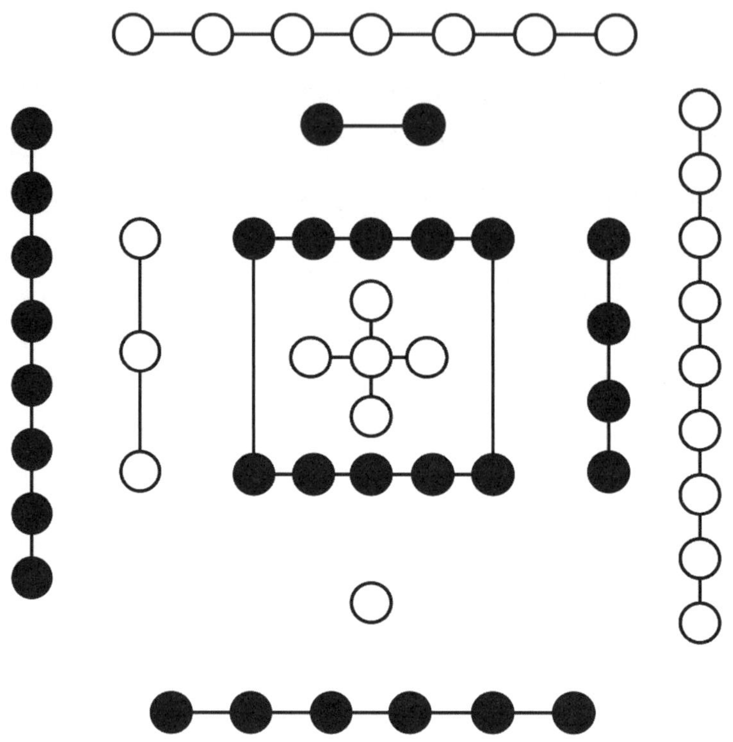

* 천지의 수가 양은 기奇(홀수)고, 음은 우偶(짝수)다. 곧 〈하도〉의 수다. 그 자리는 1과 6은 아래에 있고, 2와 7은 위에 있고, 3과 8은 왼쪽에 있고, 4와 9는 오른쪽에 있고, 5와 10은 중앙에 있다. 중앙에 있는 5는 연모(衍母, 연역의 근거)가 되며, 10은 근거로부터 나온 결과가 된다. 1, 2, 3, 4는 사상의 자리位이고, 6, 7, 8, 9는 사상의 수다. 노양(9)·노음(6)은 서북에 있고, 소양(7)·소음(8)은 동남에 있다. 그 수는 그 무리로써 교착(이리저리 엇갈려 뒤섞임)한다.

1.1. 천지의 수 55 = 하늘의 수 25 + 땅의 수 30

황허에서 나온 용마의 등에 55개의 반점이 있었다. 하얀 반점은 홀수,(1, 3, 5, 7, 9) 하늘의 수다. 검은 반점은 짝수,(2, 4, 6, 8, 10) 땅의 수다. 〈계사 상전 9장〉에 하도의 수는 곧 천지의 수임을 밝히고 있다.

◆ 천1, 지2, 천3, 지4, 천5, 지6, 천7, 지8, 천9, 천10이니, 하늘의 수(양수)가 5,(1, 3, 5, 7, 9) 땅의 수(음수)가 5(2, 4, 6, 8, 10)다. 오위五位가 서로 얻어 각각 합함이 있으니,(양은 10이 없어 뒤가 부족하고, 음은 1이 없어 앞이 부족하다)

천수는 25,(1+3+5+7+9 = 25) 지수는 30(2+4+6+8+10 = 30)이다. 그러므로 천지의 수가 55다.

〈하도〉는 총합한 수가 55이니, 그중 50은 모두 중앙의 수 5를 인하여 얻어진 것이다. 오직 5는 50의 기인한 바가 되나, 스스로 기인된 바가 없다. 〈계사 상전 9장〉은, 이것으로 변화하며 귀신을 행하는 소이(일이 생기게 된 원인이나 조건)라고 말한다.

1.2. 수는 모두 참천양지를 의지하여 일어난다

1, 2, 3, 4, 5는 하도의 안에 있어 근본(체)이 되며, 낳는 수(생수 : 1, 2, 3, 4, 5)다. 생수는 모든 수의 이치가 나오는 기본수다. 생수(1, 2, 3, 4, 5)에 하늘의 수가 3(1, 3, 5)이고, 땅의 수가 2(2, 4)다.

참천양지參天兩地란, 다섯 개의 생수(1, 2, 3, 4, 5) 가운데 하늘은 셋(1, 3, 5)이고, 땅은 둘(2, 4)이다. 천天을 셋으로 하고, 지地를 둘로 하여 수를 세웠다는 뜻이다. 참천양지에 이르러 바야흐로 '수'를 취하였다. 수는 모두 이것을 의지하여 일어난다. 점치는 가운데에 있다. 미래를 미리 아는 것을 예지라 하며, 수를 궁구하여 미래를 미리 아는 것을 점이라 한다.

하나의 천(天一)을 3배 하면 3이 되고, 하나의 땅(地一)을 2배 하면 2가 된다.

- 3을 3배 하면 9가 되고,(건☰)
- 2를 3배 하면 6이 된다.(곤☷)
- 3을 2배로 하고 2를 1배로 하면 8이 되고,(태☱, 리☲, 손☴)
- 2를 2배로 하고 3을 1배로 하면 7이 된다.(진☳, 감☵, 간☶)

* 설괘전 1장에서는 "참천양지이의수參天兩地而倚數"라고 하였다.

시초를 셈하여 3변하면 일획을 얻고, 18변하여 6획을 얻으면 1괘를 얻는다. 시초를 셈하여 3변하는 중에 그 나머지가

- 삼기(☰)면, 9(노양). 건은 3효가 모두 3이므로 9(3×3)
- 삼우(☷)면, 6(노음). 곤은 3효가 모두 2이므로 6(2×3)
- 이기일우(☱, ☲, ☴)면, 8(소음). 태, 리, 손은 두 개가 양효이고
　　　　　　　　한 개가 음효이므로 8((3×2)+(2×1))
- 일기이우(☳, ☵, ☶)면, 7(소양). 진, 감, 간은 두 개가 음효이고
　　　　　　　　한 개가 양효이므로 7((3×1)+(2×2))

* 이로二老(노양 9, 노음 6)는 음양이고(음양의 변화를 관찰하여 괘를 만들었다)
* 이소二少(소양 7, 소음 8)는 강유다.(강유를 발휘하여 효를 만들었다)

생수 가운데 양수를 합하면(1+3+5 = 9) 구가 되므로 구는 양을 대표하는 수다. 양(━)은 구九로 표시한다. 생수 가운데 음수를 합하면(2+4 = 6) 육이 되므로 육은 음을 대표하는 수가 된다. 음(╍)은 六으로 표시한다.

* 주역 64괘 384효에서 음효는 육六으로, 양효는 구九로 표시한다. 예를 들어, 수뢰둔괘䷂의 양효, 음효는 아래에서 위로 표시하여 초初구, 육이, 육삼, 육사, 구오, 상上육으로 표시한다.

1.3. 생수와 성수의 생성과 상득·상합

〈하도〉의 수가 생수와 성수다. 생수는 성수를 낳는 근본體이 되며, 성수는 생수를 이루는 용用이 된다.

- ◆ 1(양), 2(음), 3(양), 4(음), 5(양), 6(음), 7(양), 8(음), 9(양), 10(음)
  5는 가운데 있는 생수이니, 1+5 = 6, 2+5 = 7, 3+5 = 8, 4+5 = 9, 5+5 = 10이 된다.
  6, 7, 8, 9, 10은 하도의 바깥쪽에 배열되어 있는, 형체를 이루는 수(성수)다. 생성生成의 수가 모두 5다.

- ◆ 1·6(水), 2·7(火), 3·8(木), 4·9(金), 5·10(土)
  음(땅)과 양(하늘)의 상득(서로 뜻이 맞아 잘 통하는 이웃의 상태)수도 5, 음(땅)과 양(하늘)의 상합(서로 만나 결합함)수도 5다.
  낮이 지나면 밤이 오듯이, 음양이 서로 변화하면서 서로 사귀어 만물이 나온다.
  1(양)·6(음)은 만나 수水를 낳고, 2(음)·7(양)은 만나 화火를 낳고, 3(양)·8(음)은 만나 목木을 낳고, 4(음)·9(양)는 만나 금金을 낳고, 5(양)·10(음)은 만나 토土를 낳는다. 그러므로 음양이 서로 만나 낳고生, 이루고成, 통하여 서로 얻고,(상득) 서로 결합(상합)하는 수가 모두 5다. 이 5를 가지고 10으로 대연大衍하면, 즉 곱하면,(5×10 = 50) 50이 된다.

- ◆ 대연수가 50이다. 하도에서 나온 천지의 수 55를 근원으로 하여, 50으로 대연하여 점을 치는 것이다. 점을 칠 때 대연수를 상징하는 시초 50개를 준비한다.

1.4. 천지의 기본수, 대연수 50

〈하도〉에서 가운데 5와 10(태극을 상징)을 대연(크게 펼침) 하면 5×10 = 50이 된다. 대연이란 곱하기하는 것이다. 50이 천지의 기본수인 대연수 50이다.

- ◆ 하도의 수는 55, 낙서의 수는 45다. 하도의 수 55 + 낙서의 수 45 = 100이다. 이를 반으로 나누면(100÷2 = 50) 50이다.
  하도의 수 55에서 5를 빼고(55-5 = 50) 낙서의 수 45에서 5를 더하면(45+5 = 50) 그 중간 수가 모두 50이 된다. 50이 천지의 기본수가 되고, 주위의 사방이 모두 음양이 되며, 사상이 된다.

- ◆ 50이 천지의 기본수, 대연수다. 50개의 시초로 점을 치는 이치다. 시초(점쳐서 괘가 이루어질 때 사용하는 대나무 가지) 50개는 대연수 50에 근거를 두고 있다. 주역은 음양이 변화하는 것이다. 실을 엮어서 베를 짜듯이 〈계사 상전 9장〉의 순서에 따라 18변(3변 1효 ×6효 = 18변)하여 6효를 이루면 한 괘(6획 대성괘)가 이루어진다. 6효를 이루는데 효마다 노양(9), 소음(8), 소양(7), 노음(6)의 사상수가 섞이게 된다.

<복희 팔괘 방위도>

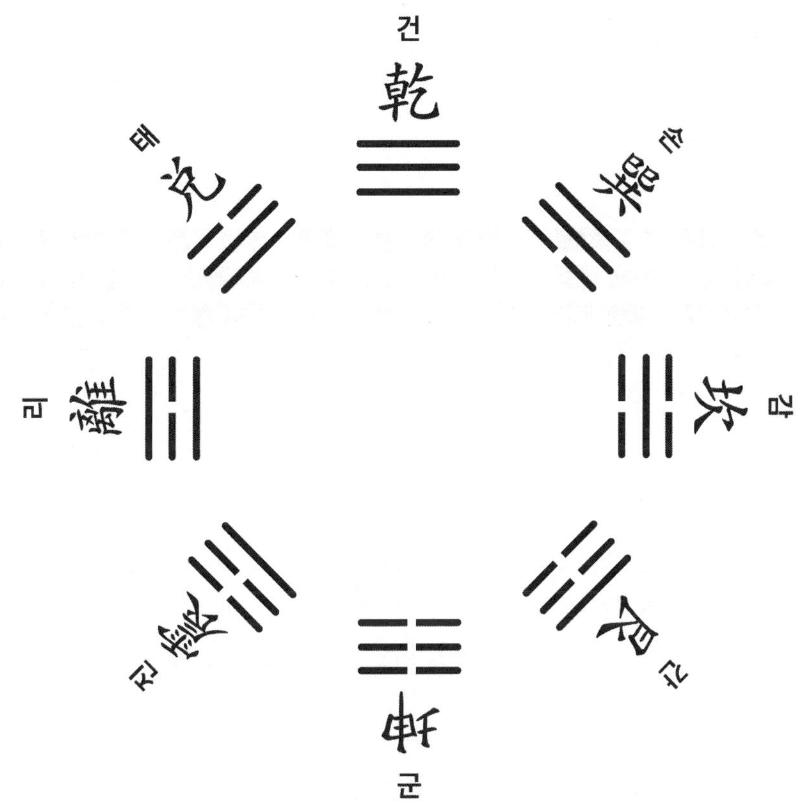

* 복희 8괘 방위도는 천도와 천도의 변화를 형상화한 그림으로, 천시를 따른다.

◆ 천지가 아직 나누어지기 전이 본래면목(자기의 본디 모습)이다.
  천지가 나누어져 팔괘가 열을 이루니,
  - 건남乾南은 하늘을 표하고,
  - 곤북坤北은 땅을 표하고,
  - 리동離東은 해를 표하고,
  - 감서坎西는 달을 표하고,
  - 진震이 동북에 있음은 움직임의 맨 처음이다.
  - 태兌가 동남에 있음은 바다의 상이다,
  - 손巽이 서남에 있음은 들어감의 시작이다,
  - 간艮이 서북에 있음은 산의 상이다.

　복희(선천) 팔괘 방위도는 체體를 잡아 말함이다. 자연의 원리를 그대로 옮겨놓아 생겨났다. 수에 괘와 방위를 결부시켜 우주 만물이 생겨나고 변화하는 방식과 순서를 설명하고 있다.

1	2	3	4	5	6	7	8
건	태	리	진	손	감	간	곤
남방	동남방	동방	동북방	서남방	서방	서북방	북방

* 복희 팔괘의 자리는 건은 남쪽에 있고, 곤은 북쪽에 있으며, 리는 동쪽에 있고, 감은 서쪽에 있으며, 태는 동남에 자리하고, 진은 동북에 자리하며, 손은 서남에 자리하고, 간은 서북에 자리한다. 그래서 8괘가 서로 사귀어 64괘를 이루니, 이것은 선천의 학學이라 한다.

* 복희 팔괘 방위도는 팔괘의 순서인 건, 태, 리, 진, 손, 감, 간, 곤을 S자 모양으로 배열한 모습이다. 이것은 (팔괘의 순서에서는 보이지 못한) 음양이 소장하는 순서를 보인 것이다. 이 음양이 소장하는 모습을 보다 세밀하게 보인 것이 복희 64괘 원도다.

* 중국 고대 자료에는 복희가 고대 동이족이라고 전해져왔고, 중국 고대에는 우리 민족을 동이족이라 불렀다. 『환단고기』(한국 상고사를 서술한 역사서)에는 복희는 5,000여 년 전 '환웅'의 막내아들이며, 성은 풍風이라고 기록되어 있다. 『환단고기』에 따르면 처음으로 팔괘를 그은 복희는 고대 우리 민족의 조상이다. 복희의 팔괘에서 비롯된 주역은, 우리 민족의 역易이라 할 수 있다.

1.5. 복희 팔괘와 64괘

◆복희가 획을 그어 팔괘를 짓고, 64괘를 만들었다.

〈복희 64괘의 순서〉

6획 (복희 64괘)	⚏⚏ ‥‥‥‥‥‥‥‥‥‥‥ ⚏⚏	64(2⁶)
5획	⚏⚏ ‥‥‥‥‥‥‥‥‥‥‥ ⚏⚏	32(2⁵)
4획	⚏⚏ ‥‥‥‥‥‥‥‥‥‥‥ ⚏⚏	16(2⁴)
3획 (팔괘)	(1)건　(2)태　(3)리　(4)진　(5)손　(6)감　(7)간　(8)곤 사상이 팔괘를 낳고	8(2³)
2획 (사상)	(노양)　　(소음)　　(소양)　　(노음) 양의가 사상을 낳고	4(2²)
1획 (양의)	(양)　　　　(음) 태극이 양의를 낳고	2(2¹)
태극	역에 태극이 있으니 * 무극이 태극이다.	1

$$6획: 64(2^6)\quad 5획: 32(2^5)\quad 4획: 16(2^4)\quad 3획: 8(2^3)\quad 2획: 4(2^2)\quad 1획: 2(2^1)$$

* 획을 그어 팔괘를 짓고, 64괘가 만들어 지니 효가 그 가운데 있다. 그러므로 주역은 천지인 삼재가 항상 변하는 삼극의 도를 편 것이다.
* 문왕이 건·곤을 머리에 두어 64괘의 순서를 정비하였다. 주역 64괘의 순서와 복희 64괘의 순서는 같지 않다. 주역 64괘와 복희 64괘의 첫 번째 괘는 중천건괘다.

2. 낙서의 수리적 이해

하나라의 우왕이 순의 명을 받아 9년 동안 치수할 당시에, 낙수(황허의 지류)에서 출현한 거북의 등에 나타난 9개의 무늬書에서 이치를 깨달아 치수 사업에 성공하였다고 한다.

사마천의 『사기』〈하본기〉에는 중국 역사의 첫 왕조가 하나라이고, 우가 첫 번째 왕이라고 기록하고 있다. 우는 13년 동안 집을 떠나 치수 사업에 몰두하여 범람하는 황허의 물길을 돌려 치수에 성공하였다. 우는 중국 산천의 경계를 획정한 인물로 산천을 소통하고, 아홉 주를 획정했다. 우는 동쪽으로는 장강으로 삼고, 북쪽은 제수로 삼고, 서쪽은 황허로 삼고, 남쪽은 회수로 삼아 아홉 강을 뚫어 바다로 흐르게 하여 사방 수로를 다스렸다고 기록되어 있다.

우 임금은 아홉 주를 상징하는 구정을 주조하여 대대로 보물을 받들게 했다. 탕(상나라 창건)은 하나라를 멸망시키고 구정을 상읍으로 옮겼다. 진나라가 구정을 취했으나 하나는 사수에 빠뜨리고, 나머지 여덟 개는 소재가 분명하지 않다.

* 그림圖은 선이나 색채를 써서 사물의 형상이나 이미지象를 평면 위에 나타낸 것 → 하도河圖

* 글자書는 하나하나가 일정한 뜻을 나타내는 문자 → 낙서洛書

〈낙수에서 나온 거북이 등에 쓰인 글, 낙서〉

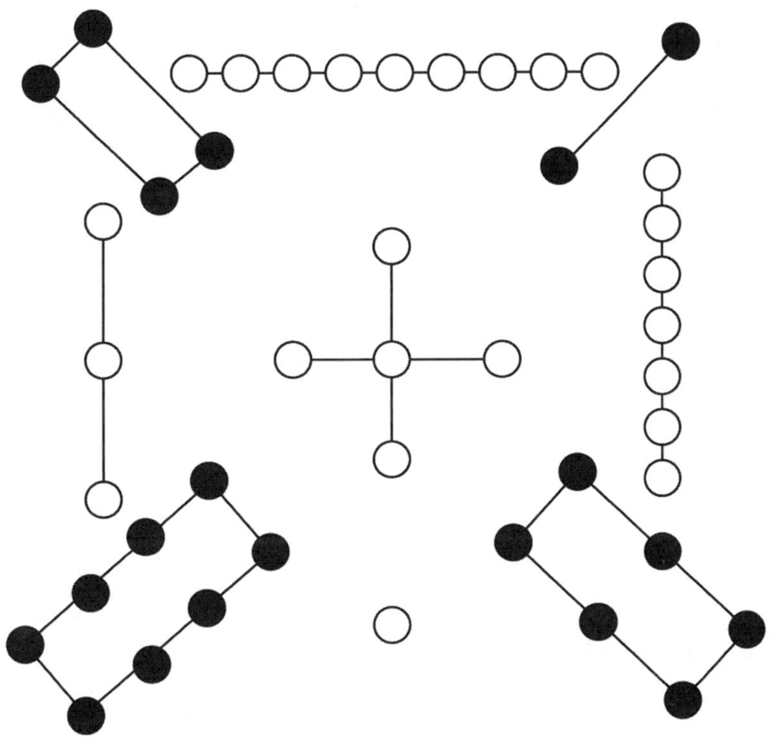

* 물이 만물 생성의 시원이 되는 이치로, 신물이 물(황허, 낙수)에서 나타난다고 본다.

* 낙서의 수는 5를 중심으로, 8방에 수가 배열된 9궁의 상이다.
  - 동, 서, 남, 북에 1, 3, 7, 9(기수)
  - 서북, 서남, 동남, 동북에 2, 4, 6, 8(우수)이 배열되어 있다.
    흰 점(양)이 근본이 되어 동서남북에 배열되고, 검은 점(음)이 이를 보익(보태고 늘려 도움
    이 되게 함)하여 좇는 이치다.

〈낙서의 수〉

4 오기	9 오복, 육극	2 오사
3 팔정	5 황극	7 계의
8 서징	1 오행	6 삼덕

* 〈홍범 구주〉의 각 조목은

① 오행 ② 오사 ③ 팔정 ④ 오기 ⑤ 황극 ⑥ 삼덕 ⑦ 계의 ⑧ 서징

⑨ 오복, 육극이다.

2.1. 『서경』과 〈홍범 구주〉

『서경』은 『주역』의 낙출서洛出書(낙수에서 나온 거북이 등에 쓰인 글)에 그 기원을 두고 있다. 하늘이 〈낙서〉를 신물神物로 내니, 성인이 이를 본받았다고 보았다. 유학은 천인합일적인 사고를 바탕으로 성인의 다스림에 근본을 두고 있다.

공자가 편찬한 『서경』(58편)은 "글로 쓴 것 가운데 가장 핵심적이고 순수한 것"이란 뜻이다. 『서경』은 요·순임금과 하·은·주 3대에 이르기까지 정사政事에 관한 문서를 수집하여 편찬한 책으로, 중국에서 가장 오래된 경전이다. 옛날부터 '정치의 근본'이라고 평가받는 『서경』에 순이 홍수를 다스린 우에게 제위를 선양했다는 기록이 있고, 천명에 따르고 백성을 덕으로 편안케 한다는 유가의 정치이념이 잘 드러나 있다.

『서경』〈주서 홍범편〉에 수록되어 있는 〈홍범 구주〉는 하나라 우왕이 홍수를 다스릴 때, 낙수에서 나온 〈낙서〉를 보고 만들었다. 홍범은 대법大法을 말하며, 〈홍범 구주〉는 '9개 조항의 큰 법'이라는 뜻이다.

◆ 서주를 창건한 무왕이 은을 평정한 후에 기자(은의 마지막 왕, 주의 숙부. 주의 무도함에 대해서 간하였으나 받아들이지 않자, 기자는 미친 척하고 노비로 가장해 숨어 버렸다)에게 하늘의 이치를 묻자, 우에게서 전해 받은 정치·도덕을 논한 글인 〈홍범 구주〉를 전해주고 하늘의 이치와 국가의 존립과 패망에 대하여 말하였다.

◆ 『서경』의 〈무일無逸편〉은 주공이 성왕에게 준 통치 교훈으로 "안일함에 빠지지 말라."는 뜻이다. 백성들이 심고 거두는 힘든 농사일을 해서 먹고사는 실정을 이해하고, 말을 신중하게 하며, 어렵고 힘든 과제를 자신의 지혜와 노력으로 해결해 나가라는 가르침이다.

우리나라에서는 고려 시대부터 중요시하였고, 〈홍범편〉은 왕이 해야 할 팔정八政 등 여러 규범이 수록되어 있어 오래전부터 제왕학의 근간으로 여겨왔다.

조선 초기 유학자 권근은 통치자로서의 왕이 지켜야 할 규범으로 경敬을 제시하였다. 권근은 천인과 심성은 결국 하나이면서 둘이고, 둘이면서 하나라고 하였다.

〈『서경』〈홍범 구주〉 각 조목의 주요 내용〉

1	**오행五行**	자연계의 5대 원소인 오행(수, 화, 목, 금, 토)에 관한 일
2	**오사五事**	모양, 말하는 것言, 보는 것視, 듣는 것, 생각하는 것思에 관한 일
3	**팔정八政**	정치의 기본이 되는 식食, 재물, 제사, 최고 관직, 교육, 사법, 군왕의 외교, 군대에 임하는 일
4	**오기五紀**	역법의 기본이 되는 1년의 기간, 달月, 일日, 별들의 운행, 역수(천체의 운행과 순서)를 정리하는 일
5	**황극皇極**	군왕의 정치와 덕의 준거(황극)를 세우고 스스로 바르게 실천하는 일
6	**삼덕三德**	정직, 강극(굳셈을 다함), 유극(부드러움을 다함)을 갖추는 일
7	**계의稽疑**	점으로 의문을 밝히는 것에 관한 일
8	**서징庶徵**	자연현상 가운데서 선악의 징후를 발견하는 것에 관한 일
9	**오복五福 육극六極**	오복 : 수(장수), 부(부귀), 강녕(건강), 유호덕(선행), 고종명(평생 평안하게 살다가 천명을 마치는 것) 육극 : 흉단절,(흉은 재난을 만나 60세 이전에 죽는 것. 절은 30세 이전에 죽는 것) 병, 걱정, 가난, 악함, 약함

2.2. 오행은 상생과 상극의 관계가 있다

수·화·목·금·토 5요소의 변전으로 만물의 생성·소멸을 설명하는 이론이 오행설이다. 오행설은 음양의 이론과 밀접하게 연관된 까닭에, 흔히 음양오행설로 불린다. 지금까지 전해오는 고전 중에서 오행설을 말한, 가장 오래된 책은 『서경』이다.

『서경』〈홍범 구주〉의 첫 번째가 바로 오행이며, 그 순서는 수·화·목·금·토로 되어 있다. 이러한 5요소는 고대인의 생활에 필수였던 5가지 재료(물, 불, 나무, 쇠붙이, 흙)를 가리키는 것이다.

◆ 전국시대 제나라 추연은 오행설을 체계화시킨 사람으로, 중국 역대 왕조의 흥망성쇠를 토·목·금·화·수로 순환하는 오행 상승설로 해설했다. 하나라는 목덕을, 은나라는 금덕을, 주나라는 화덕을 입었으며, 제나라는 수덕을 입었는데, 목은 토를 이기고, 금은 목을 이기며, 화는 금을 이기고, 수는 화를 이기며, 토는 수를 이기므로 은나라가 하나라를 이기고, 주나라는 은나라를 이겼다고 설명했다.

◆ 한대에 이르러 음양설과 결합한 음양오행설이 크게 유행하여 오행을 우주 조화의 측면에서 해석하고, 그것을 일상적인 세상사에 적용하였다.
  - 목 : 육성의 덕을 맡으므로, 동쪽에 위치(계절은 봄)
  - 화 : 변화의 덕을 맡으므로, 남쪽에 위치(계절은 여름)
  - 토 : 생성의 덕을 맡으므로, 중앙에 위치(계절의 주主)
  - 금 : 형금(법을 달리 이르는 말)의 덕을 맡으므로 서쪽에 위치(계절은 가을)
  - 수 : 임양(짊어지고 기른다)의 덕을 맡으므로, 북쪽에 위치(계절은 겨울)

  * 상생(오행이 서로 조화를 이룸) : 1과 6의 수水에서 시작하여 수생목, 목생화, 화생토, 토생금, 금생수로 상생하는 순환운동을 상징하고 있다.

  * 상극(오행이 서로 배척하고 충돌함) : 수극화, 화극금, 금극목, 목극토, 토극수라는 상극의 순환운동을 상징하고 있다.

2.3. 하늘이 북서쪽으로 기울어진 까닭

중국은 북서쪽이 높고, 남동쪽이 낮은 지형이다. 『회남자』(BC 120년경 한나라 초기에 편찬된 신화 전설에 관한 백과전서)에 (중국의 지형에서) 하늘이 북서쪽으로 기울어져 있는(문왕 팔괘 방위도에 건乾은 북서에 배열되어 있다) 이유를 설명하는 신화와 전설이 수록되어 있다.

◆ 세계가 카오스(그냥 혼돈 상태로써 아무런 형태도 없고, 하늘과 땅이 없었을 때의 상태)에서 코스모스(우주)가 되고, 코스모스에서 기氣가 생겼다. 그 기는 둘로 나뉘어 가볍고 맑은 것은 빠르게 위로 올라가 먼저 하늘이 만들어지고, 무겁고 탁한 것은 늦게 아래로 내려가 그 뒤에 땅이 되었다.(복희 팔괘에서 하늘은 위로 가고, 땅은 아래로 내려가서 천지가 배열됨을 의미)

그 뒤 홍수의 신(공공共工)이 전욱(중국 고대 신화에 최초의 제왕인 황제의 손자)과 왕위 다툼에서 패배하자, 홧김에 곤륜산에 머리를 박아 하늘을 지탱하던 기둥과 땅을 묶은 밧줄을 없애버렸다. 그러자 하늘은 북서쪽으로 기울어지고, 중국의 모든 강물은 남동쪽에 있는 바다로 흘러가게 되었다.

◆ 천지 창조의 거인, 반고(중국 창조 신화)
하늘과 땅이 아직 나누어지지 않은 혼돈 상태의 태고 시대. 마치 달걀과 같았던 한 덩어리의 혼돈 속에서 잉태되어 자라던 반고가 잠에서 깨어났다. 하루는 큰 도끼를 휘두르자 그 알이 깨어져 가볍고 맑은 기운은 하늘이 되고, 어둡고 탁한 기운은 땅이 되었다.

그 후 반고는 하늘을 손으로 받치고, 땅을 발로 누르면서 1만 8천 년을 지탱했다.(중국 창조 신화에서 천지인 삼재 사상의 원형을 볼 수 있다) 그동안 하늘과 땅은 점점 벌어지기 시작했고, 반고 몸도 점점 자라면서 하늘과 땅은 구만리나 벌어졌다. 반고가 죽어갈 때 숨은 바람과 구름으로, 눈은 태양과 달로, 몸뚱이는 산맥으로, 피는 강으로, 털은 풀과 나무로 변했다.

〈문왕 팔괘 방위도〉

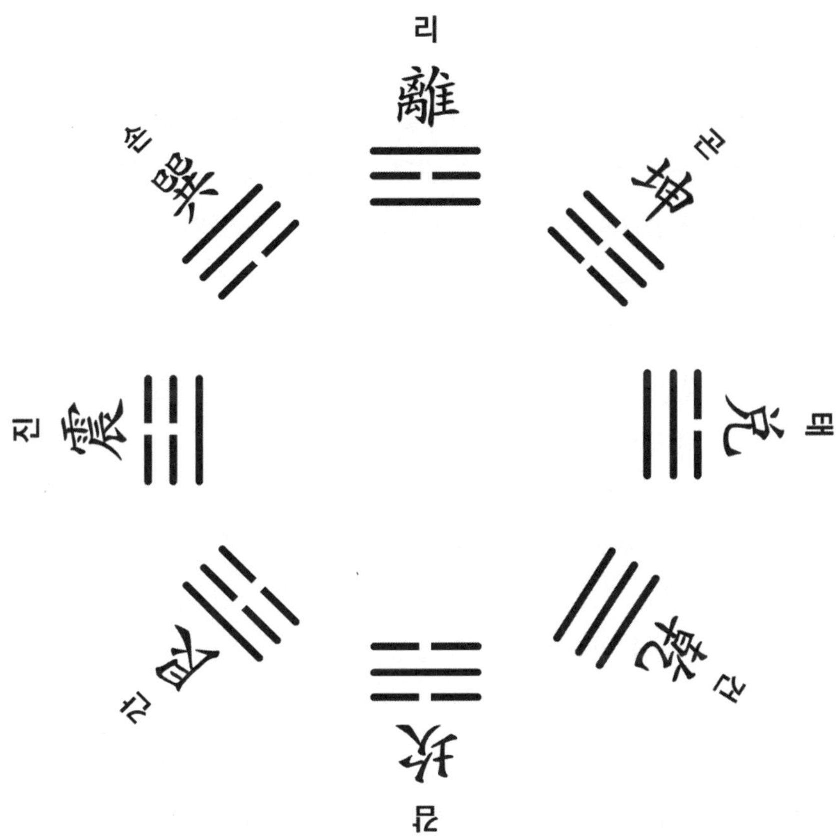

◆ 문왕 (후천) 팔괘 방위도는 인도(사람이 세상을 살아가는 이치)를 주로
  밝힘

3. 탄허 선사의 생전 설법

조선조 말, 나라의 안팎이 어수선한 난세일 때 어느 시골 서당에서 아홉 살의 한암 스님이 중국 고서 『18사략』의 첫대목을 읽고 선생님께 물었다. 『18사략』은 중국 상고시대(복희에 의해 처음으로 팔괘가 그려지고, 64괘가 만들어진 시대)부터 송나라까지 중국 수천 년간의 역사를 알기 쉽게 요약하고 정리하여 편찬한 역사책이다. 사마천의 『사기』와 반고의 『전한서』, 진수의 『삼국지』 등 중국의 정사正史 18가지 책을 요약한 것으로 『18사략』이라고도 한다. 황제부터 시정잡배에 이르기까지 다양한 인간 군상들이 펼치는 파란만장한 이야기가 실려 있다.

- 태고에 천황씨가 있었다고 하는데, 그러면 천황씨 이전에 누가 있었습니까?
- 천황씨 이전에는 반고씨라는 임금이 있었다.
- 그렇다면 반고씨 이전에는 누가 있었나요?

시골 서당의 선생님은 이 질문에 말문이 막혀 답을 하지 못하였다. 한암 스님은 그 후 공부와 수행을 계속하였고, 어느 해 한국 불교계의 중흥조라고 불리던 경허 스님을 만나서 금강경 설법을 들었다. "무릇 형상이 있는 것이 모두 허망한 것이니, 만일 형상이 있는 것이 형상 있는 것이 아님을 알면 곧 여래를 볼지라." 한암 스님은 이 구절을 듣고 아홉 살 때, 시골 서당에서 처음 가진 의문에 대한 답을 스스로 알게 되었다. 그것은 유교 경전에서 본 '일태극'이요. 선불교에서 말하는 '청정법계'였다.

죽어도 죽지 않는 것이 가장 오래 사는 놈이다. 그러면 이 세상에서 가장 오래 사는 것은 무엇인가? 석가, 예수, 공자가 가장 오래 사는 분들이다.

공자의 제자 안연은 32살에 죽었지만, 공자 이후에 안연을 당할 인물이 아직 한 사람도 안 나왔다. 이것이 죽어도 죽지 않고 오래 사는 것을 의미한다. 이것은 탄허 선사의 생전 설법 중 일부다.

탄허 선사는 주역 연구를 통하여 베트남 전쟁과 6·25 동란, 울진·삼척 무장 공비 침투 사건을 예견하여 그의 예지능력을 입증한 바 있다. 2011년 3월 11일 동일본 대지진과 지진에 의한 원전 사고도 사전에 예견한 것으로 알려져 있다.

> ◆ 지구상에 소규모의 전쟁들이 계속 일어날 것이다. 지진에 의한 자동적인 핵폭발이 있게 되는데, 그때는 핵보유국들이 말할 수 없는 피해를 입게 될 것이다. 복희 선천 팔괘가 천도天道를 주로 밝힌 것이라면, 문왕 후천 팔괘는 인도人道를 주로 밝힌 것이요, 정역正易 후천 팔괘는 지도地道의 변화를 주로 밝힌 것이다. 세계적인 변화가 지도地道의 변화를 따라서 번천 복지(하늘과 땅이 뒤집힌다)하는 대변화를 나타내는 것이다.

3.1. 지구의 미래상 : 탄허 선사의 정역 팔괘 해설

정역 팔괘도는 김일부 선생이 자의로 당기고 펴서 배치한 것이 아니고, 선생이 일찍이 계룡산 국사봉에 앉아서 수도할 때에 그 도서(정역 팔괘도)가 밝고 분명하게 허공중에 나타난 것을 그려놓고 이십 년 동안을 연구하다가 "신이란 만물을 묘하게 함을 말한 것이다."라는 설괘전의 문구가 바로 후후천의 팔괘를 소개한 것임을 확인하고, 드디어 정역 일권의 학설이 나오게 된 것이다.

그렇다면, 천지는 말이 없으므로 김일부 선생이 천지의 말을 대신한 것이라 하여도 과언이 아닐 것이다.

이 도서는 신해년(1851)에 시작된 것이니, 지금(1981년)부터 약 120년 전이었다. 120년 전에 이미 이 천지의 운기는 이렇게 돌고 있다는 것을 역력하게 보여 주었건만, 세상 사람이 어리석어 알지 못하고 오직 김일부 선생만이 이 도리를 엿보고 깨부수어 우리에게 학술적으로 보여준 것이다.

이 도서는 후후천의 미래상을 조금도 여지없이 바로 보여준 것이니, 복희 선천괘가 천도를 주로 밝힌 것이라면, 문왕 후천괘는 인도를 주로 밝힌 것이요, 이 정역 후후천괘는 지도의 변화를 주로 밝힌 것이다. 세계적인 변화가 지도의 변화를 따라서 하늘과 땅이 뒤집히는 대변화를 나타내는 것이다. 지도의 변화는 바로 곤남건북의 이면에 '이천칠지二天七地'라 적어진 것이 그 변화의 상을 암시해 준 것이다.

이칠화二七火의 2는 음수를 의미한 것이요, 7은 양수를 의미한 것이다. 지는 수를 의미한 것이요, 천은 화를 의미한 것이다. 이천二天이라면 음화陰火, 즉 잠재한 불이다. 이 잠재한 불이 120여 년 전부터 지구의 밑으로 들어가서, 겹겹이 둘러싸인 빙해·빙산을 녹이게 된 것이다. 이 빙해가 풀려서 아무리 빨리 달려도 매일 4백여 리 밖에 못 오는 것인데, 빙해가 아래쪽으로 흘러 일본에까지 접한 것이 해방되던 해, 즉 을유년(1945년) 후로 본다면 지금은 점점 물이 불어 넘치는 것이 사실일 것이다. 이 북빙해가 완전히 풀려 무너질 때, 지구의 변화가 오는 것이다.

바로 지금 지구가 측면으로 조금 기울어져 있는 데 반하여, 그때는 지구가 정면으로 서면서 세계적인 지진과 해일로 변화가 오는 것이다. 이것이 바로 프랑스 예언가(노스트라다무스)의 세계 멸망기가 아닌가 한다. 또는 성경의 말세에 불로 심판한다는 시기가 아닌가 한다.

그러나 성경의 말씀과 예언가의 말은 심판이니 멸망이니 하였지만, 역학적인 원리로 볼 땐 심판이 아니라 성숙이며, 멸망이 아니라 결실인 것이다. 그러나 그때엔 세계적인 지진·해일로 인하여 현존 인류가 60% 내지 80%가 없어지리라고 보기 때문에 심판도 되고 멸망도 되는 것이다. 그러나 심판이 아니라 성숙이라는 말은 천지가 정렬한 이래로 지금까지는 지구가 미성숙이었다가, 120여 년 전부터 잠재한 불이 지구로 들어감으로 인하여 빙하가 완전히 풀리면서 지구의 성숙이 오는 것이다. 다시 말하면 지구는 여자와 같기 때문에 여자가 월경이 오기 전에는 미성숙한 처녀였다가, 잠재한 양기가 배꼽 아래에 들어감으로써 월경이 오게 되어 성숙한 사람이 되는 것과 같은 것이다.

멸망이 아니라 결실이라는 말은 지금은 육지가 바다에 비해 1/4임에 반하여, 성숙 후에는 바다가 1/4로 축소되고 육지가 3/4으로 늘어나게 되기 때문이다. 육지가 이렇게 늘어나고 인류는 이렇게 줄어든다면, 물이 불에서 나오므로 상극의 이치가 없다

(수생어화이므로 천하에 무상극지리)는 옛사람의 말씀도 여기에 적용되는 말이 아닌가 한다. 이 괘도가 복희·문왕 팔괘와 다른 점은, 머리와 꼬리가 서로 뒤바뀌게 된 점이다. 선천 팔괘는 머리가 안에 있고 꼬리가 밖에 있으며, 뿌리가 속에 있고 끝이 밖에 있어서 마치 군주의 명령 하나에 천하 신민이 복종하는 것과 같다. 정역 팔괘는 이와 반대로 머리가 밖으로 가고 꼬리가 안에 있으며, 뿌리가 밖에 있고 끝이 속에 있어서 마치 만민이 주체가 되고 군주 하나가 객체가 된 것과 같은 것이다.

그러므로 『서전』(송나라 때 주희의 제자 채침이 『서경』에 주해를 달아 편찬한 책)에 말하기를 "만민은 오직 나라의 근본이니, 근본이 굳어야 나라가 편안하다." 하였다. 또 이르되 "천지신명은 아무 데나 가서 흠향하는 것이 아니라, 지극한 정성을 들이는 데 가서 흠향하고, 만민은 한 사람만을 생각하는 것이 아니라, 덕이 있는 이를 따라간다." 하였다.

이것이 바로 이 "백성이 처음이고 근본本이며, 임금은 끝末"임을 의미한 것이다. 그러고 보면 일인 독재의 통치 시대는 선천사가 된 것이며, 앞으로 오는 후천시대는 만민의 의사가 주체가 되어 통치자는 이 의사를 반영시킴에 불과할 것이다. 강태공의 말씀에 "천하는 천하인의 천하요, 일인의 천하가 아니다."라는 것도 바로 이것을 의미한 것일 것이다.

지구가 성숙함에 따라 후천시대는 결실 시대로 변한다. 이 결실을 맡은 방위가 간방이며, 간방은 지리적인 팔괘 분야로 보면 우리 한국이다. 간은 방위로는 동북이며, 수목으로는 결실이며, 사람으로는 소남小男이며, 성질로는 그치는 것이다. 동북은 낮과 밤의 교체 또는 겨울과 봄의 교체로 본다.

그러므로 밤이 다하고 낮이 오는 중간이며, 겨울이 다하고 봄이 오는 중간이다. 그러므로 간은 방위로도 처음과 끝을 가지고 있다. 결실은 뿌리의 결과다. 뿌리가 처음이라면, 열매는 끝이다. 일단 결실이 되고 나면 뿌리의 명령을 듣지 않는 것이 결실이다. 그것은 결실이 다시 뿌리가 되기 때문에 뿌리의 말을 듣지 않는 것이니 이것으로 보아도 결실은 처음과 끝을 가지고 있다.

소남은 20대 청년을 말함이니, 즉 부모의 여분인 '사람 열매의 씨'다. 방위와 수목이 간의 처음과 끝을 가지고 있다면, 어찌 고등 동물인 20대 청년이 간의 처음과 끝을 가지고 있지 않으랴. 20대 청년들이 부모의 말도, 선생의 말도 다 듣지 않고 오직 내 말만 들어보라 하는 것은 그들이 바로 '사람 열매의 씨'이므로, 부모나 선생의 뿌리 말을 듣지 않고 스스로 뿌리가 되려 하기 때문이다.

이러한 우주 법칙의 변화가 120여 년 전부터 오는 진리를 모르고 억지로 "묵은 뿌리 말을 들어라." 하면 될 수가 없는 것이다. 그러므로 지난 4·19혁명이 백만 학도의 손으로 이루어지게 된 것도, 이 결실 시대가 옴으로 인하여 결실의 방위에서 '사람 열매의 씨'가 일어난 것이다.

간의 성질은 그치는 것, 즉 부동不動을 의미한 것이다. 그러므로 공자의 말씀에 "간은 그치는 것이니, 만물이 거기서 시작하고, 거기서 종결하는바"라 하며 또 말씀하되 "만물에서 시작하고, 만물에 종결짓는 것이 간 보다 채움이 없다."한 것이다.

우리가 이 도덕 분야에서 살고 있기 때문에 우리 선조들이 수천 년 동안 남을 침해해 본 적이 없고, 오직 압박을 인내하고 살아왔다. 그러니 "적선지가에 필유여경하고, 적악지가에 필유여앙"이란 말과 같이, 우리 선조가 적선해 온 공덕으로 우리 한국은 결국 끝에 가서는 복을 받게 될 것이다. 우선 이 우주의 변화가 이렇게 오는 것을 학술적으로 전개한 이가 한국인 외에 있지 않다. 이 세계가 멸망이니, 심판이니 하는 무서운 화탕 속에서 인류를 구출해 낼 방안을 가지고 있는 이도 한국인 외에 또다시 없는 것이다.

괘의 머리가 안으로 향한 것이 그 순리를 따른 것이라면, 밖으로 향한 것은 그 역逆을 따른 것이다. 이렇게 추리해 보면 진방(중국, 만주)이 변하여 간방(한국)이 되는 이유는, 옛날을 좇아 지금에 이르기까지 부득불 그렇게 되지 않을 수 없는 원리인 것이라고 본다. 이상 서술한 정역 중 한 토막 문장은 넓고 큰 바다의 한 방울과 하늘의 한 가닥 털에 불과한 것이다. 그러나 괘도의 미래상을 암시한 내용은 여기에서 벗어날 수 없는 것이라고 본다.

봉황의 한쪽 날개만 보아도 오채(파랑, 노랑, 빨강, 하양, 검정 다섯 가지 색) 찬란함을 엿볼 수 있고, 생선 한 점만 맛보아도 모든 솥의 진미를 알 수 있는 것이다. 오채의 찬란한 글과 모든 솥의 맛을 굳이 다 알고자 한다면, 독자의 일생을 통하여 역리易理를 연구함에 있는 것이다. 또는 문자로써 말을 다 할 수 없고, 언어로써 뜻과 생각을 다 할 수 없는 것이니, 문자의 깊은 뜻과 언외言外의 종지(근본이 되는 중요한 뜻)는 오직 당사자의 일념이 묵묵하게 서로 맺어져서 말이 끊어지고, 생각이 끊어진 경지에 있을 뿐인 것이다.

* 이 글은 탄허 선사가 신유년(1981) 〈정역 팔괘 해설〉이란 제목으로 쓰신 글이다. 저자가 한글로 알기 쉽도록 풀어서 설명하고, 〈지구의 미래상〉이라 이름 붙여 여기에 실었음을 밝힌다.

신이란 만물을 묘하게 함을 말한 것이다. 만물을 움직이는 것이 우레만큼 빠른 것이 없고, 만물을 흔드는 것이 바람만큼 빠른 것이 없다. 만물을 마르게 하는 것이 불보다 마르게 하는 것이 없고, 만물을 기쁘게 하는 것이 못보다 기쁘게 함이 없다. 만물을 적시는 것이 물보다 적시게 함이 없고, 만물을 마치며 만물을 시작하는 것이 산보다 채우는 것이 없으므로, 물과 불이 서로 뒤따라가 붙잡고, 우레와 바람이 서로 어그러지지 아니하며, 산과 못이 서로 기를 통한 연후에야 능히 변화하여 만물을 다 이룬다. (설괘전 6장)

- 물이 남천南天에서 불어나고, 북지北地에서 마르도다.
- 수화水火는 기제旣濟(일이 이미 처리되어 끝남)하고, 화수火水는 미제未濟(일이 아직 끝나지 아니함)로다.
- 대도大道가 하늘天을 따라 좇고, 대덕大德이 땅地을 따라 좇음이여!
- 지일地一의 자수子水(음수陰水)여 만 번 꺾어 돌아가도다.(북극의 빙하가 필경 일본에 가서 그침을 의미함)
- ◆정역 (후후천) 팔괘도는 지도(땅의 이치)의 변화를 주로 밝힘

〈정역 팔괘도〉

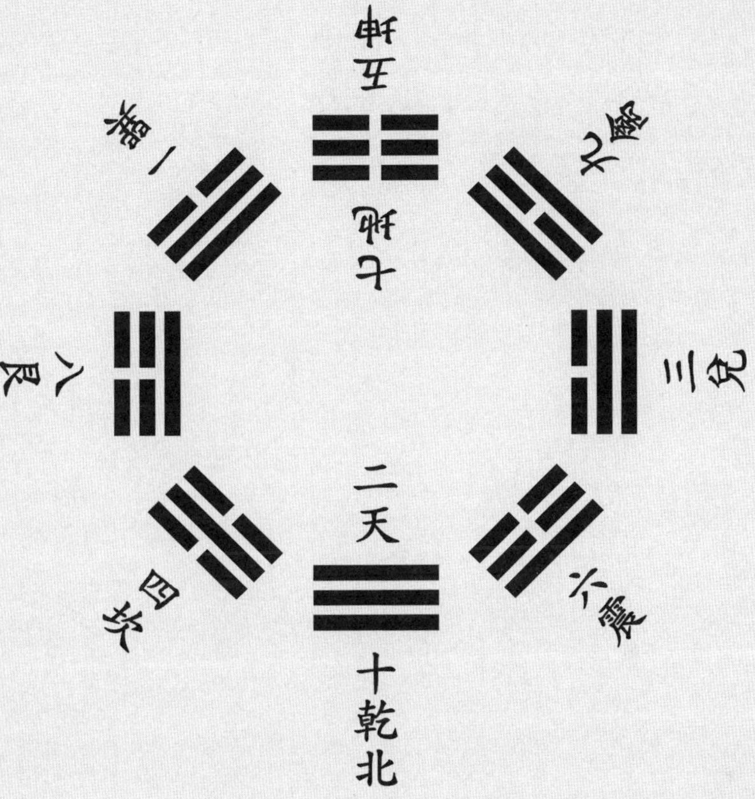

* (후후천의) 지구 미래상을 조금도 여지없이 바로 보여 준다.

* 정역 팔괘도가 복희·문왕 팔괘 방위도와 다른 점은, 진震이 변하여 간艮이 된 원리로 머리와 꼬리가 서로 뒤바뀌게 된다. 머리가 밖으로 나가고, 꼬리가 안에 있으며, 뿌리가 밖에 있고, 끝이 속에 있다. 만민이 주체가 되고, 군주 하나가 객체가 되는 '민본 군말'의 시대가 옴을 보여주고 있다. 지금 지구가 측면으로 조금 기울어져 있는데 → (후후천에) 지구의 성숙이 와서 지구가 정면으로 서게 되면, 지구에 전반적으로 지진과 해일의 발생 등, 변화가 옴을 밝히고 있다.

Chapter 4

수를 궁구하여 미래를 미리 아는 것을 점이라 한다

1. 미래를 미리 아는 것은 일의 변화에 통하여 알기 때문이다

◦ 수를 궁구하여 미래를 미리 아는 것을 점이라 하고, 변화를 통하여 아는 것을 일事이라 한다. 수를 궁구하여 미래를 미리 아는 것은 일의 변화에 통하여 알기 때문이다. (계사 상전 5장)

◦ 지혜로운 자가 그 단사를 자세히 살펴본다면, (시초를 셈하여 괘를 구하지 않더라도 다가오는 미래의 일을) 반 이상을 알 수 있을 것이다. (계사 하전 9장)

◦ 길사吉事에 상서(복되고 길한 일이 일어날 조짐)가 있어 일을 점쳐서 미래를 안다. (계사 하전 12장)

◦ 장차 반역하려는 사람은 그 말이 부끄럽고, 마음에 의심이 있는 자는 그 말이 갈라지며, 길인吉人의 말은 말수가 적고, 조급한 사람은 말이 많다. 착한 사람을 모함하는 데는 그 말이 종잡을 수 없고, 그 지킬 것을 잃어버린 자는 그 말이 비굴하다. (계사 하전 12장)

◦ 그러므로 군자가 장차 어떤 일을 하고자 하거나 행하려 할 때, 역에 물으면 역은 괘효사를 가지고 길흉을 말해준다. 주역점이 명을 받아 괘효사가 길흉을 알려주는 것이 마치 메아리가 응하는 것 같으니, 먼 것이나 가까운 것, 그윽한 것이나 심원한 것을 가리지 아니하고 마침내 미래의 일을 알려준다. 천하의 정밀한 것이 아니면, 그 누가 이것과 더불어 하겠는가? (계사 상전 10장)

◆조선 왕조에서는 궁궐에 풍기대를 설치하고, 바람의 방향을 측정하는 상풍간(풍향을 관측하는 기구)을 설치하여 풍향을 관측하였다. 풍향을 관측하는 것을 바람을 점친다고 하였다.

◆안영(춘추시대 말기 제나라 재상으로 『안자춘추』에 그 자취가 기록되어 있다)은 남귤북지(회수 남쪽의 귤을 회수 북쪽에 옮겨 심으면 탱자가 열린다. 같은 사람도 환경에 따라 변한다는 의미)의 고사성어로 잘 알려진 인물이다. 시끄럽고 먼지가 많은 시장통 근처 하천가에 자리 잡은 볼품없는 안영의 집은 집터로서 최악의 조건(눅눅하고,

비좁고, 시끄럽고, 먼지가 많은 곳)을 갖추고 있었다. 제경공이 이웃
사람들을 이주시키고 집터를 넓혀 새집을 지어 주려 하자, 이를 거
절하면서 안영이 말했다. "이웃의 인심을 잃었다는 것이 최악의 주
거 환경입니다. 집이 그 사람의 미래를 점치는 것이 아니라, 이웃이
그 사람의 미래를 점치는 것입니다."

◆ 개미가 높은 곳에 올라가면 장마가 올 것을 예측할 수 있고, 기러기
가 일찍 남쪽으로 날아오면 날씨가 추워져서 흉년이 들 것임을 미리
알 수 있다. 인촌 김성수 선생의 어머니도, 이 조짐을 보고 미리 벼
를 비축해서 많은 돈을 벌어 집안의 토대를 마련했다는 이야기가 전
해오고 있다. 꽃이 피어야 봄이다. 봄은 겨울을 지나야 찾아온다. 이
것이 우주 만물이 살아가는 이치다.

2. 미래를 알고자 하는 인류의 욕망

미래를 알고자 하는 욕망은 태초 때부터 시작되었다. 고대 그리스에서는 델포이의 아폴론 신전에서 신탁을 구했다. 피타고라스는 만물의 근원을 수로 보고 수를 이용하여 점을 쳤다. 고대 중국 은나라에서는 거북 등이나 소뼈에 새긴 문자를 구워서 갈라지는 균열을 보고 길흉을 점쳤다. 이 점치던 갑골문자가 한자(은허에서 발굴된 BC 15세기 경의 갑골문자가 현존하는 가장 오래된 것이다)의 기원이 되었다. 표의문자인 한자를 상형문자라고 하는데 주역은 "천지의 변화는 하늘에서 상을 이루고, 땅에서는 형을 이룬다."고 말한다.

수천 년의 역사 속에서 인류는 그 시대가 당면한 문제를 해결하기 위하여, 시대마다 나름의 합리적이고 과학적인 방법과 때로는 직관적 통찰력으로 대처해 왔다. 역사 속의 인간들은 천지자연의 이치와 인간사를 통달하고 미래를 예지하는데 실험과 재현, 검증을 도구로 사용하는 과학적 방법이 때로는 한계가 있다는 것을 알았다.

주역의 관심은 천지자연의 이치와 변화, 세상을 살아가는 인간사를 이해하고 미래를 예지하는 데 있다. 그리하여 주역의 괘와 효에 나타난 상수象數를 통하여 미래를 예지하는 상수 역학의 방법으로, 때로는 천지자연의 이치를 관통하는 직관적 방법과 천인합일의 도덕적 방법으로 우주와 인간의 삶에 대한 사상·철학적 통찰을 얻고자 하였다.

2.1. 역사적으로 역은 점치는 복서로 시작되었다

점은 복서다. 거북 껍질과 짐승의 뼈를 태운 무늬를 보고 치는 점이 복卜이고, 풀줄기인 50개의 시초를 셈하여 괘를 얻고 수를 계산하여 치는 점이 서筮다.

주(은나라 마지막 왕)를 정벌하고 서주를 창건한 다음 해, 무왕이 병이 들자 주공이 거북점을 쳐서 무왕의 병을 낫게 했다.(〈주본기〉의 기록)

인간의 본성은 시대에 따라 쉽고, 간단하고, 편리한 것을 추구해 왔다. 주나라 이후에는 시초점이 주류를 차지하였다. 춘추 시대에는 제후와 대부들이 주역점을 쳤고, 전국 시대에는 평민들에게까지 주역점 사용이 보편화되었다.

천명을 알고자 하는 관심으로 자연현상을 관찰한(오행, 간지, 율력 등 수를 배합하여 일종의 술수를 만들어서 자연의 이상 현상을 점침) 상수 역학이 한나라 이래 더욱 복잡해졌을 때, 복잡한 상수 역학 방식을 일소하고 의리 역학의 문을 연 사람이 왕필(226-249)이다.

왕필은 "괘란 때를 말하며, 효란 그때에 맞게 변하는 것이다. 뜻을 얻었으면 그 상을 버려라."라고 하였다. 의리 역학의 정수 『역전』을 지은 정이천(1033~1107)은 왕필의 의리 역학을 따르고 있다. 정이천은 "괘란 인간 세상의 일事이며, 효란 그 일들의 때를 말하는 것이다. 역은 체인지이니, 때에 따라 체인지하는 것이 도를 따르는 것이다."라고 정의하였다.

『조선왕조실록』은 "옛사람들은 전쟁 등 큰일이 있을 때, 거북점과 시초점을 쳐서 길흉을 결정하였다."고 기록하고 있다.

- ◆ 〈태종실록〉은 "태종이 신하들의 말을 듣고 돈점을 쳐서 도읍을 한양으로 결정하고, (나는 무악에 도읍하지 아니하였지만, 후세에 반드시 도읍하는 자가 있을 것이다) 별궁을 짓도록 명하였다."고 기록하고 있다.

- ◆ 단순히 거북점을 치고, 시초점을 치고, 돈점을 치는 행위로 미래의 길흉을 알고자 하는 것만이 점치는 행위가 아니다. 점이란 미래의 조짐에 대한 판단 결과를 말한다. 공자가 일찍이 말했듯이 "사람이 항상 됨이 없어 자신의 덕을 항상 지키지 않으면, 굳이 점을 칠 필요조차 없이 다가올 일을 미루어 뻔히 알 수 있는 것"이다.

  조짐을 보아 미래를 알고 "이웃이 그 사람의 미래를 점친다."는 안영(제나라의 정치가)의 말을 음미함으로써 진정한 점친다는 의미를 통찰할 수 있을 것이다. 〈계사전〉은 기氣론으로 우주와 만물의 이치를 설명하고 있다. 〈계사 상전 9장〉에 『주역』으로 점치는 법이 서술되어 있다.

2.2. 주역은 본디 점치는 책이다

주희는 『주역본의』에서 "『주역』은 주대의 책이다. 주는 주나라를 뜻하는 시대의 이름이고, 역은 책 이름이다. 『주역』은 본디 점치는 책이다."라고 선언하였다.

옛날 기록들은 대나무를 얇게 오린 죽간이나, 목간에 붓으로 한자 한자 써 내려갔다. 종이가 발명되기 전까지 『주역』은 죽간에 기록되어 전해져 왔다. 이 죽간들을 하나로 연결한 것을 책冊이라 하고, 이 책들을 둘둘만 것을 권卷이라 한다.

중국 고대의 책들이 다습한 기후와 파손되기 쉬운 책의 재질 때문에 대부분이 소실되었음에도 불구하고, 오늘날까지 전해져올 수 있었던 것은 계속해서 필사되어 왔기 때문이다. 그 과정에서 글자의 누락과 잘못 전해지는 오류가 발생하였음도 부인할 수 없을 것이다.

세계에서 가장 오래된 성경은, 켈트족의 수도사들이 중세 시대인 1,200년 전 만든 『켈스의 책』이다. 『켈스의 책』은 아일랜드의 수도 더블린에 있는 트리니티 칼리지 지하 도서관에 보관되어 있다. 유네스코 세계문화유산으로 지정되어 있어 세계 각지에서 많은 연구자가 『켈스의 책』을 직접 보려고 찾아가고 있다. 오늘날의 성경과 달리 채색된 상징적 그림과 한두 줄의 간단한 설명으로 만들어진 책(33cm×25cm 크기의 수백 장)은 엄격하게 관리가 되고 있다.

고대의 책이 어떻게 필사되어 전해지고 보존되는지 직접 현장을 보기 위하여 방문하였을 때(2004년)는 진열장 가까이 접근이 어려울 정도였다. 『주역』과 같은 고대의 책은 계속해서 필사되어 왔기 때문에 그림과 글로 전해져 옴이 끊임이 없었다.

『주역』은 천지를 기준으로 엮어졌으며, 천지의 도를 남김없이 다 담고 있는 광대한 책이다. 『주역』은 군자를 위하여 쓰인 책이다. 『주역』은 올바름을 가르치는 대형이정大亨以貞(올바름으로써 크게 형통하다)의 책이다.

복희가 획을 그어 그린 괘와 은대 말기와 주대 초기에 문왕이 지은 괘사인 단과 주공이 지은 효사가 『주역』 '경문'이다. 『주역본의』는 『주역』 '경문'을 중심으로 『주역』을 재해석하였다.

주희는『주역』'경문'의 괘사는 대부분 점사(한 괘의 길흉을 판단하는 점치는 글)로 해석하였고, 효사도 괘사와 마찬가지로 점사의 입장에서 (한 효의 길흉을 판단한 글로) 해석했다.

주역점은 시초점으로 50개의 시초 중 49개를 사용, 18변하여 괘를 얻고(3변하여 1효를 얻으니 18변하여 6효를 얻으면 괘를 이룬다) 그 괘효사를 해석하여 미래를 미리 아는 것이다.

춘추 시대(BC 770~BC 476)에 이르러『주역』으로 점친 사례는『춘추좌씨전』(19조)과『국어』(3조)에 22조가 기록되어 전해져 오고 있다. 사마천은 〈전완세가〉에 주나라 태사(점치는 관리)가 전완의 점을 쳐서 10대 이후의 일까지도 추산하였다고 기록하고 있다.『주역』은 본디 점치는 책이면서 사상·철학서이기도 하다.

〈전완세가〉(『사기』 130편은 본기12, 표10, 서8, 세가30, 열전70. 세가는 봉건 제후들의 전기다)에 시초점으로 전완의 점을 쳐서 10대 이후의 일까지도 추산한 사실을 기록하고 있다.

◆ 역이라는 학문은 너무도 심오하여 사물에 통달하고 전적에 정통하지 아니한 사람이 어찌 이에 주의를 기울일 수 있겠는가! 그러므로 주나라의 태사(천문, 제사, 점치는 일을 하는 관직)가 '전완'의 점을 쳐서(진나라는 주 무왕 때 제후국으로 봉해졌는데, 진나라 13대 왕인 여공이 아들 전완의 점을 치게 하였다) 10대 이후의 일(1대를 30년으로 보면 '300년 후의 일까지도'라는 뜻이다)까지 추산한 것이다.

전기와 전상이(진완은 제나라로 가서 성을 '전'으로 바꾸어 '전완'이라 부른다. 전완의 자손인 전기와 그의 아들 전상은 제나라에서 장수와 재상을 지냈다) 연이어서 제나라의 두 왕을 살해하고 제나라의 정권을 장악한 것은 형세가 점차 진행되었다기보다, 점괘의 예언(사마천은 〈전완세가〉에 주나라의 태사가 '전완'의 점을 친 사실과 이후, 제나라에서 전 씨 무리가 민심을 얻어 가는 과정, 전기와 전상이 정권을 장악한 역사적 사실을 점괘의 풀이와 더불어 상세하게 기록하고 있다)에 따라서 진행된 것으로 기록하였다.

◆ "도가 행해지는 것도 천명이고, 도가 행해지지 않는 것도 천명이다. 모든 일은 천명에 의해 결정된다. 공백료 같은 인물이 그 천명을 어찌하겠는가? 내버려두어라." 계손이 공백료의 말에 속아 자로를 의심하고 있다는 사실을 제자가 공자에게 이르자, 공자가 했던 말이다. 〈중니제자열전〉(사마천의 『사기』)에 기록되어 있다.

2.3. 점서법을 가르친 뜻은?

○ 역에 태극이 있으니, 이것이 양의를 낳고, 양의가 사상을 낳고, 사상이 팔괘를 낳으니, 팔괘가 길흉을 정하고, 길이 있고 흉이 있으니, 이것이 대업을 정한다. 괘획이 이미 서면 문득 길흉이 뒤쪽 면에 존재한다. 길흉은 득실의 상이고, 회린은 근심하고 걱정하는 상이다. 변화는 진퇴의 상이고, 강유는 주야의 상이다. 육효의 변화는 천지인 삼재의 도다. (계사 상전 2장)

대개 이 음양의 왕래가 그 사이에 교착(아주 단단히 달라붙음)하면, 그 때時(천지 시운이 변하고 바뀌는 때)에는 쇠하여 사라짐과 성하여 자라남의 다름이 있어서, 성하여 자라남은 주체가 되고, 쇠하여 사라짐은 문득 객체가 된다. 인간사에는 당부(마땅함과 아님)의 다름이 있어서, 마땅한 것은 문득 선이 되며, 마땅하지 아니한 것은 문득 악이 된다. 그 주체와 객체, 선과 악의 분변(같고 다름을 가림)에 나아가 길흉이 나타나는 것이다.

◆ 길흉회린은 점사다. 길흉은 득실(도를 얻으면 음양의 위位를 얻고, 도를 잃으면 음양의 위位를 잃는)의 상이고, 회린(회悔는 내면의 부끄러움을 생각하여 뉘우치고 고침, 린吝은 뉘우치고 고쳐서 길吉로 나아가는 것이 인색함)은 근심하고 걱정하는 상이다.

◆ 길흉회린의 상에서 길흉은 상대적이고, 회린은 그 중간에 있다. 회는 흉으로부터 길로 나아가는 과정이고, 린은 길로부터 흉으로 나아가는 과정이다. 길한 곳에서 삼가고 두려워할 줄 모르면 스스로 욕보게吝 되고, 이것이 흉에 이르지 않더라도 마침내 흉으로 나아간다.
- 회 : 흉으로부터 → 길로 향해 나아가는 것
- 린 : 길로부터 → 흉으로 향해 나아가는 것
- 진 : 부드러움(곤) → 굳셈(건)으로 나아가는 것
- 퇴 : 굳셈(건) → 부드러움(곤)으로 나아가는 것

뉘우치고 고치면 → 길하고 → 길한 곳에서 삼가고 두려워할 줄 모르면 욕보게쯤 되고 → 욕을 보면 흉해지고 → 흉에서 벗어나고자 하면 뉘우치고 고쳐야 한다.

* 회 → 길 → 린 → 흉 → 회 → 길의 순서로 반복한다.
* 굳셈 → 퇴 → 부드러움 → 진 → 굳셈의 순서로 순환한다.

◆회린은 근심하고 걱정하는 상이다. 회린을 벗어날 수 있는 것은 기미에 마음을 두는 데 있고,(대개 선악은 이미 움직였으나, 드러나지 않을 때이다. 여기서 걱정하고 근심하여 뉘우치고 고치면, 회린에 이르지 않는다) 무구(허물이 없음)에 이르게 됨은 뉘우침에 있다. 뉘우치고 고치면, 허물을 보완하는 마음을 움직여 무구에 이르게 된다.

그러므로 성인은 괘의 가운데에 이와 같은 길흉회린의 상이 있으면, 이러한 길흉회린의 괘효사를 달았다.

역을 배우면 이미 상을 관(한 번 보고 결정한다는 의미)하고, 또 괘효사를 완(반복해서 버려두지 않는다는 의미)하여 그 처한 상황의 당부(마땅함과 그렇지 않음)를 생각한다. 동하여(움직여) 점을 취하면 이미 변화變를 관하고, 점을 완미하여 그 만난바 길흉(득실의 상)을 생각한다. 선하면서 길한 것은 행行하고, 막히면서쯤 흉한 것은 그치게 된다. 일상생활에서 모두 천지자연의 이치에 위배되지 않아, 하늘로부터 도와서 길하여 이롭지 않음이 없다.

이것이 어리석은 이에게 점서법을 가르쳐서 삶의 지침으로 삼아, 길을 취하고 흉을 피하게 하고자 하는 뜻이다. 역으로써 길흉을 알아, 대업을 이루게 함(개물성무)을 말한다. 개물성무도 복서에 의해 길흉을 나타냄으로써, 사람으로 하여금 길흉을 알게 하여 알지 못하는 것을 계발시키고, 또 어떤 사람이 어떤 목표를 이루고자 하면 이를 완성한다는 뜻으로 해석하고 있다.

2.4. 점칠 필요조차 없다

『주역』에 "사람이 항상 됨이 없어, 자신의 덕을 항상 지키지 않으면 혹은 수치를 당할 수 있다."고 하였는데, 공자 이르시기를 "굳이 점을 칠 필요조차 없다."(『논어』 자로 편)

『논어』는 공자와 제자들의 대화록이다. 공자는 "하늘이 무슨 말을 하더냐? 그래도 사계절은 순환하고, 만물은 생장하거니와, 하늘이 무슨 말을 하더냐?"라고 묻고 있다.

스스로 천지 만물의 낳고 이루어가는生成 근본적이고 보편적인 변화의 원리를 터득하고, 현상의 쓰임과 본질의 빔을 깨달아, 순간순간을 있는 그대로 살피고, 자기를 등불로 삼아 쉼 없이 능동적으로 노력해서 앞으로 나아가야 한다.

『주역』은 "그 덕이 꾸준하지 못한 사람은 치욕을 받는 수가 있다."고 말한다. 『논어』는 "꾸준함이 없는 사람은 (의사로도, 무당으로도) 고칠 수가 없다."고 말한다.

공자는 그러한 사람들에게 말한다. "점칠 필요조차 없는 것이다." 이것이 『주역』이 우리에게 전하는 메시지다.

> ◆성인은 마음이 허명(텅 비고 밝음)하여 자연히 모든 이치를 갖춘다. 일이 있으면 신지의 작용이 감응하는 데 따라 호응하니, 이른바 복서하지 않고도 길흉을 안다. 성인은 3가지 큰 덕을 갖추어 한 점의 잘못도 없다.
>
> *성인의 3가지 큰 덕
> ① 원신 : 변화함에 방소가 없다.
> ② 방지 : 일에 정해진 이치가 있다는 것
> ③ 역이공 : 변역하여 사람에게 알린다.

3. 시초를 셈하여 괘를 구하는 법

수를 궁구하여 미래를 미리 아는 것을 점이라 한다. 미래를 미리 아는 것이 예지다. 미래를 미리 아는 것은, 때와 일의 변화에 통하여 알기 때문이다. 괘와 효는 때時와 일事이 구체적으로 처해 있는 상황, 그리고 그 변화를 상징한다.

주역 64괘 384효와 괘효사를 오해하거나 멀리하지 말고, 주역의 본질을 바르게 이해하고 활용하는 지혜가 필요한 것이다. 시초를 셈하여 괘를 구하고, 괘효사를 해석하여 미래의 조짐을 단정적으로 판단하는 것은, 때와 일의 변화에 통하여 미래를 미리 알기 때문이다.

수가 의지하고 있는 근원은 참천양지다. 천지의 수가 양은 기(홀수), 음은 우(짝수)니 곧 〈하도〉의 수다. 천수(1, 3, 5, 7, 9)가 25, 지수(2, 4, 6, 8, 10)가 30이니 무릇 천지의 수가 55다. 다섯 개의 생수(1, 2, 3, 4, 5) 가운데 하늘은 셋(1, 3, 5)이고, 땅은 둘(2, 4)이다. 참천양지는 천天을 셋으로 하고, 지地를 둘로 하여 수를 세웠다는 뜻이다.

수는 모두 이것을 의지하여 일어나며, 점치는 가운데 있다. 길흉을 알면, 일事의 변화에 대응할 수 있다. 신이 어떻게 길흉을 사람에게 알려주겠는가? 역易이 있으므로 인하여 바야흐로 드러나니, 역이 와서 신을 돕는 것이다.

양은 3이고 음은 2니, 양수 3과 음수 2를 합한 수가 5다. 5는 음과 양을 합한 수이니, 태극을 표시하는 〈하도〉의 중앙에 5가 오게 된다. 대연수는 50이니, 쓰는 것은 49다. 대연수 50은, 〈하도〉에서 나온 천지의 수 55를 근원으로 하여 50으로 대연한 수다.

49를 쓴다고 함은, 대연수 50에서 태극을 상징하는 1을 쓰지 않음이다. 쓰임 중에 본체(태극)가 있음을 상징한다. 또한 태극(태극은 무용의 용用이 본체임을 상징)으로 더불어 실로 그 2(둘)가 있지 않음을 상징한다. 태극과 사리事理와 형체가 스스로 나온 것이고, 사람이 인위적으로 능히 더하고 뺄 바가 아님을 상징한다.

주역의 수는 변화 왕래, 진퇴 이합의 묘(말할 수 없이 빼어나고 훌륭함)가 모두 자연에서 나온 것이고, 인간이 만든 것이 아니다. 〈계사 상전 9장〉은 천지 대연의 수 50과 시초를 셈하여 괘를 구하는 법을 말하고 있다.

- ◆천지의 수는 55다.

   천지의 수가 양은 기, 음은 우이니 곧 〈하도〉의 수다.

   천1, 지2, 천3, 지4, 천5, 지6, 천7, 지8, 천9, 지10. 천수가 5, 지수가 5다. 오위五位가 서로 얻어 각각 합함이 있다. 천수는 25, 지수는 30이다. 무릇 천지의 수는 55이니, 이것이 변화를 이루고, 신묘한 작용을 행하는 까닭이다.

- ◆음양이 서로 만나 낳고生, 이루고成, 통하여 서로 얻고(상득), 서로 결합하는(상합) 수가 모두 5다. 하도에서 나온 수 중 이 5(가운데 수)를 가지고 10으로 대연하면 50이 된다. 대연의 수가 50이니, 쓰는 (시초의) 수는 49다. 점을 칠 때 대연수를 상징하는 시초 50개를 준비한다. 대연수 50은, 하도에서 나온 천지의 수 55를 근원으로, 50으로 대연하여 점을 치는 것이다. 대연수 50은, 5를 가지고 10으로 대연하여(5×10 = 50) 50이 된다.

- ◆시초 49개를 둘로 나누어서 양의를 상징하고, 하나를 (왼쪽 손가락 사이에) 걸어서 삼재를 상징하고, 네 개씩 덜어서 사계절을 상징하고, 나머지 수를 합하여 왼쪽에 놓고 윤달을 상징한다. 5년이면 다시 윤달이 들므로, 다시 그 오른쪽에 놓은 후에 걸어 놓는다.

- ◆시초를 셈하여 괘를 구할 때, 4영에 역을 이루고, 18변에 괘를 이룬다. 천지의 수 55가 괘의 변화를 결정한다. 주역 64괘의 각 괘는, 6효로 이루어져 있다. 3변하여 한 효를 얻을 때, 각 효는 9(노양), 8(소음), 7(소양), 6(노음) 중의 한 효를 얻는다.

   - 6효가 모두 6이면, 그 영수는 36(6 × 6 = 36)이다.

- 6효에 6, 7, 8, 9가 섞여 있다면, 그 영수는 36보다 크고, 54보다 적다.

- 6효가 모두 9면, 그 영수는 54(9 × 6 = 54)다.

  천지의 수 55는 가장 큰 영수 54(여섯 효가 모두 9면, 그 영수는 54)보다 1(태극을 뜻하는 하나)이 많다.

◆만물은 생긴 후에 상이 있고, 상이 있고 난 뒤에 많아지며, 많아진 후에 수가 있게 된다. 거북의 상이 먼저 있었고, 뒤에 시초의 수가 있었다.

거북은 상으로 보여주고,(거북으로 복卜을 하면 길흉이 거북의 갈라진 상에 나타나고) 시초는 수로써 알려준다.(50개의 시초를 셈하여 9(노양), 7(소양), 8(소음), 6(노음) 네 개의 수를 얻는다) 수는 헤아린다는 뜻이 있고, 시초를 셈한 것이 수다. 주역은 변하는 것으로 점을 치니, 이 수에 따라 변효를 얻고 괘를 구하여 점을 판단한다.

『춘추좌씨전』에 '상수'라는 말이 나온다. 상수역의 '상수'는 여기에서 비롯되었다. 상수의 상은 괘상과 효상을 가리킨다. 괘상은 팔괘가 가리키는 물상(건은 하늘, 곤은 땅, 진은 우레, 손은 바람, 감은 물, 리는 불, 간은 산, 태는 못)이다. 효상은 시초를 셈하여 얻게 되는 음(--)과 양(—)의 두 가지 상이다. 9(노양), 7(소양), 8(소음), 6(노음)을 네 가지 효상(사상)이라고 한다.

◆노양의 수는 9, 노음의 수는 6이니, 노양 노음은 모두 변한다. 주역은 변한 것으로 점을 치니, 양효를 9라 하고, 음효는 6이라 한다. 노양수 9와 노음수 6이란, 시초를 셈하여 얻은 수다. 9번 과설하면 노양이며, 6번 과설하면 노음이다. 소양을 7이라 하고, 소음을 8이라 한 것도 이것에 준한다.

◆소음은 물러나 허(비어 있음)에 이르지 않고, 소양은 나아가 영(가득 참)에 이르지 않는다. 그러므로 오직 노양(책수는 4×9 = 36)과 노음(책수는 4×6 = 24)으로 육효의 책수(시초의 수)를 셈한다.

◆건의 책수는 216이고, 곤의 책수는 144이니, 모두 360이 된다. 이

것이 일 년의 날수에 해당한다. 두 편(주역 상경과 주역 하경)의 책
수가 11,520이니 이것은 만물의 수에 해당한다. 주역 64괘 384효
는 양효가 192, 음효가 192이므로 양효의 책수가 6,912,(양효 192 ×
노양 책수 36 = 6,912) 음효의 책수가 4,608(음효 192 × 노음 책수
24 = 4,608)이므로 만물의 수는 11,520이다.

3.1. 효, 효사, 상전

주역 64괘 384효를 구성하는 가장 기초적인 단위를 효爻라 한다. 효는 기수획의
'—'와 우수획의 '--'로 이루어진 기호다. '—'는 양효라 하고, '--'는 음효라 한다. 효
는 만물의 변하는 형상을 '본뜬 것'을 의미한다. 한 괘의 여섯 효는 하늘天, 사람人,
땅地 세 가지를 상징한다. 천지인 3재를 겸해서 둘로 하니 6이다. 6효가 서로 섞여 있
는 것은 오직 그것이 시간을 나타내는 물건이기 때문이다. 여섯 획이 괘를 이루고, 여섯
위位가 문장을 이룬다.

〈대성괘 6효의 효위位에 배치된 사회적 의미〉

상효	무위의 현인, 회장, 조부모, 머리, 60대 이상
오효	왕, 사장, 남편(사내), 가슴, 50대
사효	경, 전무, 아내, 배, 40대
삼효	대부, 부장, 맏아들, 넓적다리, 30대
이효	봉토가 없는 사士, 과장, 둘째 아들, 무릎, 20대
초효	서민, 사원, 막내아들, 발, 10대

<h1 style="text-align:center">〈효의 명칭〉</h1>

63. 수화기제괘

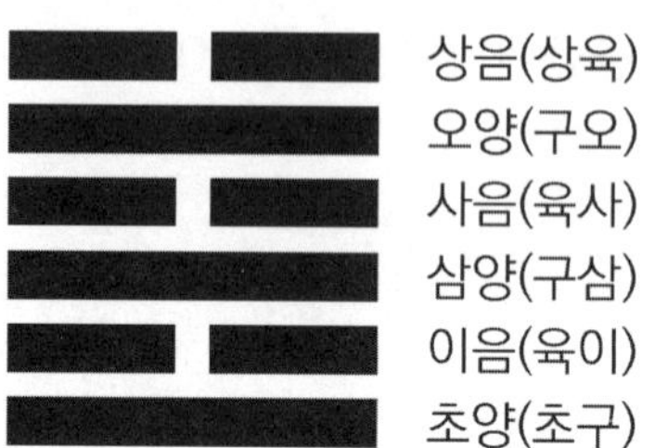

3획 소성괘 2개가 겹쳐서 6획 대성괘를 이룬다. 대성괘의 효를 읽을 때는, 아래에서 → 위로 올라가며 읽는다. 맨 아래의 효를 초효初爻라 하고, 그 위를 차례로 2효, 3효, 4효, 5효라 하며, 맨 위의 효를 상효上爻라 한다. 양효는 (양효수) 구九를 붙여 읽고, 음효는 (음효수) 육六을 붙여 읽는다. 63. 수화기제괘는 초구, 육이, 구삼, 육사, 구오, 상육이라 읽는다.

64. 화수미제괘

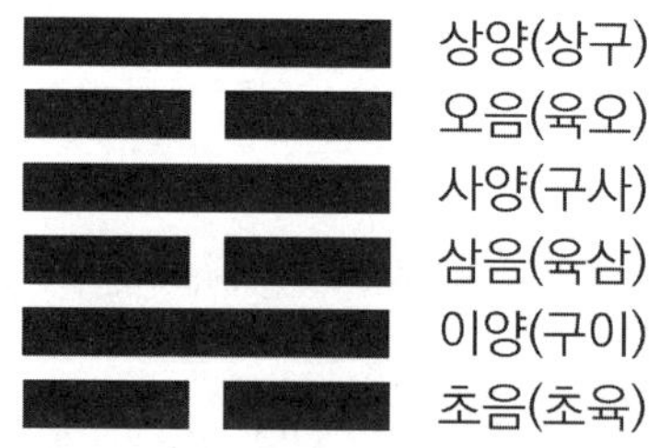

64. 화수미제괘는 초육, 구이, 육삼, 구사, 육오, 상구라 읽는다.

양효와 음효는 각각 상반되는 사물을 상징적으로 나타낸다. 양효는 낮, 남자, 남편, 임금, 움직임 등을 상징하며, 음효는 밤, 여자, 아내, 신하, 고요함 등을 상징한다.

◆주역 64괘의 각 괘 전체를 풀이한 것을 괘사라 한다. 하나의 괘에 6
효가 있다. 384효(64괘 × 6효)의 각 효의 뜻을 해석한 글을 효사라
한다.

효마다 그 효의 음양의 성질과 자리位를 뜻하는 두 글자로 된 효
제가 있고, 길흉화복의 점사를 나타내는 효사가 있다.
1. 중천건괘 초효의 효제는 초구, 효사는 잠룡물용이다.

효사는 괘효의 상과 관련하여 효의 음과 양, 중中과 정正, 응,(정
응, 부정응) 비 등의 관계를 살피고, 그 점을 구하는 사람의 덕과 행
위의 마땅함 등을 서로 연관시켜 길흉화복을 점치는 말로 해석하였
다. 효사는 천지자연의 이치와, 사람이 올바른 길로 나아가고, 길을
취하고 흉을 피하는 지침(회린, 무구, 올바름 등)이 되었다.

〈상전〉은 공자가 주공의 효사를 해석한 글이며, 주역 경문에 붙여
진 〈상전〉은 '상왈'(상에 이르기를)하고 설명하여 주공이 지은 효사
와 구별하고 있다.

3.2. 중, 정, 응, 비, 승, 승

각 효 간의 관계는 중, 정, 응, 비, 승, 승 등을 해석하여 판단한다.

◆중

한 괘에서 효가 아래 괘(내괘)와 위 괘(외괘)의 가운데 자리하는 것, 즉 효의 위치가 중中에 놓여있는 경우 '득중'이라 하여 중中을 얻었다고 한다. 정正이 반드시 중中을 이루지 못하는 경우도 있으나 중中은 정正하지 않은 경우가 없다.

◆정

괘는 여섯 효로 이루어져 있다. 음효와 양효가 자신의 자리를 얻은 것, 즉 효의 위치가 바르게 놓여있는 경우 '정正'이라 한다. 양기음우의 원칙에 따라 1·3·5는 양의 수, 2·4·6은 음의 수다. 6효 가운데 초·3·5효는 홀수로써 양의 자리가 되고, 2·4·상효는 짝수로서 음의 자리가 된다. 양의 자리에 양효가 오고, 음의 자리에 음효가 왔을 때 올바른 자리를 얻었다(득정)고 하며 그렇지 않으면 그 자리位가 마땅하지 않다고 한다.

◆응

아래 괘와 위 괘가 서로 상대하여 짝을 이루며 호응하는 효들의 관계, 즉 효의 위치가 서로 대응하는 경우를 '응應'이라 한다. 초효와 사효, 이효와 오효, 삼효와 상효가 서로 응의 관계에 있다. 음양이 서로 구하는 것이 호응 관계다. 응의 관계도 음과 음, 양과 양이 서로 호응하면 올바른 응의 관계가 아니다. 응의 관계에서 가장 중요한 것은 멀리서 그와 서로 호응하는 이효와 군주의 자리인 오효의 관계다.

◆비

효와 효가 서로 이웃하여 나란히 붙어 있는 효들의 관계를 '비比'라 한다. 초효와 이효, 이효와 삼효, 삼효와 사효, 사효와 오효, 오효와 상효가 서로 비의 관계에 있다. 비의 관계도 음과 음, 양과 양이 서로 호응하면 올바른 비의 관계가 아니다. 비의 관계에서 가장 중요한 것은 가까이서 받들어 모시는 신하의 자리인 사효와 군주의 자리인 오효의 관계다.

* 이효와 사효는 공은 같되 자리가 다르니, 그 선함이 같지 않다. 이효는 명예가 많고, 사효는 (오효인 군주와) 가깝기 때문에 두려움이 많다.

　삼효와 오효는 공은 같으나 자리가 달라서, 삼효는 흉이 많고, 오효는 공이 많아 귀천이 가지런하다. (계사 하전 9장)

◆승, 승

위에서 아랫사람을 올라탄 것을 '승乘'이라 하고, 아래에서 윗사람을 받들어 잇는 것을 '승承'이라 한다.

3.3. 궁하면 변하고, 변하면 통한다

궁하면 변하고, 변하면 통한다. 통하면 오랫동안 지속된다. 모든 것은 변화한다. 주역은 변화(음이 극성하면 양으로 변하고, 양이 극성하면 음으로 화하는 음변양화)의 이치를 말한다. 변變은 나아가는 상이고, 화化는 물러나는 상이다.

와인이 산소를 만나면 식초가 된다. 막히면 뚫어야 통하지만, 막아야 할 때는 막아야 한다. 괘는 때를 상징한다. 줄어들고 늘어나며, 가득 차고 텅 비는 것을 때라고 한다. 천차만별하게 변하고 있는 세상사의 소용돌이 속에서 『주역』은 "때에 따라 체인지하는 것이 도를 좇는 것이다."라고 속삭여 준다. 나아가야 할 때와 물러나야 할 때를 아는 것이 주역의 이치를 아는 것이다.

『주역』의 핵심 사상은 중·정이다. 중中은 천하의 커다란 근본으로 감정이 나타나기 전의 상태를 말한다. 중中은 변화하는 속에서 치우치지 않게 행동하는 것이다. 『주역』은 "양극단을 파악한 후, 나아갈 때와 물러날 때를 알아 거기서 가장 적절한 말과 행동을 하라. 중中의 위치에 확실히 서서 흔들리지 말라."고 말한다.

4. 공자의 주역 사용법 : 언, 변, 상, 점

◦ 역에 성인의 도가 넷이 있으니, 말하고자 하는 자는 괘사를 숭상하고, 움직이고자 하는
자는 역의 변화를 숭상하고, 기물을 만들려고 하는 자는 괘의 상을 숭상하고, 역으로써
점을 치고자 하는 자는 점치는 것으로써 의혹을 풀 수가 있게 된다. 이 넷은 모두 변화의
도이니, 신이 하는 일인 것이다. (계사 상전 10장)

공자는 계사전을 지으며 특별히 스스로 자왈(공자께서 말씀하시기를)이라는 두 글
자를 넣어 "역易은 지극하도다!"하고 감탄하고 있다. 역의 심오함(곁에 물결이 일더라
도 그 안에 있는 진짜 물은 움직이지 않음)에 대하여, 공자는 역이 가르치는 근본 이
치와 점을 치려는 사람들이 역서를 활용하는 방법을, 네 가지로 구분하여 설명하고
있다.

역에 네 가지 성인의 도가 있다고 함은
- 역으로써 말하고자 하는 자는, 괘효사의 뜻을 깊이 음미하여 말言이 능
  숙해 질 수 있다.
- 역으로써 움직이고자 하는 자는, 그 변화變를 관찰하여 능동적으로
  행동할 수 있게 된다.
- 역으로써 기물을 만들려는 자는, 괘의 상象을 면밀히 관찰하여 기물
  을 만들 수 있게 된다.
- 역으로써 점을 치려는 자는, 점치는 뜻을 깊이 음미하여 점치는 것
  으로써 의혹을 풀 수가 있게 된다. 점으로써 타이르고 훈계할 수도
  있게 된다.

  공자는 분명하게 자신이 저술한 계사전에, 주역이 주는 네 가지
선물을 설명하고 있다. ① 말, ② 변화, ③ 기물을 만드는 형상, ④

점치는 일이다.

그리스 신화에 페르세우스는 제우스의 아들이다. 메두사를 죽인 페르세우스는 고르곤의 머리인 에이콘(형상)을 토착 주민들을 정복하는 데 처음 사용하였다. 형상을 의미하는 에이콘이 비잔틴 시대에는 종교적으로 신성한 인물이나, 사건을 그린 그림을 의미하는 이콘ICON으로 불리었다.

오늘날 디지털 시대에 컴퓨터 명령을 그림이나, 기호로 화면에 표시한 것을 〈아이콘〉이라 한다. 상象(물체의 자연적인 형상)은, 상像(본뜬 형상)이다. 역은 상象이다. 상象의 의미를 〈아이콘〉이라 보면 쉽게 이해할 수 있을 것이다.

공자가 말한 주역의 네 가지 쓰임인 말하고, 변화하고, 기물을 만들어내고, 점치는 것은 성인이 몸을 닦고 사람을 다스리는 일이다. 천문과 지리, 사람이 어우러져 세상을 살아가는 일에 있어 이 네 가지 외에 다른 무엇이 있겠는가?

이 때문에 역을 배우는 사람이 장차 하고자 마음먹은 일이 있거나 장차 이루고자 하는 일이 있을 때, 물어서 얻는 응답이 마치 메아리가 돌아옴과 같아서 먼 것이나 가까운 것이나 깊거나 어두운 것에 상관없이 미래의 일들을 알게 된다. 천하에 이르는 지극한 정성이 아니면 그 누가 능히 이런 것들을 얻을 수 있겠는가?

공자 자신이 스스로 말했듯이,(나의 도가 행해지지 않았으니, 나는 무엇으로 후세에 이름을 남기겠는가?) 그의 가르침과 그 뜻은 그가 살아 있을 당시(춘추 시대)는 물론, 전국 시대에도 세상과 제후들에게 받아들여지지 않았다.

진시황은 유가의 서적을 불태우고, 수많은 유생을 구덩이에 묻어 죽였다.(분서갱유) 한 무제가 유교를 국교로 삼고, 역경을 치국의 근원인 유학의 근본으로 세움으로써 비로소 공자의 핵심 사상이 세상에 펼쳐졌다.

공자는 13년간의 천하 주유 중에 노나라의 역사 문헌을 중심으로, 중국에 현존하는 최초의 편년체 역사서인 『춘추』를 지었다. 『춘추』는 노은공(BC 772)에서 시작하여 애공 14년(BC 481) '획린'(기린이 사로잡혔다)으로 끝맺음한다. 242년간의 노나라 12공公의 시대를 포괄하여 기록하고 있다. 『춘추』는 중국 오경의 하나다. 『춘추』는 문장에 드러난 말은 간략하지만 제시하고자 하는 뜻은 넓다.(춘추필법)

4.1. 괘의 상을 관찰하여 기물을 만들 수 있다

주역은 천지 만물의 이치를 모두 포함하고 있다. 8괘가 줄을 이루니(하늘과 땅이 자리를 정함에 산과 못이 기운을 통하며, 우레와 바람이 부딪치며, 물과 불이 서로 쏘지 아니하여, 팔괘가 서로 섞이니) 천지 만물의 상象이 이미 그 가운데 다 있다.

〈계사 하전 2장〉은, 성인이 기물을 만들 적에 천지 만물의 상象을 숭상한 일을 말하고 있다.

- 복희가 중화리괘를 관찰하여 그물을 만들었다.
  복희가 살았던 5,000여 년 전 황허강 중류는, 수목은 울창하고 짐승이 많아 짐승의 피해는 컸는데 사람은 많지 않았다. 복희가 노끈을 매어서 그물을 만들어 사냥하고 물고기를 잡으니, 중화리괘의 상象을 관찰하여 그물을 만든 것이다.

- 신농씨가 풍뢰익괘를 관찰하여 쟁기를 만들었다.
  복희씨가 죽으니, 신농씨가 나무를 깎아 보습을 만들고, 나무를 구부려 쟁기를 만들어 밭 갈고 김매는 농사의 이로움을 천하에 가르쳤다. 풍뢰익괘의 상象을 관찰하여 이를 취한 것이다.

- 서합괘를 관찰하여 시장을 만들고 교역하였다.
  신농씨가 한낮에 시장을 만들어 천하의 백성들을 모이게 하며, 천하의 재화를 모아서 교역하고, 각각 얻고자 하는 바를 얻도록 하였다. 화뢰서합괘의 상을 취하여 교역 사회를 이루어 간 것이다.

- 건·곤괘를 관찰하여 의상 사회를 만들었다.
  신농씨가 죽으니, 황제와 요순이 의상을 지어서 드리우매 천하가 다스려졌다. 중천건괘와 중지곤괘의 상에서 취한 것이다. 그 변함에 통하여 백성이 게으르지 않게 하며, 신묘하게 교화하여 백성들을 마땅히 바르게 하였다. 역이 궁하면 변하고, 변하면 통하고, 통하면 오래간다. 이로써 하늘이 도와서 길하여 이롭지 않음이 없는 것이다.

- 환괘, 수괘, 예괘, 소과괘, 규괘, 대장괘, 대과괘에서 상을 숭상하여 기물을 만들었다.

  나무를 쪼개서 배를 만들고 나무를 깎아 노를 만들어 배와 노의 이로움으로 건너지 못하던 강을 건너 멀리까지 오고 가서 천하를 이롭게 하였다. 환괘의 상에서 취한 것이다.

- 소를 길들이고 말을 타서 무거운 것을 끌어오고, 아득히 멀리까지 보내어 천하를 이롭게 하였다. 수괘의 상에서 취한 것이다.

- 미리 대비하여 문을 무겁게 달고, 육모 방망이를 사용하여 도적을 대비하였다. 예괘의 상에서 취한 것이다.

- 나무를 잘라 절굿공이를 만들고, 땅을 파서 절구통을 만들어, 곡식을 찧어서 만민이 구제되었다. 소과괘의 상에서 취한 것이다.

- 나무에서 시위를 매고 휘니 활이 되고, 나무를 날카롭게 깎아 화살을 만들어, 활과 화살의 이로움으로 천하를 두렵게 하였다. 규괘의 상에서 취한 것이다.

- 상고시대엔 굴에서 살고, 들판에서 머물렀는데, 후세의 성인이 궁실(궁전 안에 있는 방)로 바꾸어, 위로 용마루를 얹고 아래로 처마를 빼어 비와 바람에 대비하였다. 대장괘의 상에서 취한 것이다.

- 상고시대엔 들 가운데서 섶을 두껍게 덮어서 장례하였다. 나무를 심어서 표하지도 않고, 봉분도 아니 하며, 장례 치르는 기간도 일정하지 않았는데, 후세의 성인이 관곽을 사용하게 하였다. 대과괘의 상에서 취한 것이다.

- 상고시대엔 노끈을 맺어 다스리더니, 후세의 성인이 글과 문서로 바꾸었다. 백관이 이로써 다스리며 만민이 이로써 살피니, 쾌괘의 상에서 취한 것이다.

  그러니 역이란 것은 相象이다. 상象이란 것은 상像(역은 괘의 형상)이요, 단彖이란 것은 재材(단은 괘의 바탕)다. 효爻란 것은 천하의 움직임動을 본받는效 것이다. 이런 까닭으로 길과 흉(길흉은 득실의

징조)이 나타나서 뉘우침과 인색함(회린은 근심과 걱정의 징조)이 분
명하게 드러난다.

징조)이 나타나서 뉘우침과 인색함(회린은 근심과 걱정의 징조)이 분
명하게 드러난다.

공자는 BC 551년(노양공 22년)에 태어났다. 사마천은 『사기』 〈공자세가〉에 공자의 출생에 관하여 기록하였다.

◆ 공자의 성은 공孔이고, 머리 중간이 움푹 패어 있었기 때문에 구라고 이름 지었다. 자는 중니仲尼다. 공자의 아버지(흘)는 안 씨와 야합野合하여 공자를 낳았다. 공자는 권모술수가 판을 치고, 난신적자가 성행하던 어지러운 시대였던 춘추 시대 후기에 태어나서 살아갔다. 공자의 사상은 인仁과 예禮다.

인간이 인간답게 살기 위한 가장 기본을 '예'로 보아, '극기복례'를 주창하였다. 공자는 살아 있는 동안 자신의 사상을 꽃피우지 못했다. 유학은 세월이 흘러 한나라 때 비로소 전성기를 맞이했다. 공자 나이 56세 때(BC 496년, 노정공 14년) 공자가 대사구겸 재상이 되어 궁중에 기강을 세우고 예의를 가르치자, 백성들의 살림살이가 안정되어 간 때가 있었다.

◆ 공자가 정치를 맡은 지 3개월이 지나자, 양과 돼지를 파는 사람들이 가격을 속이지 않았다. 남녀가 길을 갈 때는 따로 걸었으며, 길가에 떨어진 물건을 주워가는 사람도 없어졌다. 사방에서 모여드는 여행자들은 관리에게 허가를 받을 필요가 없었고, 모두 잘 접대를 받아 만족해하며 돌아갔다.(공자세가)

이웃 제나라에서 잔꾀를 내어 노정공에게 춤추는 미녀들을 바치자, 노정공은 공자를 멀리하고 정사를 게을리하였다.
- 군주가 여인을 가까이하면 사직이 사라지고, 군주가 여인의 말을 믿으면 군자는 떠나가도다.

◆ 아버지가 며느리를 데리고 살고, 자식이 서모를 데리고 사는 어지러운 시대였다. 제후들의 관심은 오로지 어떻게 하면 전쟁에서 이길까

만을 생각하는 시대였다. 공자 나이 56세. 노나라를 떠나 13년간의
천하 유람에 나서게 된다.

- 만일 나를 써주는 사람이 있다면 나는 그곳으로 가서 동주를 이루
  리라.

  벼슬자리를 찾아 떠난 공자는 어느 곳에도 정착하지 못했다. 공
  자는 천하 주유 중 진나라와 채나라에서 고난을 겪을 때『춘추』를
  지었다. 공자 나이 68세, 공자가 13년간의 천하 주유에서 돌아왔
  다. 공자는 73세로 세상을 떠날 때까지 5년 동안『서경』,『시경
  』,『예기』의 편찬 작업에 몰두하였다. 주역 384효에 효사를 붙인
  주공의 정치를 실현함이 공자의 이상이었다.

2부

Chapter 1

주역점 치는 법

1. 천지 대연의 수와 시초를 셈하여 괘를 구하는 법

주역으로 시초점을 치려는 자는 그 점을 숭상한다. 〈계사 상전 9장〉은 천지 대연의 수와 시초를 셈하여 괘를 구하는 법을 간략하게 설명하고 있다.

- 대연수가 50이니, 49를 쓴다.
- 4영에 역을 이루고, 18변에 괘를 이룬다. '4영'이란 4번 시책을 경영하여 일변을 이룬다는 의미다.

◆ 4영에 역을 이룬다.
① 시초 49개를 나누어서 좌우 양손에 둔다. 왼손은 하늘을 상징하고, 오른손은 땅을 상징하니 이것이 양의를 상징한다. (분이, 양의를 상징)
② 오른손 가운데서 한 개의 책을 취하여 무명지와 왼쪽 새끼손가락 사이에 건다. (괘일, 천지인 삼재를 상징)
③ 먼저 오른손의 시책을 한곳에 놓고 오른손으로 왼손의 시책을 네 개씩 덜어내고, 또 왼손의 시책을 한곳에 놓고 왼손으로 오른손의 시책을 네 개씩 덜어낸다. (설사, 설사란 4개씩 덜어낸다는 뜻으로 사계절의 운행을 상징)
④ 네 개씩 덜고 남은 수를 손가락 사이에 끼운다. 왼손의 것은 셋째 손가락과 넷째 손가락 사이에 돌리고, 오른손의 것은 둘째 손

가락과 셋째 손가락 사이에 되돌려 끼운다. (귀기, 윤달을 상징
한다)

  * 4영이란 ① 분이分二 ② 괘일掛一 ③ 설사揲四 ④ 귀기歸奇를 말한다. 기는 양에
   속하고 원을 상징하며, 우는 음에 속하고 네모를 상징한다. 참천양지법에 따라 기
   는 3을 쓰고, 우는 2를 쓴다.

◆ 18변에 괘를 이룬다.

3변하여 한 개의 효를 이루고, 다시 49책을 합해서 전과 같이 경영
하여 1변을 삼으니, 18변을 쌓아서 6효를 이루어 1괘가 됨을 말한다.

2. 주희가 밝힌 시초점 치는 법

수가 본디 의지하고 있는 근원은 참천양지다. 참천양지는 천天을 셋으로 하고, 지地를 둘로 하여 수를 세웠다는 뜻이다. 수는 모두 이것을 의지하여 일어나며, 점치는 가운데 있다. 하늘은 셋이고, 땅은 둘이다. 대연하여 극에 이르면 50이 되므로, 이것을 대연이라 한다. 하나는 비워서 사용하지 않고, 그 사용하는 것은 49다.

- ◆ 양손으로 나누어 오른손의 시초를 탁상 위에 두고, 탁상 위의 시초를 하나 취하여, 왼쪽 손의 다섯째 손가락 사이에 끼운다.(괘掛)

  그리고 나서 오른손으로 왼손의 시초를 네 개씩 덜어내고, 나머지를 왼쪽 손가락 사이에 끼운다.(늑扐)

  처음엔 왼손의 넷째 손가락 사이에 끼우고, 오른쪽 시초를 왼손으로 네 개씩 덜어내고, 나머지를 왼손의 가운뎃손가락 사이에 끼운다. 두 번 끼운 시초의 수와 다섯째 손가락 사이에 끼운 것을 합하면 5가 아니면 9이다. 이것을 1변이라 한다.

- ◆ 앞에서 괘掛하고 늑扐한 것을 제외하고, 나머지 시초를 가지고 재차 괘하고, 네 개씩 덜어낸 나머지를 손가락 사이에 끼우기를 다시 앞의 방식대로 한다.

  3변도 이와 같이 하여 나머지가 모두 4 아니면 8이다. 3변이 이미 끝나면 수를 가히 알 수 있을 것이다.

- ◆ 수로써 가히 살피면 그 변화가 어떠한가?

  4와 5는 적고少, 8과 9는 많다多.

- ◆ 삼소三少(5 · 4 · 4)는 9가 되니, 이것을 노양이라 말한다.

  삼다三多(9 · 8 · 8)는 6이 되니, 노음에 해당한다.

일소양다一少兩多(9·8·4, 9·4·8, 5·8·8)는 소양인 7이다.

소양다일少兩多一(9·4·4, 4·5·8, 5·4·8)은 소음인 8이다.

이미 초효를 얻었으니, 다시 앞의 모든 시초를 합하여, 49개의 시초를 앞의 방식처럼 한다. 3변하여 1효를 얻고, 18변을 통하여 6효가 떨치어 나타나니, 괘체를 가히 볼 수 있다.

◆ 노가 극에 이르면 변하고, 소는 그 상(변함없음)을 지킨다. 6효가 모두 변하지 않으면, 단사에 해당(단사를 해석)한다. 한 효가 변하면 그 (변한) 효를 보고, 두 효가 변하면 머리와 꼬리(상효와 하효)를 겸하여(아울러) 보라. 양 괘체(본괘와 지괘의 단사)를 보아 점쳐라.

변變이 삼효에 미치면,(삼효가 변하면) 양 괘체(본괘와 지괘)의 단사를 보아 점쳐라.

혹 사효나, 혹 오효가 변하면 본괘의 변하지 않은 효를 보아서, 사효가 변하면 본괘의 변하지 않은 이효를 보고, 오효가 변하면 본괘의 변하지 않은 일효를 보니, 변하지 않은 이효는 나누어 보고, 변하지 않은 일효는 하나만 보라.

모든 것(6효)이 변함으로써 다른 것(지괘)이 된다. 새로운 것(지괘)이 이루어지고, 옛것(본괘)은 낡아서 사라진다. 소식영허(천지 시운이 변하고 바뀜)함에, 본괘를 버리고 지괘를 본다.

건(건괘의 6효가 변하면)은 용구를 보고, 곤(곤괘의 6효가 변하면)은 용육을 본다. 태괘의 6효가 변하면 비괘의 괘사인 비인匪人(사람이 아님)을 보니, 음陰이 와서 놀란다. 구姤괘가 모두 변하면 복復괘의 괘사를 보니, 양이 되돌아옴復을 즐거워喜 한다.

3. 주역점 치는 법

대연수 50으로 본체를 삼는다.

◆ 천1 지2 천3 지4 천5 지6 천7 지8 천9 지10

〈계사전〉에 있는 이 말은 〈하도〉에서 나온 수가 천지의 수임을 밝힌
것이다.

◆ 1, 3, 5, 7, 9 홀수는, 천수(하늘의 수)다. 2, 4, 6, 8, 10 짝수는,
지수(땅의 수)다.

천수를 합하면 25(1+3+5+7+9)다. 지수를 합하면 30(2+4+6+8+
10)이다.

따라서 천지의 수는 55다.

◆〈하도〉에서 나온 수 중에서 가운데의 수 5를 제외하고, (수이지만
수가 아님을 나타냄) 오직 50의 수만을 취해서 대연수(크게 펼친 수)
50으로 삼아, 천지의 본체를 쫓아서 작용이 일어나게 됨을 표시한다.

◆점이란, 대연수 50을 궁구(속속들이 깊이 연구함)해서 미래를 미리
아는 것이다.

▮ 제1변

① **50개의 시초 중 하나를 빼고, 49를 쓴다.**

* 49를 쓴다고 함은 대연수가 50인데 그중에서 태극을 상징하는 하나를 쓰지 않아서, 쓰임 중에 본체(태극)가 있음을 상징한다. 또한 태극(태극은 무용의 용이 본체임을 상징)으로 더불어 실로 2(둘)가 있지 않음을 상징한다.(태극과 이치와 형체가 스스로 나온 것이고, 사람의 지력으로 능히 더하고 뺄 바가 아님을 상징한다) → 그러므로 태극을 상징하는 1개의 책수는 18변하여 설시가 끝날 때까지 상 위에 가로로 내려놓고 그대로 둔 채, 49개의 시초로만 18변을 마친다.

② **시초 49개를 왼손과 오른손으로 임의로 나누어 쥐고, 오른손에 쥔 시초만 상 위에 놓는다.**

* 시초 49개를 임의로 둘로 나누는 것은, 태극에서 음양이 생기는 것을 상징한다. 시초 49개를 쥐어서 양손으로 나누는 것은, 자기 마음의 동정動靜이 곧 천지의 양의(음양)를 이룸을 상징한다.

* 왼손에 쥔 시초는 양,(하늘을 상징하는 천책) 오른손에 쥔 시초는 음(땅을 상징하는 지책)을 상징한다. → 땅을 상징하는 오른손에 쥔 시초만 상 위에 놓는다.

③ **상 위에 내려놓은 지책에서 하나를 뽑아, 왼손 넷째와 다섯째 손가락 사이에 끼운다.**

* 상 위에 내려놓은 지책은 땅陰을 상징하므로 땅에서 만물이 생성하는 이치에 따라, 지책에서 시초 하나를 뽑아人柵 왼손 넷째와 다섯째 손가락 사이에 끼운다. 왼손에 들고 있는 것은 천天책, 상 위에 내려놓은 것은 지地책, 지책에서 하나를 뽑아 왼손에 낀 인人책은, 천지인 삼재를 상징하며 → 이는 사람이 천지합일의 도를 얻어서 삼재가 됨을 상징한다.

④ **왼손에 쥔 시초를, 오른손으로 네 개씩 세어서 덜어낸다.**

* 왼손에 쥔 시초(천책)를 오른손으로 네 개씩 세는 것은, 춘하추동 사계절의 변화를 상징한다. 사계절이 오고 가서 만물이 생성하고 만사가 일어나게 됨을 상징한

다.

⑤ 네 개씩 세어서 덜어내고 남은 시초를 합해서 하나로 하여 → 왼손 넷째 손가락
과 가운뎃손가락 사이에 끼운다.

* 춘하추동의 사계절을 돌고 남은 것이라 해서 이것은 윤달을 상징한다.

⑥ 상 위에 내려놓았던 지책을 다시 오른손에 들고, 왼손으로 오른손의 시초를 네 개씩
세어서 덜어낸다.

* 이것은 다시 윤달(5년에 두 번 윤달이 드는 재윤)을 상징한다.

⑦ 처음에 하나를 뽑아서 태극을 상징하여 상 위에 가로로 놓았던 시초의 왼쪽 위에
→ 왼손의 손가락 사이에 세 번에 걸쳐서 끼워둔 시초들을 세로로 걸쳐 놓는다.

* 왼손의 손가락 사이에 세 번에 걸쳐서 끼워둔 시초를 합하여, 처음에 태극으로 하
나를 뽑아서 상 위에 가로놓아 두었던 시초의 왼쪽 위에 세로로 놓는다. 50개의
시초(대연수 50)로 지금까지 행한 과정을 제1변이라 한다. 제1변에서 얻어진 시
초 수는 5개가 아니면 9개가 된다.

▌ 제2변

* 제1변에서 얻은 시초 5개 혹은 9개를 빼고, 남은 시초 44개 혹은 40개를 가지고
제1변과 똑같은 과정으로 시초를 셈한다. 제2변에서 얻어진 시초 수는 4개 아니
면 8개가 된다.

▌ 제3변

* 제2변에서 얻은 시초 4개 혹은 8개를 빼고, 남은 시초 40개 혹은 36개 혹은 32
개를 가지고 제2변과 똑같은 과정으로 시초를 셈한다. 제3변에서 얻어진 시초 수
는 4개가 아니면 8개가 된다. 이것을 빼면 남는 시초 수는 36개 혹은 32개 혹은

28개 혹은 24개가 된다.

* 36개는 9가 되고(노양), 32개는 8이 되며,(소음) 28개는 7이 되며,(소양) 24개는 6이 된다.(노음) 이렇게 3변하여 노양 9, 소음 8, 소양 7, 노음 6 중의 한 효를 얻는다. 주역 64괘의 각 괘는 6효로 이루어져 있다. 그러므로 1괘를 얻기 위해서는 18변해야 한다.

점을 쳐서 얻은 괘를 본괘라 하고, 변한 괘를 지괘라고 한다. 9와 6은 변하는 효고, 7과 8은 변하지 않는 효다. 본괘의 여섯 효가 모두 9와 6이면, 여섯 효가 모두 변하는 괘가 된다. 여섯 효가 모두 변하는 괘는, 건괘는 '용구'用九의 효사로 점을 치고, 곤괘는 '용육'用六의 효사로 점을 친다. (건괘와 곤괘 이외) 본괘의 여섯 효가 모두 7과 8이면, 변하지 않는 괘가 된다. 변하지 않는 괘는, 본괘의 괘사로. 점을 치며 변해야 하는 효를 구할 필요가 없다.

▌주역점 칠 때의 주의 사항

◆ 50개의 시초 중 하나를 빼고, 49를 쓴다. 태극을 상징하는 하나는, 시초를 셈하여 괘를 얻을 때까지 나머지 49책과 섞지 말아야 한다.

◆ 주역은 도적과 같이 사적 이익을 추구하는 소인이 아니라, 곤궁한 사람을 도와주고 도덕적 품성이 높은 사람인 군자를 위하여 쓰인 책이다. 도의에 어긋나고, 정당하지 않은 일을 물어서는 안 된다.

◆ 점을 치려는 문제에 대하여, 단 한 번만 점을 쳐야 한다. → 처음 점치면 일러주고, 두 번 세 번 점치면 더럽히고 욕되게 하는 것이다. 더럽히고 욕되게 하면 알려주지 않는다. (4. 산수몽괘 괘사)

◆ 주역점을 치는 사람은 (주역점을 보고자 하는) 그 사람의 당면한 때 時와 일事, 그 사람의 사회적 위치, 대형이정의 본분 등을 정확히 살펴서 (설시하여 구한 괘의) 괘효사를(또한 괘상, 괘명 등을 두루 살펴서) 해석하여야 한다.

Chapter 2

주역 상경 30괘 해설

1. 중천건괘 ~ 30. 중화리괘

1. 중천건重天乾

주역 64괘 가운데 건괘가 가장 앞머리에 놓인다. 하늘乾이 거듭하였다는 뜻으로 〈중천건〉이라고 읽는다.

◆ 건은 원형이정이니, 크게 형통하고, 바르면 이로우리라. 원형이정元亨利貞은 역학에서 말하는 천도天道의 네 가지 원리를 말하며, 대자연의 변화 가운데 가장 으뜸인 춘하추동 사계절의 운행을 나타낸다.

　원元은 봄으로 만물의 시초가 되고, 형亨은 여름으로 만물이 자람이며, 이利는 가을로 만물이 이루어짐이다. 정貞은 겨울로 만물의 거둠을 뜻한다.

◆ 건은 강건한 하늘의 성정을 나타내며, 천지인 삼재를 거느리고 다스리는 주체가 하늘임을 가리킨다. 하늘이 자시(십이시의 첫째 시, 밤 열한 시부터 오전 한 시까지)에 문을 연 후에야, 축시(십이시의 둘째 시, 오전 한 시부터 세 시까지)에 땅이 열리며, 인시(십이시의 셋째 시, 오전 세 시에서 다섯 시까지)에 만물이 일어남을 의미한다.

◆ 도란 한 번 변하여 양이 되고, 한 번 화하여 음이 되는 것의 이름이다. 음의 기운이 극성하면 양의 기운으로 변하고, 양의

기운이 극성하면 음으로 화한다. 즉, 변變이라 함은 나아감이요, 화化라 하면 이루어짐을 뜻한다. 따라서 변화란 나아가고 이루어짐이 순환 반복됨을 말한다.

◆ 중천건괘는 힘찬 기운이 있지만 너무 자만하면 떨어진다는 것을 늘 마음에 새겨야 할 때다.

- 초구. 연못에 잠긴 용이니,(그 상이 잠룡이다) 쓰지 말라. (그 점의 물용이다)

- 구이. 나타난 용이 밭에 있으니,(그 상이 견룡재전이다) 대인을 만나보는 것이 이롭다.(그 점이 이견대인이다. 효사는 상과 점으로 구성되어 있다. 이하 밑줄 친 부분은 그 점이 그렇다는 것을 표시한 것이다)

- 구삼. 군자는(점치는 자는) 아침부터 저녁까지 내내 목이 타듯이 힘쓰고 저녁에 두려운 듯이 하면, 위태로워서 괴로울지라도 허물이 없을 것이다.

- 구사. 혹은 뛰어오르더라도 연못에 있다면, 허물이 없다.

- 구오. 나는 용이 하늘에 있으니, 대인을 만나보는 것이 이롭다.

- 상구. 높이 올라간 용이니, 뉘우침이 있다.

- 용구. 나타난 여러 용의 우두머리가 없으니, 길하다.(종법제도에 따라, 맏아들 무왕의 왕위 계승이 순조롭게 이루어졌다는 것을 의미하는 상징적 표현이다)

* 무릇 점쳐서 양효를 얻은 것은 모두 구九를 쓴다.(6효가 모두 양효면, 용구用九를 보라) 점쳐서 건괘를 얻었는데, 6효가 모두 변하면 음이 되어,(용의 무리를 보아 머리가 없으니, 강하면서도 부드러우면) 그 점이 (용육用六의) 암말의 올바름이 이롭다는 것이다.

* 64괘 중 건괘와 곤괘에만 각각 용구用九와 용육用六의 용례example(용법의 보기)가 나온다.

* 역의 뜻은 음과 양을 말한 것이며 6획으로 괘를 이룬다. 굽은 것은 부드러움(유)이고, 곧은 것은 굳셈(강)이다. 6효가 모두 강이고 유가 없는 것은 대양大陽이라 하고, 이것은 하늘天을 뜻하는 것이다. (공자)

2. 중지곤重地坤

천지가 있은 연후에 만물이 생겼다. 상경은 건, 곤, 감, 리를 써서 처음과 끝으로 삼는다. 양을 대표하는 1. 중천건이 만물을 낳으매, 음을 대표하는 2. 중지곤이 만물을 기르니, 1. 중천건괘 다음에 2. 중지곤괘를 놓는다.

땅이 거듭하였다는 뜻으로 〈중지곤〉이라고 읽는다.

◆곤은 크게 형통하고, 암말의 바름이 이롭다. 군자가(점치는 자가) 갈 바가 있으면 처음엔 헤매지만 나중엔 얻어, 점친 자가 이利를 주로 하니 서북쪽에서 친구를 얻고, 동북쪽에서 친구를 잃는다. 바른 것에 편안하면 길할 것이다.

　씨앗을 하늘에 날려 보낸다고 싹이 크고 열매를 맺는 것은 아니다. 만물은 땅의 품에 안김으로써, 싹이 트고 모든 생명 활동이 있게 된다. 땅은 만물의 모체인 어머니를 상징한다.

◆여섯 음효로 이루어진 〈중지곤〉은, 땅坤이 거듭하여 두텁게 쌓여있는 땅의 표상을 나타내고 있다. 음효는 달이 초승달에서 반달, 그리고 보름달로 차고 불어 가고, 보름달에서 반달, 그리고 그믐달로 이지러지고 줄어가는 운행 변화를 나타낸다.

　1년 12개월 중 6개월은 음이고, 6개월은 양이다. 하루 중에도 양은 낮이고, 음은 밤이다.

◆음이 처음 엉기는 것이 서리이고, 서리를 밟으면 굳은 얼음이 되어 엉김을 풀 수 없게 된다. 선을 쌓은 집에는 반드시 남은 경사가 있고, 악을 쌓은 집에는 반드시 남은 재앙이 있다.

　신하가 그 임금을 죽이고, 자식이 그 아비를 죽임은 하루아침에 일어나는 일이 아니다. 분별할 것을 일찍 분별하지 못함으로 말미암은 것이다. 미리 그 기미와 징조를 잘 살펴서 선으로써 하늘의 명을 순리대로 따라야 할 것이다.

◆황허에서 나온 용마는 머리는 용이고, 몸통은 말의 형상이었다. 등에는 하도가 그려져 있었다. 용은 하늘을 상징하고, 말은 땅을 상징한다. 암말은 땅의 무리다. 봄, 여름이 가면 가을, 겨울이 오듯이 순리에 따라 음이 뒤를 따르면 열매를 맺어 경사가 있을 것이나, 앞서가면 갈팡질팡 헤매게 됨을 알아야 할 때다.

- 초육. <u>서리를 밟으니, 굳은 얼음에 이른다.</u>
- 육이. 오직 곧고 방정하며 크므로, <u>익히지 않아도 이롭지 않음이 없다.</u>
- 육삼. 아름다움을 머금음이 <u>가히 올바르나, 혹 왕의 일王事을 좇으면,</u> 이룸은 없으나 마침은 있을 것이다.
- 육사. 주머니를 묶으면, <u>허물도 없고 명예도 없다.</u>
- 육오. 누른빛의 치마니, <u>크게 길하다.</u>
- 상육. 용이 들판에서 싸우니, 그 피가 검고 누런빛이다.
- 용육. <u>오래도록 올바름이 이롭다.</u>

* 육은 음효의 이름이다. 무릇 점쳐서 음효를 얻은 것은 모두 육六을 쓴다. 점쳐서 곤괘를 얻었는데 (육효가 모두 음효이면 用六을 보라) 6효가 모두 변하면, 양이 되어 건괘로 변한(곤지건) 상태를 의미한다.

3. 수뢰둔水雷屯

둔은 아래에 우레가 있고, 위에 물(구름)이 있는 괘상이다. 수뢰는 괘의 상이며, 둔은 괘의 이름이다.

하늘과 땅이 생기고, 이후에 만물이 생겨나니, 천지 사이에 만물이 가득 차게 되었다. 그러므로 건·곤 다음에, 둔으로 받았다. 둔은 만물이 생겨나는 초기에는, 험난한 어려움이 가득 차 있음을 뜻한다.

◆ 둔은 강유가 처음 사귀어 어려움이 생긴다는 뜻이다. 둔은 크게 형통하고, 바르면 이롭다. 갈 바를 두지 말고 은둔하여, 제후를 세움이 이로우리라.

　주역의 모든 괘상은 아래에서 → 위로 나아감을 보여주고 있다. 자신의 과거를 등에 지고, 미래를 향해 걸어가는 존재의 현재 좌표를 보여주고 있다.

◆ 강한 천둥소리가 들렸으니, 이윽고 비가 내릴 형국이다. 힘들고 어려운 창업의 초기에는, 마땅히 경험이 많은 전문가(후작)를 내세워 일을 처리함이 이롭다. 이러한 곤란한 때를 넘기기 위해서는, 인내로서 쉼 없이 노력해야 할 때다.

- 초구. 나아가기 어려워 제자리에 맴도는 것이니, 올바름에
머무는 것이 이롭고, 제후를 세우는 것이 이롭다.
- 육이. 어려워서 나아가지 못하고, 말을 탔다가 내리니, 도
둑이 아니면 혼인으로, 여자가 올바름으로 시집가려 하지
않다가, 십 년 만에 시집을 갈 것이다.
- 육삼. 사슴을 쫓는데 산지기가 없어 숲속으로 들어갈 것을
생각하니, 군자가 기미를 보아 버리는 것만 못함이며, 간다
면 인색해진다.
- 육사. 말을 탔다가 내리니, 혼인을 청해서 가면 길하니, 이
롭지 않음이 없을 것이다.
- 구오. 기름지게 베풀 수 없으니, 작은 일에는 올바르면 길
하나, 큰일에는 올바르더라도 흉할 것이다.
- 상육. 말을 탔다가 내리니, 줄기차게 피눈물을 흘리며 슬
프게 울 것이다.

4. 산수몽山水蒙

만물이 처음 생겨나면 어리고, 사물을 밝게 분별하지 못하여 어리석다. 몽은 아래에 물이 있고, 위에 산이 있는 괘상이다. 산수는 괘의 상이며, 몽은 괘의 이름이다.

산 아래 샘이 솟아나는 것이 몽이니, 어리석은 어린아이에게 과감히 행하고, 덕을 기르도록 가르쳐야 함을 뜻한다. 그러므로 어려움이 가득 찬 둔 다음에 몽으로 받았다.

◆몽은 형통하니 내가 아직 사리에 어두운 아이(동몽)에게 가르쳐달라고 하는 것이 아니고, 아직 사리에 어두운 아이가 나에게 가르침을 구하는 것이다. 처음 점치면 일러주고, 두세 번은 모독하는 것이다.

모독하면 일러주지 않으니, 바르면 이로울 것이다. 어린아이와 같은 무심한 상태로 주변 환경의 가르침에 순응해 나가야 할 때다.

- 초육. 몽매한 자를 가르쳐 깨우치되, 형벌을 받은 사람이 속박된 고통에서 벗어나게 씀이 이롭고, 지나치게 행하면 인색해진다.
- 구이. 몽매함을 감싸면 길하고, 아내를 맞이하면 길할 것이

니, 자식이 집안을 다스릴 것이다.

- 육삼. 여자를 취하지 말 것이니, 돈 많은 사내를 보면 그 몸을 지키지 못하니 이로울 것이 없다.
- 육사. 몽매한 자에게 곤란을 당하니. 욕될(린) 것이다.
- 육오. 공손하게 따르는 어린애이니, 길하다.
- 상구. 몽매한 자를 일깨움이니 도둑이 되게 함은 이롭지 않고, 도둑을 막음이 이로울 것이다.

5. 수천수水天需

어린아이는 음식을 먹여서 양육하지 않으면 안 된다. 수는 아래에 하늘이 있고, 위에 물이 있는 괘상이다. 수천은 괘의 상이며, 수는 괘의 이름이다.

비구름이 하늘 위를 뒤덮고 있으나, 비를 내리지 못하는 것이 수다. 비구름이 비가 되어 내릴 때까지 나아가지 말고, 때를 기다려야 함을 뜻한다. 그러므로 몽 다음에 수로 받았다.

◆수는 기다리는 것이다. 험난이 앞에 있다. 강건하나 빠지지 않으니, 그 뜻이 곤궁하지 않다. 믿음이 있으면 밝게 형통하고, 바르면 길하여, 큰 강을 건넘이 이로울 것이다.
　　수는 음식의 이치를 이르는 것이다. 때가 올 때까지 은인자중하며 기다려야 할 때다.

- 초구. 성 밖에서 기다림이니, 늘 변하지 않음이 이롭고, 허물이 없을 것이다.
- 구이. 모래벌판에서 기다림이니, 조금 구설수가 있지만, 마침내 길할 것이다.
- 구삼. 진창에서 기다림이니, 크게 해를 끼치는 도둑이 이를 것이다.(공경하고 삼가야 패하지 않는다는 뜻이다)
- 육사. 피로 물들이며 기다림이니, 스스로 험난의 구멍으로

부터 나갈 것이다.

- 구오. 술을 마시고 밥을 먹으며 기다림이니, <u>올바름으로 길
할 것이다.</u>
- 상육. 험난의 구멍으로 들어감이니, 부른 바 없는 손님 세
사람이 올 것이니, 정중하게 대하면, 마침내 길할 것이다.

6. 천수송天水訟

송은 아래에 물이 있고, 위에 하늘이 있는 괘상이다. 천수는 괘의 상이며, 송은 괘의 이름이다.

물은 아래로만 내려가고, 하늘은 위로만 올라가서, 음양이 서로 어긋나 다투는 것이 송이다. 끝까지 싸우면 서로 상처만 입게 된다.

수는 음식의 도다. 어려운 세상에 어리석고 사리에 어두운 아이들에게 음식이 나오니, 서로 다툼이 있게 된다. 그러므로 수 다음에 송으로 받았다.

◆송은 위는 강하고, 아래는 험하니, 험난하면서 튼튼한 것이 송이다. 송은 믿음이 있으나 막히고, 방자하면서도 중中을 얻으니, 마침내 흉하리라. 대인을 봄이 이롭고, 큰 강을 건넘은 불리하다.

점친 자는 반드시 다투는 일이 있으면, 그가 처한 바에 따라 길흉이 정해짐을 알라. 다툼에는 고통이 따른다. 사사로움이 없는 중재자를 힘써 찾아야 한다. 좁은 집착을 버리고, 주변과 협조해야 할 때다.

- 초육. 송사를 길게 하지 않으면, 조금 구설수가 있으나 <u>마침내 길할 것이다.</u>

- 구이. 송사를 이기지 못하여 돌아가 도망함이니, 삼백 호
  의 작은 고을에 피하면, <u>재앙이 없을 것이다.</u>
- 육삼. <u>묵은 덕을 새김질한다. 올바르면 괴롭지만, 마침내 길
  할 것이다. 혹 왕의 일을 좇더라도 이룸은 없을 것이다.</u>
- 구사. 송사를 이기지 못한다. 돌아와 바른 이치에 나아가
  고, 달라져서 올바름으로 편안하면 <u>길할 것이다.</u>
- 구오. <u>송사한다. 크게 길할 것이다.</u>
- 상구. 혹 띠(관복을 장식하는 반대 띠)를 받을지라도, 하루
  아침이 마칠 동안 그 띠를 세 번 벗길 것이다.

7. 지수사地水師

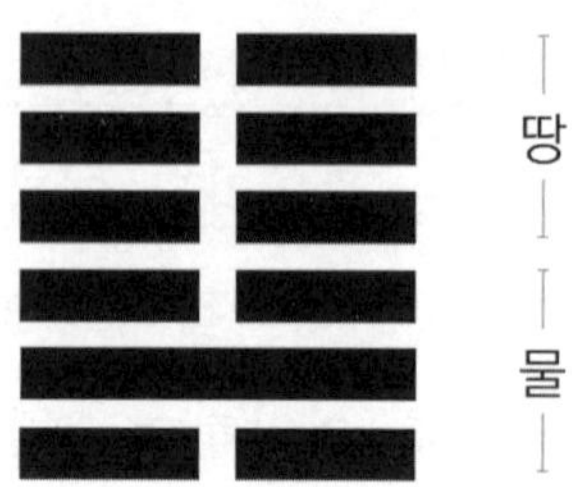

서로 다툼이 생기면 군사를 모아 무리를 짓기 마련이다. 사는 아래에 물이 있고, 위에 땅이 있는 괘상이다. 지수는 괘의 상이며, 사는 괘의 이름이다.

땅속에 물이 고여 있는 것이 사니, 군사를 모아서 무리를 이끌고 전쟁을 하려면 먼저 민심이 따르도록 해야 함을 뜻한다. 그러므로 송 다음에 사로 받았다.

◆군대는 무리고, 정貞은 올바르다는 것이니, 능히 무리를 마음 먹은 대로 휘둘러 바르게 하면 왕 노릇을 할 수 있다. 군대는 바르고, 노련한 장로에게 맡겨야 길하고 탈이 없을 것이다.
전쟁에 임할 때는 반드시 대의를 밝혀 군사들의 기강을 확립하여야 한다. 주변 사람들의 마음을 사로잡아야 할 때다.

- 초육. 군대를 출동시키는데 군율로써 함이니, 선하지 않으면 흉할 것이다.
- 구이. 군대 가운데 있으면 길하고 허물이 없으니, 왕이 세 번 명령을 내릴 것이다.
- 육삼. 군대가 혹은 패하여 수레에 시체를 실으니, <u>흉할 것이다.</u>

- 육사. 군대를 후위로 물러나게 하니, <u>허물이 없을 것이다.</u>
- 육오. 밭에 날짐승이 있다. 말꼬리를 잡는 것이 이로우니, 허물이 없을 것이다. 맏아들이 중中으로 군대를 거느릴지니, 동생들에게 부당하게 시키면 올바르더라도 흉할 것이다.
- 상육. 대군의 명이 있어, 나라를 열고 집안을 잇는데, <u>소인은 쓰지 말라.</u>

8. 수지비水地比

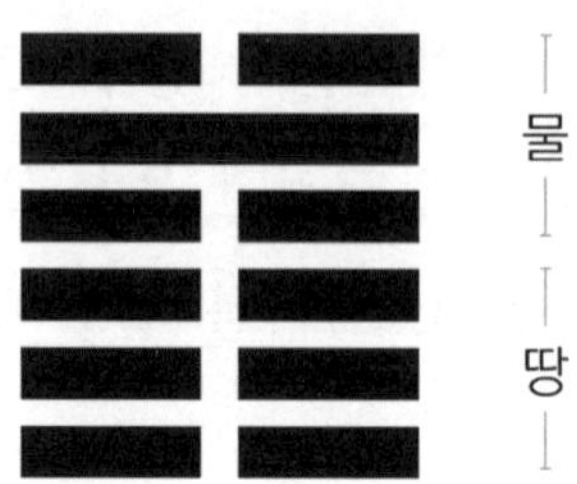

  무리가 모여서 전쟁을 하려면, 반드시 상호 간에 커뮤니케이션이 원활하고 서로 협력해야 한다. 비는 아래에 땅이 있고, 위에 물이 있는 괘상이다. 수지는 괘의 상이며, 비는 괘의 이름이다.

  물과 땅이 서로를 도우니, 가장 친한 상태다. 위에 있는 물이 사방으로 흘러들어 민심을 얻으니, 나라를 세우고, 신하들을 가까이하여, 백성들을 이롭게 함을 뜻한다. 그러므로 사 다음에 비로 받았다.

◆비는 돕는다는 뜻이니, 아랫사람이 순종한다는 것이다. 비는 길하나, 상하가 서로 도우려면 근원을 판단할 때, (근원을 점쳐서) 으뜸이 되고 오래도록 바르다면, 허물이 없을 것이다.

  불안해서 평안하지 않은 자가 올 것이니, 미적거리며 뒤에 오는 자는 흉할 것이다. 무리는 반드시 돕는 바가 있으니, 주변의 도움을 받아 순조롭게 나아가야 할 때다.

- 초육. 믿음이 있어 돕게 되니, 허물이 없다. 믿음이 있어 질그릇에 가득 채우면, 마침내 다른 길함이 있을 것이다.
- 육이. 돕는 것을 자신의 마음으로 하니, 올바르며 길할 것이다.
- 육삼. 돕는 것이 적절한 그 사람이 아니다.

- 육사. 밖으로 도우니, 올바르며 길하다.
- 구오. 드러나게 도우니, 왕이 세 방향으로 모는 법을 씀에
  앞에 있는 날짐승을 놓치고, 고을 사람도 경계하지 않으니
  <u>길할 것이다.</u>
- 상육. 돕는데 머리가 없으니, <u>흉할 것이다.</u>

9. 풍천소축風天小畜

비는 돕는 것이니, 도우면 반드시 쌓는 바가 있다. 소축은 아래에 하늘이 있고, 위에 바람이 있는 괘상이다. 풍천은 괘의 상이며, 소축은 괘의 이름이다.

물건을 하늘 위까지 높이 쌓아 올리려고 하나, 바람이 물건을 흩어지게 하니, 작게 쌓아가야 함을 뜻한다. 그러므로 비 다음에 소축으로 받았다.

◆소축은 부드러움이 자리位를 얻고, 위아래가 이에 호응하니, 소축이라고 하였다. 소축은 형통하다. 먹구름이 (빽빽하게) 뒤덮였으나 비는 내리지 않음이, 나의 서쪽 교외(유리옥에서 역을 짓고, 기주를 바라보던 문왕 자신(서백)의 터전이었던 서남은 음의 방향이다)에까지 이른 것이다.

소축은 하늘 위에 바람이 부는 상으로, 구름만 잔뜩 끼고 비가 오지 않음이니, 외유내강의 형국으로 기다려야 한다. 정체된 상황에서, 스스로 내면을 보살피고 견뎌 나가야 할 때다.

- 초구. 되돌아옴이 자신의 도이니, <u>어찌 그 허물이겠는가? 길할 것이다.</u>

- 구이. 서로 끌어서 되돌아옴이니, <u>길할 것이다.</u>

- 구삼. 수레가 바큇살을 벗으니, 남편과 아내가 반목할 것이다.

- 육사. 믿음이 있으면, 피가 <u>흐르고 도려내어도, 허물이 없</u>

<u>을 것이다.</u>

- 구오. 믿음을 가지고 끌어당겨, 재물로써 그 이웃을 같게 하도록 하라.

- 상구. 이미 비가 내리고 이미 비가 그쳤다. 덕을 숭상하여 가득 쌓았으니, 아내가 올바르더라도 위태롭다. 보름에 가까워 달이 거의 찼으니, 군자가 치러 가면 흉할 것이다.

10. 천택리天澤履

　물건이 쌓이다 보면 정돈이 필요하고, 정돈은 위아래를 구분하는 질서와 예를 회복하는 것이다. 리는 아래에 못이 있고, 위에 하늘이 있는 괘상이다. 천택은 괘의 상이며, 리는 괘의 이름이다.

　못에 하늘이 비치는 것처럼, 자신의 본성을 거울에 비추듯 돌아보고, 위아래가 나뉨을 알아 질서와 예를 회복해야 한다. 그러므로 소축 다음에 리로 받았다.

◆리는 부드러움이 굳셈을 밟기 때문이다. 호랑이 꼬리를 밟더라도 사람을 물지 않으니, 형통하다. 호랑이 꼬리를 밟는다는 것은, 위태함을 밟으나 상하지 않는 상이다.

　인생은 살얼음판 위를 걷는 것과 같고, 호랑이 꼬리를 밟은 것과 같다. 자신의 처지를 잘 헤아려서, 조심하고 또 조심하면서 착실하게 나아가야 할 때다.

- 초구. 본바탕대로 밟아 <u>나가면, 허물이 없을 것이다.</u>
- 구이. 밟고 나아가는 길이 탄탄하니, 속세를 피해 조용히 사는 이는 올바르고 길할 것이다.
- 육삼. 애꾸눈이 능히 보고, 절름발이가 능히 걷는다. 호랑이 꼬리를 밟아서 사람을 무니 <u>흉하고,</u> 무인이 대군이 될

것이다.

- 구사. 호랑이 꼬리를 밟음이니, 두려워하고 근심하면 <u>마침내 길할 것이다.</u>
- 구오. 상쾌하게 밟음이니, <u>올바르더라도 괴로울 것이다.</u>
- 상구. 밟아온 바를 자세히 살펴서 상서로움을 꼼꼼하게 따져보면, 그 돌아옴이 크게 길할 것이다.

11. 지천태地天泰

　정돈하고 질서와 예를 회복하면, 천지가 교류하여 태평한 세상이 된다. 태는 아래에 하늘이 있고, 위에 땅이 있는 괘상이다. 지천은 괘의 상이며, 태는 괘의 이름이다.

　땅의 기운은 위로 오르고, 하늘의 기운은 아래로 내려온다. 천지가 서로 사귀고 교합하여, 만물을 생기게 하고 이루게 하니 태평한 세상이 된다. 그러므로 리 다음에 태로 받았다.

　◆태는 통함이다. 천지가 사귀고 만물이 통하여, 작은 것(소인, 음)이 가고 큰 것(군자, 양)이 오니 길하면서도 형통할 것이다. 상하가 사귐에 그 뜻이 같다. 내괘는 양이고, 외괘는 음이다. 내괘는 군자로서 튼튼함이며, 외괘는 소인이고 순함이다. 군자의 도는 장구하고, 소인의 도는 없어진다.

　천지가 태평한 연후에는 세상이 평안해진다. 화합과 안정을 나타내는 크게 길한 형국이다. 그러나 음의 기운이 극성하면 양의 기운으로 변하고, 양의 기운이 극성하면 음으로 화하는 것이 역의 이치다. 크게 길함은 흉으로 바뀜을 인식해야 할 때다.

　- 초구. 띠를 뽑아 먹음이다. <u>그 무리를 치니 길할 것이다.</u>

- 구이. 거친 자를 감싸고, 배 없이 강을 건너고, 멀리 있어
  도 내치지 않고, 붕당을 없앤다면, 중中을 행함에 한데 섞
  어 합침을 얻을 것이다.
- 구삼. 평평한데 비탈지지 않은 것이 없고, 가서 돌아오지
  않는 것이 없다. 어렵더라도 올바르면 허물이 없다. 그 미
  더움을 근심하지 말라. 먹는 데 복이 있을 것이다.
- 육사. 훨훨 날아서 재물이 아닌 것으로써 그 이웃을 두니,
  경계하지 않아도 미더움이 있을 것이다.
- 육오. 제을이 딸을 시집보내는 것이니(제을은 은나라의 왕
  으로 딸을 시집보낼 때, 점쳐서 이 괘를 얻은 것으로 전해
  온다) 복이 있고, 크게 길할 것이다.
- 상육. 성이 해자로 되돌아간다. 군대를 쓰지 말고 스스로
  고을을 다스릴 것이니, 올바르더라도 욕됨(린)이 있을 것
  이다.

12. 천지비天地否

태평한 때가 다하면 곤궁한 때가 오고, 나아가다 보면 그칠 때가 있다. 비는 아래에 땅이 있고, 위에 하늘이 있는 괘상이다. 천지는 괘의 상이며, 비는 괘의 이름이다.

하늘은 위에 그치고, 땅은 아래에 그쳐, 천지가 서로 교합하지 못하고 막혀 있는 형상이다. 그러므로 태 다음에 비로 받았다.

◆ 천지가 사귀지 않는 것이 비다. 비는 인간의 길이 아니다. 군자가 올바름을 지키기에 이롭지 않으니, 대(양, 군자)는 가고 소(음, 소인)가 올 것이다. 천지가 사귀지 않으니, 만물이 통하지 않으며, 위아래가 사귀지 않아 천하에 나라가 없다는 것이다.
내괘는 음이고, 부드러움이고, 소인이다. 외괘는 양이고, 굳셈이며, 군자다. 소인의 도는 자라나고, 군자의 도는 줄어든다. 위아래가 서로 뜻이 통하지 못하고, 상호 간에 커뮤니케이션이 원활하지 못하니, 속이 여물지 못하고 막다른 골목에 다다른 형국이다. 막힌 것이 뚫리고, 다시 통할 때까지 신중하게 기다려야 할 때다.

- 초육. (엉켜있는) 띠의 뿌리를 뿌리째 뽑음이다. <u>그 뿌리째 엉킨 무리로서 올바르면, 길하여 형통할 것이다.</u>

- 육이. 군자를 따르는 뜻을 포용함이다. <u>소인은 길하고, 대인은 꽉 막힌 운세지만, 형통할 것이다.</u>
- 육삼. (자리位가 마땅하지 않으니) 부끄러움을 (보자기에 싸듯이) 싼다.
- 구사. 천명이 있고 <u>허물이 없으니, 밭두둑에 복이 붙을 것이다.</u>
- 구오. 꽉 막힌 것을 쉬게 한다. <u>대인의 길함이니, 망할까 하고 거듭 경계해야 한다. 뽕나무 무더기에 매달아 놓은 것 같을 것이다.</u>
- 상구. 꽉 막힌 것이 뒤집히니, <u>처음은 꽉 막히지만 나중은 기쁘다.</u>

13. 천화동인天火同人

막히고 곤궁한 때에는, 난세를 극복해 나가고자 뜻을 같이하는 사람들이 함께 모인다. 동인은 아래에 불이 있고, 위에 하늘이 있는 괘상이다. 천화는 괘의 상이며, 동인은 괘의 이름이다.

불같은 태양이 하늘로 떠오르는 상으로, 천하가 다 함께 움직이니, 어떠한 난관도 헤쳐 나갈 수 있다. 그러므로 비 다음에 동인으로 받았다.

◆동인은 부드러움이 올바른 지위를 얻으며, 중을 얻고 하늘의 강건함에 응하니, 동인이라 말한다. 사람들과 들판에서 함께 하니 형통하고, 강건한 사람의 행동이기 때문에 큰 강을 건너는 것이 이롭다.

군자가 바르기 때문에 사사로운 정이 없어, 중을 얻고 강건하게 응한다. 그러므로 군자의 올바름이 이롭고, 능히 천하의 뜻을 통한다. 물건은 가히 끝까지 막히지만은 않는다. 착실한 실행력으로 널리 인재를 구해야 할 때다.

- 초구. 문밖에서 사람을 모으는 것은 <u>허물이 없을 것이다.</u>
- 육이. 같은 종족 안에서 사람을 모으는 것은, 사사로움이니 <u>욕됨(린)이 있을 것이다.</u>

- 구삼. 우거진 숲에 무기를 숨기고, 그 높은 언덕에 오르니, 3년이 되어도 일어나지 못할 것이다.
- 구사. 그 담벼락을 타고 오르지만, 공격하여 이기지 아니함이니 길할 것이다.
- 구오. '동인'이 먼저는 큰 소리로 울면서 한탄하지만, 나중에는 웃으니, 큰 군대로 이겨야 서로 만날 것이다.
- 상구. 들판에서 사람을 모으는 것은, 후회가 없을(무회) 것이다.

14. 화천대유火天大有

뜻을 같이하는 사람들이 함께 모이니, 큰 성과를 가지게 될 것이다. 대유는 아래에 하늘이 있고, 위에 불이 있는 괘상이다. 화천은 괘의 상이며, 대유는 괘의 이름이다.

하늘 위에서 불같은 태양이 온 세상을 밝게 비추고 있으니, 크게 길하다. 그러므로 동인 다음에 대유로 받았다.

◆ 불이 하늘 위에 있는 것이 대유다. 크게 소유한다는 것은 부드러움이 존귀한 자리(5효)를 얻고, 위대한 중大中의 덕을 얻어 상하가 호응하므로 대유라고 한다.

대유는 크게 선하고 형통할 것이다. 사람들과 뜻을 함께하는 자에게는, 반드시 물건이 모여들기 마련이다. 태양이 중천에 올라온 형국으로, 적극적으로 나아가야 할 때다.

- 초구. 주고받음에 방해가 없으니, 허물이 아니지만, 어려워한다면 허물이 없을 것이다.
- 구이. 큰 수레로써 실음이니, 갈 바가 있으면 허물이 없을 것이다.
- 구삼. 공후가 천자에게 조회하고 바치는 것이니, 소인은 능히 할 수 없을 것이다.

- 구사. 그처럼 성대하지 않으니, <u>허물이 없을 것이다.</u>
- 육오. 그 믿음이 더불어 같으니, <u>위엄이 있어야 길할 것
  이다.</u>
- 상구. 하늘이 저절로 도와줌이니, <u>길하여 이롭지 않음이 없
  을 것이다.</u>

15. 지산겸地山謙

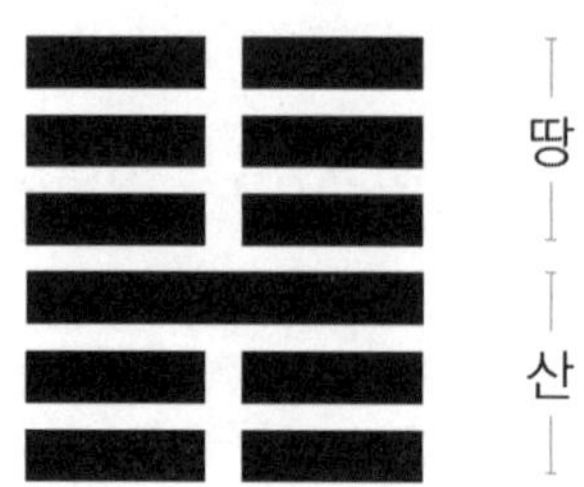

크게 공적을 쌓으면 자랑하고 남을 앞서려고 하게 되어, 서로 막히고 다툼이 있게 된다. 자신을 낮추어 겸손하면, 만사가 형통하게 될 것이다.

하늘의 이치는, 보름달이 이지러져 그믐달이 되듯이 가득 찬 것은 비우게 하고, 겸손한 데는 더하게 한다.

겸은 아래에 산이 있고, 위에 땅이 있는 괘상이다. 지산은 괘의 상이며, 겸은 괘의 이름이다. 높은 산이 자신을 낮추어 땅보다 아래에 있으니, 겸손한 형상이다. 그러므로 대유 다음에 겸으로 받았다.

◆겸손은 형통하다. 천도는 아래로 사귀어 밝게 빛나고, 지도는 스스로를 낮추어 위로 오른다. 천도는 가득 찬 것을 덜어내서 겸손한 것에 더해주고, 지도는 가득 찬 것을 변하게 해서 겸손한 데로 흐르게 한다. 귀신은 가득 찬 것을 해치고, 겸손한 것에 복을 준다. 사람의 도는 가득 찬 것을 싫어하고, 겸손한 자를 좋아한다.

존귀한 위치에 있으면서도 겸손하면 빛이 나고, 낮더라도 법도를 넘지 않으니, 군자에게 좋은 끝마침이 있을 것이다. 크게 소유한 자는 가득 채워만 두어서는 안 된다. 자신을 낮추고, 남에게 양보하는 겸양이 필요할 때다.

- 초육. 겸손하고 겸손한 군자이니, 큰 강을 건너는데 그 도(겸)를 씀이 길할 것이다.
- 육이. 명성이 드날리는 겸손이니, 올바르면 길할 것이다.
- 구삼. 힘써 일하면서도 겸손한 군자이니, 끝을 완전히 맺음이 있어 길할 것이다.
- 육사. (법칙을 어기지 않고) 겸손을 발휘하니, 이롭지 않음이 없을 것이다.
- 육오. 재물이 아닌 것으로써 그 이웃을 두나, 필요에 따라 침범하여 치는 것도 이로우니, 이롭지 않음이 없을 것이다.
- 상육. 명성이 드날리는 겸손이니, 필요에 따라 군대를 보내 자기 고을을 다스림이 이로울 것이다.

16. 뇌지예雷地豫

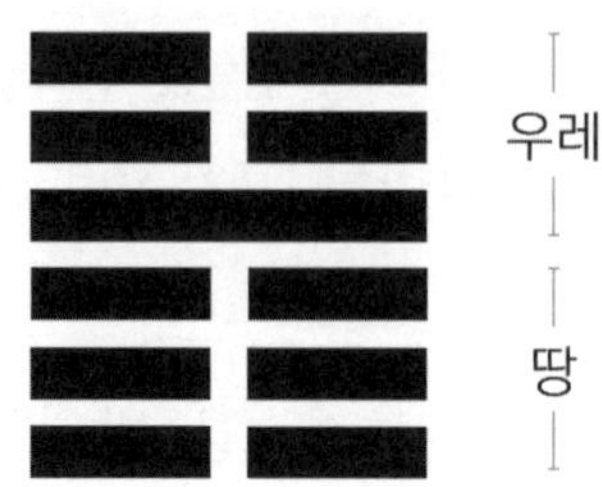

크고 가득 채웠어도 겸손하게 처신하니, 자연히 즐거움이 따르게 된다. 자기 행동으로 미루어 보면, 자신의 앞날을 예측할 수 있는 것이다.

예는 아래에 땅이 있고, 위에 천둥이 있는 괘상이다. 뇌지는 괘의 상이며, 예는 괘의 이름이다. 천둥은 땅속에서 발생하여 위로 올라간다. 그러므로 겸 다음에 예로 받았다.

◆우레가 쳐서 땅이 흔들리는 것이 예다. 예는 굳셈이 호응을 얻어서 뜻이 실행된다. 열광하듯이 순종하여 움직이게 하는 것이 예다.

　예는 제후를 세워 군대를 동원하는 것이 이롭다. 천둥이 땅에서 나와 위로 올라가니, 크게 소리가 나는 것이다. 순리에 따라, 오랜 칩거의 시간을 끝내고, 문을 열고 밖으로 나가야 할 때다.

- 초육. 명성이 드날리는 즐거움이니, <u>흉할 것이다.</u>
- 육이. 본분을 지킴이 돌과 같아서, 하루가 가기 전이니, <u>올바르면 길할 것이다.</u>
- 육삼. 즐거움을 올려다봄이다. <u>뉘우칠 것이니, 더디면 후회가 있을 것이다.</u>

- 구사. 즐거움을 말미암아 <u>크게 얻음이 있을 것이니, 의심하지</u> <u>않으면 친구가 어찌 빠르게 모이지 않겠는가?</u>
- 육오. 올바르지만 병이 있어, 늘 앓지만 죽지는 않을 것이다.
- 상육. 즐거움에 어두워졌다. 이루어졌으나 변함이 있으면, 허물이 없을 것이다.

17. 택뢰수澤雷隨

즐거움이 있고 앞일을 예측할 수 있으면, 모두가 따라갈 것이다. 동쪽에서 해가 떠서, 남쪽을 거쳐 서쪽으로 지듯이, 태양의 운행 질서에 따라서 만물이 피고 진다. 수는 아래에 우레가 있고, 위에 못이 있는 괘상이다. 택뢰는 괘의 상이며, 수는 괘의 이름이다.

우레는 음양이 서로 부딪쳐 소리를 냄을 뜻한다. 아래에 있는 우레의 움직임에 따라, 위에 있는 못들이 즐겁게 일렁거리는 형상이다. 그러므로 예 다음에 수로 받았다.

◆못 가운데 우레가 있는 것이 수다. 수는 따른다는 것이다. 수는 굳셈이 와서 부드러움의 아래에 있고, 움직이면서 기뻐하는 것이 뒤따르는 수의 모습이다. 크게 형통하고 올바르니 허물이 없어서, 천하가 때를 따른다.

눈길을 걸어갈 때, 어지럽게 걸어가지 말라. 오늘 내가 걸어간 길을 다른 사람이 이정표로 삼아 따르게 될 것이니, 오직 바르게 걸어가라. 잎이 떨어지는 가을이 다가오고 있다. 힘을 안으로 비축하여야 할 때다.

- 초구. 자제력self-control이 변화가(위에 있는 것이 아래로 내려와) 있으니, 올바르면 길할 것이다. 문밖에 나가 사귀면

<u>공이 있을 것이다.</u>

- 육이. 소자小子(작은 아들)에게 걸리면, 장부丈夫를 잃을 것이다.

- 육삼. 장부丈夫에게 걸리고 소자小子를 잃으니, <u>따름에 구하여 얻음이 있으나, 머무름이 올바르면 이로울 것이다.</u>

- 구사. 따름에 얻음이 있다면, <u>올바르더라도 흉할 것이다. 믿음을 가지고 도에 있음으로써 밝다면, 무엇이 허물이겠는가?</u>

- 구오. 선함에 대한 믿음이니, <u>길할 것이다.</u>

- 상육. 붙잡아 걸리고, 이에 좇는 바니, 왕이 서산(주나라의 왕업이 시작된 기산)에 제사 지낼 것이다.

18. 산풍고山風蠱

즐거움만으로 따르는 자에게는, 반드시 사건·사고가 있게 마련이다. 고는 아래에 바람이 있고, 위에 산이 있는 괘상이다. 산풍은 괘의 상이며, 고는 괘의 이름이다.

아래에서 바람이 산으로 불어, 잎이 떨어지는 형상이다. 그러므로 수 다음에 고로 받았다.

◆산 아래에 바람이 있는 것이 고다. 고는 크게 형통하다. 고는 굳셈이 오르고, 부드러움이 내려가서, 공손하게 그치는 것이 고다. 큰 강을 건넘(가서 일을 도모함)이 이롭다. 크게 형통하여 선갑(먼저 할 일은 일의 원인을 연구) 3일에 하고, 후갑(나중에 일어날 일을 처리) 3일에 해야 할 것이다. 난의 끝마침은 다스림의 시작이니, 하늘의 운행이 그러한 것이다.

고는 벌레 세 마리가 그릇을 좀먹는 형상을 본뜬 글자다. 벌레는 사건·사고를 의미하며, 달과 같이 차고 이지러짐이 있음을 뜻한다. 혼란의 시기를 맞이하여, 화근의 뿌리를 자르고 살아날 길을 찾아야 한다. 지금이 비록 무너지고 어지러운 난세라 하더라도, 그것이 곧 치세의 시작임을 알아야 할 때다. 폭풍이 불어오는 형국이므로, 냉정하게 사태를 지켜보아야 할 때다.

- 초육. 뜻으로 아버지를 이음이다. <u>자식이 있으면, 죽은 아비의 허물이 없으리니, 위태로운 듯이 해야 마침내 길할 것이다.</u>
- 구이. 어미의 일을 맡으니, <u>가히 올바르게 할 수 없을 것이다.</u>
- 구삼. 아비의 일을 함이니, <u>작은 뉘우침은 있으나, 큰 허물은 없을 것이다.</u>
- 육사. 아비의 일에 너그러우나, <u>가서 (얻음이 없으니) 욕됨(린)을 볼 것이다.</u>
- 육오. 아비의 일을 하니, <u>영예로울 것이다.</u>
- 상구. 왕후를 섬기지 않아, (그 뜻이 본받을 만하니) 그 일을 높여 숭상할 것이다.

19. 지택림地澤臨

사건·사고와 같은 일이 있은 다음에는, 그 일이 점차 자라나서 커져 간다. 임은 아래에 못이 있고, 위에 땅이 있는 괘상이다. 지택은 괘의 상이며, 임은 괘의 이름이다.

못의 물은 땅을 윤택하게 하고, 땅은 물기를 한없이 받아들인다. 아래 못의 물이 위의 땅에까지 차올라 와서 만물을 기를 형상이다. 그러므로 고 다음에 임으로 받았다.

◆못 위에 땅이 있는 것이 임이다. 임은 굳셈이 점차로 스며들어 자라난다. 기뻐하며 따르고, 굳셈이 중中이면서 호응하여, 올바름으로 크게 형통하니, 하늘의 도다.

임은 크게 형통하니, 올바르면 이로울 것이다. 8월에 이르러 흉함이 있으리라. 기운이 점점 왕성해지는 형국이다. 멈출 줄 알아야 할 때다.

- 초구. 두루 살펴보고overseeing 다가감이니, <u>올바르면 길할 것이다.</u>
- 구이. 감응하여 다가감이니, <u>길하여 이롭지 않음이 없을 것이다.</u>
- 육삼. 달콤하게 다가감이다.(자리位가 부당하다) <u>이로운 바가</u>

없으니, 이미 근심하였다면 허물이 없을 것이다.

- 육사. 지극하게 다가감이니(자리位가 마땅하다) 허물이 없을
  것이다.
- 육오. 지혜롭게 다가감이다. 대군의 마땅함이니(중을 행하는
  것을 뜻한다) 길할 것이다.
- 상육. 돈독하게 다가감이니, 길하여 허물이 없을 것이다.

20. 풍지관風地觀

물건이 점점 자라서 커지게 되면, 높은 언덕에 올라 사방을 두루 살피는 것처럼 잘 볼 수 있게 된다. 관은 아래에 땅이 있고, 위에 바람이 있는 괘상이다. 풍지는 괘의 상이며, 관은 괘의 이름이다.

땅 위에 바람이 불어, 만물이 바람을 따라 크게 약동하는 형상이다. 관은 새가 하늘에 높이 날아가며, 아래의 먹이를 찾는 형상을 본뜬 글자다.

◆바람이 땅 위를 왔다 갔다 하는 것이 관이다. 위에서 크게 본다는 것은, 따르면서도 공손하고, 중정으로써 천하를 본다는 것이다. 관이란, 제사 지낼 때 음식을 올리기 전 먼저 손을 씻고 마음을 정결히 하듯이 하면, 사람들을 감화시키고 존경받는다는 것이다.

하늘의 신묘한 도를 보면, 사계절이 어김이 없고, 성인이 이러한 신묘한 도로 가르침을 베푸니, 천하가 복종한다. 지도자는 조직이 가야 할 방향을 잘 살펴서, 조직 구성원들에게 비전을 제시하고, 살아가야 할 길을 가르쳐 주어야 한다. 폭풍이 불어오는 형국이니, 냉정하게 사태를 지켜보아야 할 때다.

- 초육. 아이처럼 유치한 견해이니, <u>소인은 허물이 없지만,</u>(소인

의 도이므로) 군자는 부끄러움을 당할(린) 것이다.

- 육이. 안에서 밖을 엿보는 것이니, <u>여자가 올바르면 이로울 것</u>
<u>이다.</u>(장부라면 추하다)
- 육삼. <u>나의 소행을 보아서 나아가고 물러난다.</u>(도를 잃지 아니
함)
- 육사. 나라의 광채를 보니(손님을 숭상한다) <u>왕에게 귀한 손님</u>
<u>이 됨이 이로울 것이다.</u>

  * 한 나라의 훌륭한 문물을 관찰하거나 동시에 보여준다는 뜻을 담고 있는 관광
    의 어원은, 주역 20. 풍지관괘 육사효의 효사에서 유래하였다.

- 구오. 나의 소행을 보는 것이니,(백성의 반응을 살펴서 스스
로 성찰한다) 군자라면 허물이 없을 것이다.
- 상구. 그 소행을 관찰하니,(자신의 덕과 품행은 아랫사람들의
보는 바가 되지만, 그 자리位가 합당하지 않으니 평안하지 않
다) 군자답다면 허물이 없을 것이다.

21. 화뢰서합火雷噬嗑

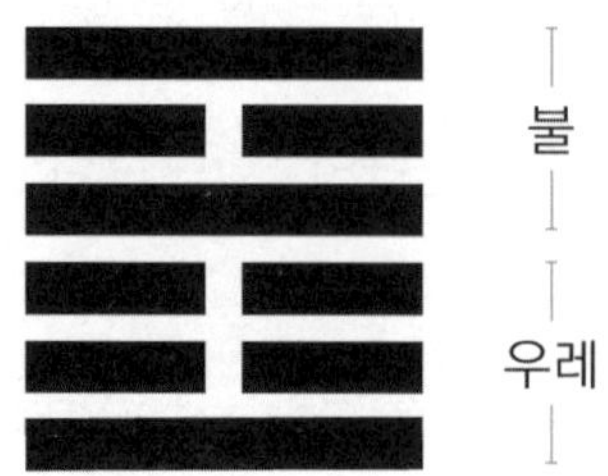

물건이 커져서 잘 볼 수 있게 된 뒤에는, 잘 살피고 씹어서 서로 융합하고 합쳐야 한다. 서합은 아래에 우레가 있고, 위에 불이 있는 괘상이다. 화뢰는 괘의 상이며, 서합은 괘의 이름이다.

아래의 우레와 위의 번개(불)가 서로 꼭 들어맞게 만나서, 우레가 큰 소리를 내고 번개(불)가 이에 부합하여 밝게 빛나는 형상이다. 그러므로 관 다음에 서합으로 받았다.

◆우레와 번개(불)가 서합이다. 입 가운데 음식물이 있는 것이 서합이니, 서합은 형통하나 형벌(형벌을 쓰는 도는 위엄과 총명함으로 중용을 얻어야 한다)을 씀이 이로울 것이다. 굳셈과 부드러움이 나뉘고, 움직이면서 밝으며, 우레와 번개(불)가 합하여 밝으니, 부드러움이 중中을 얻어 위로 오른다. 비록 마땅한 지위는 아니지만, 형벌을 씀이 이롭다.

턱 가운데 있는 음식물을 잘 씹어서 합치는 것이 서합이다. 우레와 번개(불)가 꼭 들어맞게 합치듯이, 실체가 서로 부합됨을 알아 그 뜻을 잘 씹어 소화해야 한다. 강력한 장애물을 만나면, 온 힘을 다하여 돌파해야 할 때다.

- 초구. 형구를 신겨서 발을 못 쓰게 묶어두더라도, <u>허물이 없</u>
  <u>을 것이다.</u>
- 육이. 살을 깨물어 코를 못 쓰게 하더라도, <u>허물이 없을 것이</u>
  <u>다.</u>
- 육삼. 포를 뜬 고기를 씹다가 독을 만남이니, <u>조금은 욕되나</u>
  <u>(린) 허물이 없을 것이다.</u>
- 구사. 뼈 있는 마른고기를 씹다가 금과 화살을 얻으나, <u>어렵</u>
  <u>더라도 올바름이 이로우니, 길할 것이다.</u>
- 육오. 마른고기를 씹다가 황금을 얻으니, <u>올바르면서도 사납</u>
  <u>게 하여야 허물이 없을 것이다.</u>
- 상구. 형구를 매어서 귀를 못 쓰게 하니, <u>흉할 것이다.</u>

22. 산화비山火賁

물건이 합하여 성장하다 보면, 마침내 열매가 많이 열리게 된다. 비는 아래에 불이 있고, 위에 산이 있는 괘상이다. 산화는 괘의 상이며, 비는 괘의 이름이다.

산 아래 있는 불이, 산 전체를 밝혀 주는 형상이다. 성장하게 되면 마침내 아름다운 결실을 보게 되고, 합치다 보면 서로를 꾸미게 된다. 그러므로 서합 다음에 비로 받았다.

◆산 아래 불이 있는 것이 비다. 비는 형통하니, 갈 바가 있어 조금 이롭다. 부드러움이 와서 굳셈을 꾸미니, 그러므로 형통하다. 굳셈은 나뉘어 위로 올라가 부드러움을 꾸미므로, "갈 바가 있는 것이 조금 이롭다." 했으니, 천문天文이다. 문명으로써 나뉨을 얻어 그치니, 인문人文이다. 천문을 관찰하여 때의 변화를 살피고, 인문을 관찰하여 천하를 변화시켜 이룬다.
  비는 씨가 여물어 많은 열매가 매달린 형상을 본뜬 글자다. 꾸민다는 것은, 실체는 그대로인데 겉만 좋게 장식한다는 것을 의미한다. 저녁노을과 같은 아름다운 광경은 볼 수 있겠지만, 내면의 충실함을 도모해야 할 때다.

- 초구. 그 발을 꾸미는 것이니, 수레를 버리고 걸을 것이다.
  (사람의 도리에 따라 타지 않는다는 의미를 내포하고 있다)
- 육이. 그 수염을 꾸밀 것이다.(윗사람과 더불어 흥한다는 의
  미를 내포하고 있다)
- 구삼. 꾸미고 윤택하게 적심이니, <u>오래도록 올바르면 길할 것
  이다.</u>(끝내 업신여기지 말라는 뜻을 내포하고 있다)
- 육사. 꾸민 것이 희고, 흰 깃털을 가진 백마가 나는 듯하니,
  도둑이 아니면 청혼일 것이다.
- 육오. 언덕에 있는 꽃밭에서 꾸밈이니, 예물로 쓰는 비단 묶
  음이 작으면 욕볼(린) 것이나, 마침내 길할 것이다.
- 상구. 희게 꾸미면, (흰색은 본래의 색이므로) <u>허물이 없을
  것이다.</u>

23. 산지박山地剝

열매가 많이 달려서 익으면, 중력의 법칙에 따라 땅으로 떨어지기 마련이다. 박은 아래에 땅이 있고, 위에 산이 있는 괘상이다. 산지는 괘의 상이며, 박은 괘의 이름이다.

산이 깎여서 아래로 무너져 내리며, 아래의 음이 자라서 상구上九를 깎아내리는 상이다. 그러므로 비 다음에 박으로 받았다.

◆산이 땅에 붙어있는 것이 박이다. 박은 떨어진다는 것이다. 그러므로 박은 갈 바가 있어도, 함부로 나아가면 이롭지 않을 것이다. 부드러움이 변하여 굳셈이 되니 "갈 바가 있어도 이롭지 않다."는 것은 소인의 세력이 자라나 컸기 때문이다.

때에 따라 그친다고 한 것은 박괘의 상을 관찰했기 때문이다. 군자가 소식영허(천지의 시운이 변하고 바뀜)를 숭상하는 것은 하늘의 운행 법칙이기 때문이다.

괘를 그렸을 때의 획 하나를 효爻라 한다. 처음 효를 초初라하고, 맨 위 효를 상이라 한다. 효는 아래에서 → 위로 초, 이, 삼, 사, 오, 상으로 읽는다. 음효는 육六으로, 양효는 구九로 읽는다.

산지박의 맨 위 효는 상구다. 꾸미고 치장하여 형통하게 된

후에는, 마침내 깎이고 떨어지게 된다. 쇠퇴하고 있는 형국이다. 기회가 올 때까지 기다려야 할 때다.

- 초육. 평상 다리로써(평상의 아래로부터) 평상을 벗김(갉아 먹어서 떼어냄)이다. 올바름을 없애면 흉할 것이다.
- 육이. 평상 뼈대(판판한 널과 평상 다리가 이어지는 부분)로써 평상을 벗김(평상 뼈대까지 갉아 먹어서 떼어냄을 의미함)이다. 올바름을 없애면 흉할 것이다.
- 육삼. (갉아먹어서 떼어 내어) 벗김(위와 아래를 잃는다는 의미를 내포하고 있다)이다. 허물이 없을 것이다.
- 육사. 평상의 널 껍질로써, 평상을 벗김(평상의 맨 윗부분인 판판한 널 껍질까지 갉아 먹어서 떼어냄을 의미한다)이다. 흉할 것이다.
- 육오. 물고기를 꿰어서 궁인이 총애받듯이 하면, 이롭지 않음이 없을 것이다.
- 상구. 큰 열매는 먹지 아니함이니, 군자는 수레를 얻고, 소인은 오두막집을 허물 것이다.

24. 지뢰복地雷復

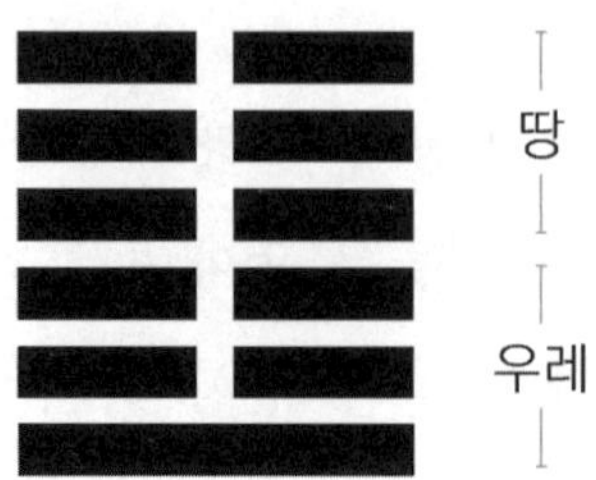

종자가 땅에 떨어져서 썩으면, 다시 싹이 움터서 올라온다. 복은 아래에 우레가 있고, 위에 땅이 있는 괘상이다. 지뢰는 괘의 상이며, 복은 괘의 이름이다. 깊은 땅속에서 천둥이 서서히 진동해 나오는 상이다.

복은 춥고 음기가 가장 극성한 동지에, 해가 깊은 땅속에서 서서히 움터 나오는 형상을 가진 글자다. 그러므로 박 다음에 복으로 받았다.

◆ 우레가 땅 가운데 있는 것이 복이다. "복이 형통하다."란 굳셈이 되돌아오기 때문이다. 움직여서 이치에 따라 행하기 때문에 출입에 해치는 것이 없으며, 친구가 오는 이치가 있어 허물이 없으리라.

그 도가 이레에 되돌아옴을 반복하니 나아갈 바가 있어 이로울 것이다. 순환하여 되돌아오는 '복'에서 천지의 마음을 볼 것이다.

박은 깎는 것이다. 물건을 다 깎아 궁하게 되더라도 마침내 다하여 없어지지는 않고, 잃었던 본성을 되찾아 다시 돌아오므로 복이다.

봄이 돌아왔다고 급히 나가면 추위를 느끼게 된다. 언행을 신중히 하고 은인자중해야 할 때다.

- 초구. 머지않아 되돌아옴이다. <u>뉘우침에 이르지 않으니, 크게 길할 것이다.</u>
- 육이. 쉬어서 아름답게 되돌아옴이니, <u>길할 것이다.</u>
- 육삼. 자주 되돌아옴이니, <u>(사납지만) 허물이 없을 것이다.</u>
- 육사. (여러 음효들) 가운데 처하여 함께 행하나, 홀로 되돌아옴이다.
- 육오. 도타워서 되돌아옴이니, <u>후회가 없을(무회) 것이다.</u>
- 상육. <u>헷갈리게 되돌아옴이니, 흉할 것이다. 재앙이 있어 군대를 행하여 쓰면, 마침내 크게 패함으로써 흉함이 그 임금에게까지 미칠 것이니, 10년에 이르도록 끝내 쳐서 이기지 못할 것이다.</u>

25. 천뢰무망天雷无妄

  땅에서 싹이 움터 오듯이 만물이 본성을 회복하면, 정도에서 벗어남이 없게 된다. 무망은 아래에 우레가 있고, 위에 하늘이 있는 괘상이다. 천뢰는 괘의 상이며, 무망은 괘의 이름이다.

  하늘 아래 뇌성벽력이 일어나니, 하늘을 우러러 삼가고 성찰하여, 하늘의 도에 따름을 뜻한다. 그러므로 복 다음에 무망으로 받았다.

◆ 하늘 아래에 우레가 쳐서, 만물에 각각 무망한 것(스스로 그러한 참된 이치, 본성과 천명)을 준다. 무망은 굳셈이 밖으로부터 와서 괘가 변하여, 안에서 주인이 되었다. 움직이면서 든든하고 굳셈 가운데 호응하니 "바름으로써 크게 형통하다."는 것은 천명이다.

  "바르지 않으면 재앙이 있고, 갈 바가 있어도 이롭지 않다."는 것은 무망을 벗어남이니, 어디를 가겠는가? 천명이 돕지 않으니 어떻게 행하여 나아갈 수 있겠는가! 뜻하지 않은 사태가 일어날 형국이다. 공평하고 아무 탈이 없는 듯한 텅 빈 마음을 가지고 자중해야 할 때다.

- 초구. 무망이니(저절로 이루어지는 도리를 의미한다) <u>가면 길할 것이다.</u>

- 육이. 논밭을 갈지 않고 거두며, 억새 우거진 밭에 풀을 베지
  않음이니(부귀를 도모하는 사사로운 마음이 없이, 때와 이치
  에 따른다는 뜻이다) 곧 나아갈 바가 있음이 이로울 것이다.
- 육삼. 무망의 재앙이니, 혹 매여있는 소를 길을 가는 사람이
  (그 소를) 얻음은, 고을 사람의 재앙이 될 것이다.
- 구사. 가히 올바름이니, 허물이 없을 것이다.
- 구오. 무망의 병은, 약을 쓰지 말아야 기쁨이 있을 것이다.
- 상구. 무망인데 행한다면, (과오로) 재앙이 있어 이로운 바가
  없을 것이다.

26. 산천대축山天大畜

하늘의 도를 따라서 망령됨이 없어지면, 참다운 마음으로 견고하고 크게 쌓을 수 있다. 대축은 아래에 하늘이 있고, 위에 산이 있는 괘상이다. 산천은 괘의 상이며, 대축은 괘의 이름이다.

소축은 바람이 물건을 흩어지게 하여, 작게 쌓아가는 형상이다. 대축은 강건한 하늘 위에 움직임 없는 산이 있어, 흔들리지 않고 크게 쌓는 형상이다. 그러므로 무망 다음에 대축으로 받았다.

◆하늘이 산 아래 있는 것이 대축이다. 대축은 강건하고 독실하여 빛이 나니, 날로 그 덕을 새롭게 한다. 굳셈(상구)이 위에 자리하여, 현명한 자를 숭상하고 능히 씩씩함을 그칠 수 있으니, 크게 바른 것이다.

대축은 바르면 이로우니, 집에서 먹지 않아(조정의 봉록을 먹고 세상에 나가 어진 이를 기르니) 길하고, 큰 강을 건넘(하늘에 순응하여 세상의 어려움을 해결함)이 이롭다. 충분히 축적된 힘으로 두려움 없이 앞으로 나아가야 할 때다.

- 초구. 사나움이 있을 것이니, 그치는 것이(재앙을 범하지 않는다는 뜻이다) 이로울 것이다.

- 구이. 수레의 바큇살을 벗김(중에 자리하여 허물이 없다)이
  다.
- 구삼. 좋은 말이 쫓아감이니, <u>어렵더라도 올바름이 이롭고, 날
  로 수레와 방어술을 익히면 갈 바가 있음이 이로울 것이다.</u>
- 육사. 송아지의 곡(쇠뿔에 가로 댄 나무)이니, <u>크게 길할 것
  이다.</u>
- 육오. 어금니를 제거한 돼지의 이빨이니, <u>길할 것이다.</u>
- 상구. 어찌 사통팔달한 하늘의 길이라 하지 않겠는가? <u>형통
  할 것이다.</u>

27. 산뢰이山雷頤

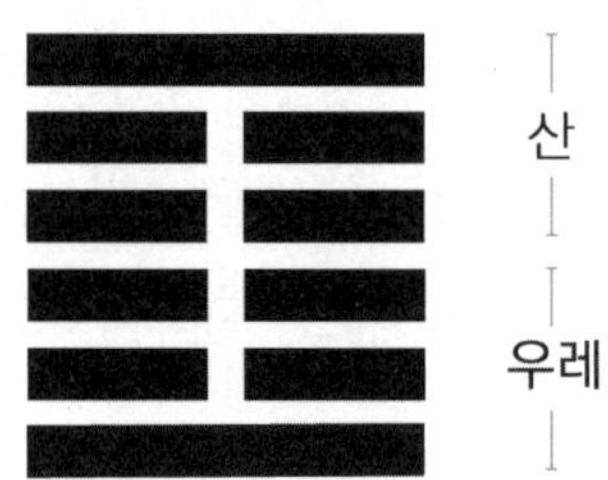

물건을 크게 쌓은 뒤에는, 능히 베풀어 기를 수 있다. 이는 아래에 우레가 있고, 위에 산이 있는 괘상이다. 산뢰는 괘의 상이며, 이는 괘의 이름이다.

이는 위의 턱은 산처럼 그치고, 아래턱은 뇌성벽력처럼 움직여서 물건을 씹어서 몸과 마음을 기르는 형상이다. 그러므로 대축 다음에 이로 받았다.

◆산 아래에 우레가 있는 것이 이다. 이는 기르는 것이다. "이는 바르면 길하다."는 것은 바르게 기르면 길하다는 것이다. 기르는 도를 보아, "스스로 음식물을 구한다."는 것은 그 스스로 기름을 관찰하며 본다는 뜻이다.

천지가 만물을 기르고, 성인은 현자를 길러서 모든 백성에게 그 영향이 미치니, 기르는 도(이괘)의 때가 크도다. 천지가 서로 사귀어 만물을 기르는 것을 보고, 지도자는 사람을 길러서 조직 구성원들을 먹여 살린다.

입은 음식이 들어오는 길이며, 동시에 말이 나가는 길이기도 하다. 그러므로 입은 몸을 치는 도끼라고 한다. 입과 턱을 단단히 지켜야 할 때다.

- 초구. 저 신령스러운 거북이를 버리고 늘어지게 턱을 내민 나를 보니, 흉할 것이다.

- 육이. (정수리에 있는 턱이므로) 거꾸로 엎어져서 기름이니,
  정상적인 법도를 거역하여 언덕에서 기르려고 (먼 길을) 간다
  면, 흉할 것이다.
- 육삼. (정상적인 법도를) 거역하여 기르면, 올바르더라도 흉할
  것이니, 10년을 쓰지 말라. 이로울 바가 없을 것이다.
- 육사. 거꾸로 엎어져서 기름이나 길할 것이니, 호랑이가 먹이
  를 노리듯이 (호시탐탐) 기회를 엿보고 매우 바쁘게 그 욕망
  을 추구하면, 허물이 없을 것이다.
- 육오. 정상적인 법도를 거역하나, 올바르게 머물면 길할 것이
  며, 큰 강을 가히 건널 수 없을 것이다.
- 상구. 말미암아 기름이다. 사나우나 길할 것이니, 큰 강을 건
  넘이 이로울 것이다.

28. 택풍대과澤風大過

기르지 않으면 움직여 건널 수가 없다. 대과는 아래에 바람이 있고, 위에 못이 있는 괘상이다. 택풍은 괘의 상이며, 대과는 괘의 이름이다.

대과는 가운데의 네 양을 위아래의 두 음이 당하지 못하여 기둥이 흔들리고 엎어지는 형상이다. 그러므로 이 다음에 대과로 받았다.

◆대과는 큰 것이 지나치다(과도하다)는 뜻이다. 못이 나무(손괘는 바람과 나무를 상징한다) 때문에 없어지는 것이 대과의 상이다. 대과는 본말이 약하여 용마루가 휘어진 것이니, 갈 바가 있는 것이 이롭고, 형통함을 얻을 것이다. 굳셈이 과도하지만 중中에 있고, 공손해지면서 기쁘게 행하니 "갈 바가 있어 이롭다."라는 것은 형통하다는 것이다. 대과의 때가 크도다.

대과는 크게 지나침을 뜻한다. 해가 중천에 떠서 오전과 오후가 뒤바뀌는 형국이다. 물질 혁명과 뿌리가 없는 정보의 대홍수에 흔들리며 떠내려가는 현 시대상이 비치는 괘상이다. 정신 혁명으로 바르게 세워 나가야 한다.

과도하게 흐르다 물에 빠지게 된 것은 스스로 자초한 일이라 누구를 원망하고 탓할 곳이 없다. 무거운 임무가 주어졌지만 힘이 따르지 못하는 형국이다. 신중하게 처신해야 할 때다.

- 초육. (제사를 지내기 위해) 흰 띠(볏과의 여러해살이풀)를 (깔개로) 깔고 앉으니, <u>허물이 없을 것이다.</u>
- 구이. 마른 버드나무에 새싹이 남이다. 늙은 남자가 그 (새싹 같은) 젊은 처를 얻음에, <u>이롭지 않음이 없을 것이다.</u>
- 구삼. 마룻대가 꺾임이니, <u>흉할 것이다,</u>
- 구사. 마룻대를 높임이니, <u>길할 것이나, 다른 욕됨(린)이 있을 것이다.</u>
- 구오. 마른 버드나무에 꽃이 피어남이니, 늙은 여자가 그 (꽃이 피어난) 젊은 남자를 얻음에 <u>허물이 없겠지만, 영예도 없을 것이다.</u>
- 상육. 지나치게 건너다가 머리 꼭대기까지 물에 잠김이니, <u>흉하지만, 허물이 없을 것이다.</u>

29. 중수감重水坎

분수를 모르고 지나치게 건너게 되면, 홍수가 나서 웅덩이가 움푹하게 파이는 것처럼 험한데 빠지게 된다. 감은 아래에도 물이 있고, 위에도 물이 있는 괘상이다. 중수는 괘의 상이며, 감은 괘의 이름이다.

중수重水는 끊임없이 배우고 익히는 것을 뜻한다. 물이 거듭 흐르는 모습으로, 험한 일이 거듭하여 다가올 형국이다. 그러므로 대과 다음에 감으로 받았다.

◆ 물이 거듭해서 흐르는 것(중수)이 습감(습은 중복된 것을 말하고, 감이란 물을 상징한다)이다. 습감은 믿음이 있어 오직 마음이 형통하니, 행동이 당당할 것이다. 습감은 거듭 험함이다. 물이 흘러가되 넘치지 않았고, 비록 험함 속으로 가더라도 그 믿음을 잃지 않는다.

"오직 마음이 형통하다."는 것은 굳셈이 중中에 있다는 것이고, "행동이 당당하다."는 것은 이와 같이 가면 성공함이 있다는 뜻이다. 하늘의 험함은 오를 수 없고, 땅의 험함은 산천과 구름이다.

군주는 험한 방어물을 설치하여 나라를 지킨다. 험난한 방어물을 설치하여 쓰는 때가 크도다. 새가 나는 것을 배우고 때로 익혀서 하늘을 날듯이, 물이 쉬지 않고 흐르는 것처럼,

쉼 없이 노력하면 이루는 바가 있을 것이다. 위기에 빠져서 헤어나지 못하는 형국이다. 참고 견뎌내야 할 때다.

- 초육. 거듭 험함이니, 험하고 움푹 파인 구덩이로 들어가 므로 흉할 것이다.
- 구이. 위험함이 있어 험함이니, 구하면 조금 얻을 것이다.
- 육삼. 오고 감에 험하고 험함이다. 위험한데 또한 (베개 베 듯이) 가로 괴어 험하고, 움푹 파인 구덩이로 들어가는 것 이니 쓰지 말라.
- 육사. 한 통 되는 술과 질박한 그릇을 씀이니,(간소한 예로 써 성심을 다함이니) '납약자유'(스스로 남쪽으로 난 창문 으로 다닌다. 즉, 험한 때에 문으로 바로 갈 수 없음을 뜻 한다) 한다면, 마침내 허물이 없을 것이다.
- 구오. 험함이 가득 차지 않음이니, 단지 이미 평탄하다면 허물이 없을 것이다.
- 상육. 휘묵(옛날에 죄인을 묶는 데 쓰던 두세 가닥으로 꼰 노끈)을 써서 묶음이니, 가시덤불에 가두어서 3년이 지나 도록 벗어나지 못하게 하니, 흉할 것이다.

30. 중화리重火離

주역 상경은 중천건·중지곤으로 시작하여, 중수감·중화리로 끝을 맺는다. 강한 물줄기가 흘러서 험한 웅덩이에 빠지게 되면, 마침내 걸리는 바가 있게 마련이다. 리는 아래에도 불이 있고, 위에도 불이 있는 괘상이다. 중화는 괘의 상이며, 리는 괘의 이름이다.

리는 새와 짐승들이 그물에 걸려있는 형상을 가진 글자다. 그러므로 감 다음에 리로 받았다.

◆ 리는 빛난다는 것이다. 밝음이 두 번 일어나는 것이 리다. 리는 올바름이 이로우니 형통할 것이다. 유순한 암소를 기르듯이 하면 길할 것이다. 해와 달이 하늘에서 빛나고, 온갖 곡식과 초목이 땅에서 빛난다. 밝음이 거듭하여 바르게 빛나니, 천하를 덕화하여 선하게 한다.

부드러움이 중정中正에 자리하여 빛나니, 그러므로 형통하다. 이것이 "유순한 암소를 기르듯이 하면 길하다."는 것이다. 리離는 해와 달이 하늘에 걸려 있어 (밤낮으로 이어서) 천지를 밝히듯이, 암소처럼 순한 품성으로 내면의 덕을 길러야 할 형상이다.

중화리는 주역 상경 30번째 괘로, 한 달이 30일을 기본 주

기로 마치므로, 리괘를 마지막에 둔 것이다. 빛나는 태양같이
정열적인 형국이다. 지나치지 않게 주의해야 할 때다.

- 초구. 발자국이 어지럽게 섞임이니, <u>삼가 공경한다면, 허물
  이 없을 것이다.</u>
- 육이. 누런색으로 빛남이니, <u>크게 길할 것이다.</u>(중도를 얻
  었다는 뜻이다)
- 구삼. 해가 서쪽으로 기울어져 저물어감이니, <u>북 치고 노래
  하지 않는다면, 크게 늙은이의 탄식함이다. 흉할 것이다.</u>
- 구사. 돌연히 그 빛이 옴이다.(받아들일 곳이 없다는 뜻이
  다) 불사를 것이고, 없어질 것이고, 내버릴 것이다.
- 육오. 눈물이 큰비 오는 듯하며, 비애로 탄식함이니, <u>길할
  것이다.</u>
- 상구. (나라를 바로잡기 위하여) 왕이 출정하는 데 씀이니,
  우두머리를 꺾는 것은 훌륭함이 있고, 붙잡은 것이 그(추악
  한) 같은 무리가 아니라면, <u>허물이 없을 것이다.</u>

Chapter 3

주역 하경 34괘 해설

31. 택산함괘 ~ 64. 화수미제괘

31. 택산함澤山咸

주역 상경 30괘는, 주역 하경 34괘의 (뼈대가 되고) 근본 이치가 된다. 주역 하경 34괘는, 주역 상경 30괘의 (작용과) 근본 이치를 담는 그릇이 된다.

천지가 있고 난 후에 만물이 있고, 만물이 있고 난 후에 남녀가 있고, 남녀가 있고 난 후에 부부가 있고, 부부가 있고 난 후에 부자가 있고, 부자가 있고 난 후에 군신이 있고, 군신이 있고 난 후에 상하가 있고, 상하가 있고 난 후에 예절을 갖추게 되었다.

주역 하경 34괘는 천지인 삼재 중 하나인 사람이 살아가는 이치를 중심으로 하므로, 서로 사귀고 짝짓는 함咸(모든 음양의 기운이 서로 느끼는 것)과 항恒(오래가는 것)을 으뜸가는 괘로 삼았다.

주역 하경은 택산함·뇌풍항으로 시작하여, 수화기제·화수미제로 끝을 맺는다. 주역 하경 34괘 중 첫 번째 괘는 택산함이다. 택산은 괘상이며, 함은 괘의 이름이다.

함은 아래에 산이 있고, 위에 못이 있는 괘상이다. 땅의 음기는 못을 통하여 하늘로 올라가고, 하늘의 양기는 중후한 산에서 움직임을 그치고 땅으로 내려가니, 음양의 기운이 서로 통하여 느끼는 형상을 가진 글자가 함이다.

배산임수의 길지를 찾거나, 못에 산이 비치는 것을 노래하는 것은, 모두가 음양의 기운이 서로 통하여 하나가 되어 느끼기를 바라는 마음이다. 젊은 남녀가 서로를 애무하고, 교합하여 정을 느끼는 이미지를 상상해 보라.

만물이 있고 난 후에 남녀가 있고, 남녀가 있고 난 후에 부부가 있다. 그리하여 주역 하경 34괘는 31. 택산함으로 시작한다.

◆ 산 위에 못이 있는 것이 함이다. 함은 느낀다는 것이다. 함은 형통하니 올바르면 이롭다. 여자를 취하면 길하리라. 부드러움이 올라가고, 굳셈이 내려와 두 기운이 감응하여 서로 함께 한 것이다. 그침으로써 기쁘니, 남자가 여자에게 내려간다. 올바름이 이롭고 형통하니, 여자를 취하면 길하다고 한 것이다.
천지가 느끼어 만물이 화생하고, 성인이 사람의 마음을 감동하게 해 천하가 화평해진다. 그러한 감응을 관찰하여 보면, 천지 만물의 실상을 가히 볼 수 있을 것이다. 그리하면 오래 갈 것이니, 32괘는 자연스레 항으로 받는다.
젊은 남녀가 느낌으로 서로의 정을 알 수 있지만, 지나치게 감정에 몰입하면 흉한 일이 다가오게 되니 주의해야 할 때다.

- 초육. 그 엄지발가락에 느낌이다.(뜻이 밖에 있다)
- 육이. 그 장딴지에 느낌이다. <u>흉할 것이나, 머물면 길할 것이다.</u>(천명에 따르면 해가 없다)
- 구삼. 그 넓적다리에 느낌이다. 그 따르는 것만을 집착하니, <u>가면 욕볼(린) 것이다.</u>
- 구사. 올바르면 길할 것이므로, 후회가 없을 것이다. (사심을 가짐으로) 마음이 잡히지 않아 왔다 갔다(크고 넓지 않다) 하니, 친구만이 너의 생각을 따를 것이다.
- 구오. 그 등골(뒷면의 등이니, 사물을 느끼지 못한다)에 느

낌이니, <u>후회가 없을(무회)</u> 것이다.

- 상육. 그 광대뼈와 볼과 혀에 느낌이다.(빈말에 불과하다)

32. 뇌풍항雷風恒

젊은 남녀가 서로 사귀고 정을 나누게 되면, 혼례의 예를 갖추어 부부가 된다. 부부의 도는 가정이 오래도록 이어지게 한다. 항은 아래에 바람이 있고, 위에 우레가 있는 괘상이다. 뇌풍은 괘의 상이며, 항은 괘의 이름이다.

하늘의 기운은 바람을 타고 아래로 내려오고, 땅의 기운은 우레를 타고 위로 올라가므로, 오래도록 만물을 생성시키고 키운다. 또한 바람은 안으로 들어오고, 우레는 움직이되 밖으로 향한다. 그러므로 함 다음에 항으로 받았다.

변함없는 태양과 차고 기우는 달이 서로 만나, 밝은 낮과 어두운 밤을 서로 교직하여 하루를 이루고, 한 달, 한 해, 한평생을 완성하는 일, 이것이 부부가 되는 일이다. 마치 해와 달이 낮과 밤을 동반자 삼아 천지 사이를 영원히 여행하듯, 부부여, 영원한 사랑의 여행을 함께 떠나라.

◆우레와 바람이 서로 함께하는 것이 항이다. 항은 오래도록 지속되는 것이다. 항은 형통하여 허물이 없으니, 올바르면 이롭고, 갈 바가 있어 이로울 것이다. 굳셈은 위에 있고, 부드러움이 아래에 있다.

　우레와 바람이 서로 함께하고, 유순하면서 움직이고, 굳셈과 부드러움이 모두 응하니 오래도록 지속된다.

　"항은 형통하여 허물이 없으니 올바르면 이롭다."는 것은

그 도가 오래 지속된다는 뜻이다. 천지의 도는 오래 지속될
뿐이다. "갈 바가 있어 이롭다."는 것은 시작이 있다는 뜻이다.
  해와 달이 하늘을 얻어 능히 오래 비추고, 사계절이 변화하
여 능히 오래 이룬다. 성인이 그 도로 오래도록 천하를 길러
서 자라게 하니, 그 '항'을 관찰하여 보면, 천지 만물의 실상
을 가히 보리라. 안정된 생활을 의미하나, 초심으로 돌아가야
할 때다.

- 초육. (처음에 조급함으로) 깊게 '항'의 도를 구함이다. 올
  바르더라도 흉할 것이니, 이로움이 없을 것이다.
- 구이. 후회가 없을(희망) 것이다.(능히 오랫동안 중에 자리
  함)
- 구삼. 그 덕이 항상 하지 못함이니(용납하는 바가 없다) 혹
  부끄러움을 당할 것이다. 올바르더라도 인색할 것이다.
- 구사. 밭에 사냥하러 갔으나 날짐승이 없음이다.(그 자리가
  아닌 데서 오랫동안 사냥해도 어찌 날짐승을 잡겠는가?)
- 육오. 그 덕이 항상 하니 올바름이나, 부인은 길하고, 남편
  은 흉할 것이다.
- 상육. 떨쳐 일어나는 항상 함이니, 흉할 것이다.

33. 천산돈天山遯

항은 오래 지속되는 것이다. 부부의 도가 오래 지속되는 것이지만, 생겨난 모든 것은 언젠가는 사라진다. 모든 물건이 영구히 그 자리에 머물러 있을 수만은 없다. 때가 되면 모름지기 자신을 드러내지 말고, 피하고 숨어야 한다. 돈은 아래에 산이 있고 ,위에 하늘이 있는 괘상이다. 천산은 괘의 상이며, 돈은 괘의 이름이다.

돈은 하늘 아래 산이 있는 형상으로, 땅보다 높은 것이 산이지만, 산의 높이에는 한계가 있다. 아래의 두 음이 점차 위의 네 양을 치는 형상이니, 피해야 할 때는 마땅히 물러나 피할 줄을 알아야 한다. 그러므로 항 다음에 스스로 물러나 숨는 돈으로 받았다.

◆ 하늘 아래에 산이 있는 것이 돈이다. 돈은 물러나 피한다는 것이다. 돈은 형통하니, 올바르면 조금 이롭다. "돈은 형통하다."는 것은 물러나 피하는 것이 형통하다는 뜻이다. 굳셈이 마땅한 위치(구오)에 있고, 부드러움(육이)과 응하니, 때와 더불어 행한다. 돈의 때, 그 뜻이 크도다.

　"올바르면 조금 이롭다."는 것은 스며들어 점점 자라기 때문이다. 친구에게 배신당하고 무릎뼈를 도려내는 빈형을 당하여 세상에 쓸모없는 앉은뱅이가 되었지만, 돼지우리 속에서 미치광이처럼 행동하며 살아남은 손빈처럼, 자신을 드러내지 않고 숨을 줄 알아야 한다. 은둔의 시절이니, 자세를 낮추고 기다려야 할 때다.

- 초육. (기미를 보고 앞서 은둔하여야 하지만, 도망하는 꼬리처럼) 뒤늦게 은둔함으로 사나울 것이니, 갈 바가 있음을 두지 말라.(가지 않으면 무슨 재앙이 있겠는가?)
- 육이. 황소의 가죽을 써서 잡아둠이니, (뜻을 굳게 하였으니) 이길 수 있는 말이 없을 것이다.
- 구삼. 얽히고 매인 은둔함이다. 질병이 있어 사나우니, 신하와 첩을 부양함이 길할 것이다.
- 구사. 잘 은둔함이니, 군자는 길하지만, 소인은 (운수가) 꽉 막힐 것이다.
- 구오. 훌륭하게 은둔함이다. 올바르면, 길할 것이다.
- 상구. 여유롭게 은둔함이니, 이롭지 않음이 없을 것이다.(의심할 바가 없다)

34. 뇌천대장雷天大壯

돈은 스스로 물러나 숨는 것이다. 스스로 피해 숨더라도, 끝까지 숨어만 있을 수는 없다. 물러나 때를 기다리면, 다시 앞으로 나아가야 할 때가 온다. 대장은 아래에 하늘이 있고, 위에 우레가 있는 괘상이다. 뇌천은 괘의 상이며, 대장은 괘의 이름이다.

하늘 위에서 우레가 울려 퍼지는 형상으로, 점차 움직여 나감을 뜻한다. 아래의 네 양이 점차 위의 두 음을 밀고 차올라가는 형상이니, 나아가야 할 때는 마땅히 나아갈 줄 알아야 한다. 그러므로 돈 다음에 대장으로 받았다.

◆우레가 하늘 위에 있는 것이 대장이다. 대장은 올바르면 이롭다. 대장이란 큰 것(양)의 씩씩함이니, 굳세면서 움직이므로 씩씩함이 된다.

"대장은 올바르면 이롭다."는 것은, 큰 것이 올바른 것이니, 올바르고 크기 때문에 천지의 실상을 볼 수 있다는 뜻이다. 양의 기운이 차올랐으니, 앞으로 맹렬하게 나아가야 할 때다.

- 초구. 발이 나아가는 것이 건장함이니,(반드시 궁해질 것이다) 먼 길을 가면 반드시 흉할 것이다.
- 구이. 올바르면, 길할 것이다.(중中을 얻었기 때문이다)
- 구삼. 소인은 건장함을 쓰고, 군자는 없는 듯이 처신한다.

올바르나 사나우니, 숫양이 울타리를 들이받아 그 뿔이 여위고, 쇠약해질 것이다.

- 구사. 올바르면 길해서, 후회가 없을(회망) 것이니, 울타리가 터져서 여위고 쇠약해지지 않고, 큰 수레의 바퀴가 건장할 것이다.
- 육오. 홀연히 (깨닫지도 못하는 사이에) 양을 잃을 것이나, 후회가 없을(무회, 비록 능히 사물과 감응하지는 못하지만 또한 후회는 없을) 것이다.
- 상육. 숫양이 울타리를 들이받아, 물러날 수도 없고 성취할 수도 없음이다. 이로울 바가 없으니, 곤란하면 길할 것이다.

35. 화지진火地晉

물건이 점차 움직여 크게 나아가게 되면, 땅 위로 해가 떠올라 만물을 비추는 듯이 환하게 비추게 된다. 진은 아래에 땅이 있고, 위에 불이 있는 괘상이다. 화지는 괘의 상이며, 진은 괘의 이름이다.

진은 태양이 땅 위로 떠올라 밖으로 나아가며, 밝게 비추는 형상을 가진 글자다. 그러므로 대장 다음에 진으로 받았다.

◆밝음이 땅 위로 나오는 것이 진이다. 진은 나아간다는 뜻이다. 진은 나라를 평안하게 다스린 제후들에게 말을 하사하는 것(큰 상을 내린다는 뜻)을 많이 하고, 하루에 세 번씩 만남(공을 높이 평가했다는 뜻)이다.

밝은 것이 땅 위로 올라와 순종함으로 크게 빛나고, 부드러움이 나아가 위로 행한다. 그래서 나라를 평안하게 다스린 제후들에게 말을 하사하여 큰 상을 내리고, 하루에 세 번씩 만난다는 것이다.

태양이 떠오르기 시작하여 순조로운 형상이나, 밖으로 나아가기만 하면 반드시 어려운 처지에 빠지게 되니, 천천히 나아가야 할 때다.

- 초육. 나아가려 하지만 억눌려 꺾임을 당하니, 올바르면
  길하고, 믿음이 없어도 너그러우면 허물이 없을 것이다.
- 육이. 나아감에 근심이 있으나, 올바르면 길할 것이니, 그
  할머니에게서(육오를 가리킨다) 이 큰 복을 받을 것이다.
  (중정에 자리했다)
- 육삼. (백성의) 무리가 믿어줌이니,(뜻이 위로 행함) 후회함
  이 없을(회망) 것이다.
- 구사. 나아감이 다람쥐 같으니, 올바르더라도 (사납게) 위
  태로울 것이다.(자리位가 마땅하지 않다)
- 육오. 후회함이 없을 것(회망)이니, 잃고 얻음을 걱정하지
  말라. 간다면, 길해서 이롭지 않음이 없을 것이다.
- 상구. 나아감이 그 뿔과 같으니, 오직 고을을 치는 데 쓰면
  (병기를 사용해서 침은, 위태로움을 겪게 되는 것이니 '진'
  의 도가 빛나지 못한다) 사납게 위태로우나 길하고, 허물이
  없을 것이다. 올바르더라도 인색할 것이다.

36. 지화명이地火明夷

진은 앞으로 나아가는 것이다. 앞으로 나아가다 보면, 반드시 어려운 처지에 빠지고 상처받을 때가 온다. 명이는 아래에 불이 있고, 위에 땅이 있는 괘상이다. 지화는 괘의 상이며, 명이는 괘의 이름이다.

명이는 해가 져서 땅속으로 들어간 형상으로, 밝은 해가 어둠에 가려진 상이다. 그러므로 진 다음에 명이로 받았다.

◆ 밝음이 땅속으로 들어가는 것이 명이다. '이'란 상처받았다는 뜻이다. 명이는 상처받은 어려움을 알고, 올바름을 지키는 것이 이롭다.

안으로 문명(리괘)이고, 밖으로 유순(곤괘) 하니, 문왕이 대란(은나라 주왕에 의해 유리옥에 갇힘)을 당했을 때, 그렇게 했다. 어둠이 지배한 형국이다. 몸을 숨기고 자중해야 할 때다.

- 초구. 명이의 때에, 날아가다 그 날개를 드리움이니, 군자가 행함에 (의리상 마땅히 먹지 않는 것이 옳으므로) 3일을 먹지 않아,(궁함이 극에 달했음) 갈 바가 있음에, 주인의 꾸짖는 말이 있을 것이다.
- 육이. 명이의 때에, 왼쪽 넓적다리를 다침이니, 구조해 주는 말을 씀에, 튼튼하면 길할 것이다.

- 구삼. 명이의 때에, 남쪽으로 사냥 가서(주 무왕이, 은 주
왕을 정벌하러 감을 의미) 그 (나쁜) 우두머리를 얻더라도,
<u>병든 풍습을 급하게 고치는 것은, 가능하지 않을 것이다.(풍
습에 물든 백성들은 점차로 교화해야 함)</u>

- 육사. 왼쪽 배에 들어감이니,(마음과 뜻을 얻었다) 명이의
마음을 붙잡아 대문 안의 뜰(문정) 밖으로 나갈 것이다.(밖에
서 행한다)

- 육오. 기자의 명이이니, 올바르게 함이 이로울 것이다.(기
자는 은나라 폭군 주의 숙부로서, 태사로 기 땅에 봉해졌
다. 환난의 때에, 거짓으로 미친 척하고 노비가 되어 해를
면한 옛일을 말함)

- 상육. 밝지 못하여 그믐 같은 캄캄함이니, 처음에는 하늘
에 오르고(사방의 나라를 비춘다) 나중에는 땅에 들어갈
것이다.(법칙을 잃었다)

37. 풍화가인風火家人

　명이는 상처받은 것이다. 밖에서 상처를 받은 자는, 반드시 집으로 돌아와 휴식을 취하기 마련이다. 가인은 아래에 불이 있고, 위에 바람이 있는 괘상이다. 풍화는 괘의 상이며, 가인은 괘의 이름이다.

　가인은 불이 바람을 타고 활활 타오르는 형상이며, 아래의 불은 타오르고 위의 바람은 아래로 내려오니, 서로 만나서 합치는 뜻이 있다. 그러므로 명이 다음에 가인으로 받았다.

　◆바람이 불에서 나오는 것이 가인이다. 가인이란 한 집안의 사람이다. 가인은 여자의 올바름이 이로우리라. 가인은 여자는 안에서 바른 위치에 자리하고, 남자는 밖에서 바른 위치에 자리한다. 남자·여자가 바른 것이, 천지의 큰 뜻이다.

　한 집안에 엄한 어른이 있어야 하니, 부모를 말한다. 아버지는 아버지답고, 자식은 자식답고, 형은 형답고, 동생은 동생답고, 남편은 남편답고, 아내는 아내다우면, 가정의 도가 바르니, 바른 가정이 천하를 안정시킨다.

　가인은 집안을 바르게 하는 것이다. 수신제가 치국평천하이므로 집안을 바르게 하려면, 먼저 일의 시작과 끝을 잘 알아서 자기 몸과 마음을 바르게 행하여야 할 것이다.

불이 강렬하게 타오르면 바람이 생겨나고, 그 바람이 만물에 불의 기운이 들어가게 한다. 가정을 화목하게 이끄는 현모양처의 형국이다. 지나치면 안 될 때다.

- 초구. 막는 법도를 집안에 둠이니,(뜻이 변하지 아니함) 후회가 없을(회망) 것이다.
- 육이. 뜻한 대로 이루려는 바가 없음이니, 집안에서 요리하여 음식을 먹이면, 올바르고 길할 것이다.(순하면서 공손하다)
- 구삼. 가인이 엄하게 함이니,(잘못되지 않았다는 뜻이다) 엄하게 사나움을 뉘우치나 길할 것이다. 지어미와 자식이 시시덕거리며 웃으면(집안의 절도를 잃음을 뜻한다) 마침내 욕볼(린) 것이다.
- 육사. 집을 부유하게 함이니, 크게 길할 것이다.
- 구오. 왕(구오를 가리킨다)이 집을 다스리는 도를 지극히 함이니,(서로 아껴준다) 걱정하지 말라. 길할 것이다.
- 상구. 믿음이 있어 위엄으로 하면, 마침내 길할 것이다.(반성하고 스스로를 다스리면 남들이 따른다)

38. 화택규火澤睽

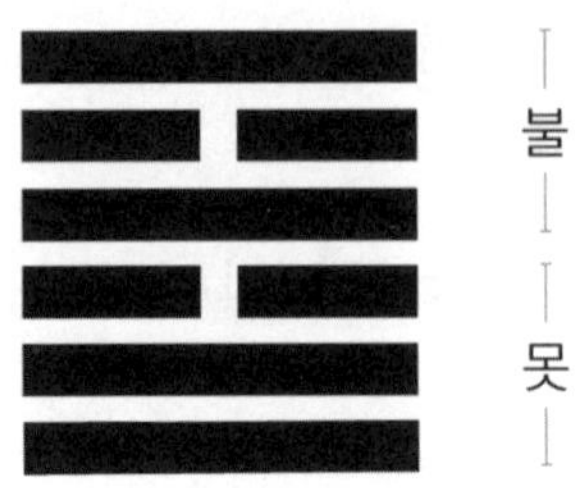

집안을 바르게 하려고 힘쓰지만, 지나치면 궁색하게 되고 반드시 어긋나게 된다. 규는 아래에 못이 있고, 위에 불이 있는 괘상이다. 화택은 괘의 상이며, 규는 괘의 이름이다.

위의 불은 타오르고, 못은 아래로 고여 있어, 서로 어긋나는 상이다. 규는 눈으로 헤아린 것이 실제로 잰 것과 달라서, 어긋나는 형상을 가진 글자다. 그러므로 가인 다음에 규로 받았다.

◆ 위는 불이고, 아래는 못이 규다. 규는 모두 처음에는 다르나, 나중에는 같은 이치를 말한다. 규는 작은 일은 길하리라. 규 는 불은 움직여 위로 오르고, 못은 움직여 아래로 흘러간다. 두 여자가 같이 살지만, 그 뜻이 함께 가지 않음이다.

기뻐하면서 밝게 빛나고, 부드러움이 나아가 위로 가서, 중 中을 얻어 굳셈에 응한다. 그래서 "작은 일은 길하다."고 했 다. 천지가 괴리되어 있으나 그 일은 같고, 남녀가 어긋나 지만 그 뜻은 통하고, 만물이 다르지만, 그 일은 같은 무리다. 규의 때와 쓰임이 크도다.

남자와 여자는 서로 다르지만, 서로 만나 통하고자 하는 뜻 은 같으며, 만물은 성질과 생김새가 다르지만, 결국 천지로부터 생겨났고, 내재하고 있는 음양의 기운은 같다. 겉은 달라 보이더라도, 내재하고 있는 본성은 서로 통한다는 이치를 알려주는 것이 규다.

음의 기운과 음의 기운이 서로 다투는 형국이다. 참을성 있게 대처해야 할 때다.

- 초구. 후회가 없을(회망) 것이다. 말을 잃어도 뒤좇아 가지 말라. 스스로 돌아올 것이다. 악인을 만나겠지만(허물을 피하기 위함) 허물이 없을 것이다.
- 구이. 골목에서 주인을 만나면(도를 잃지 않았다) <u>허물이 없을 것이다.</u>
- 육삼. 수레가 뒤로 질질 끌려가고(자리가 부당하다) 앞이 막혀 소가 나아가지 못함이며, 그 사람이 머리를 깎이고 코를 베임이니, <u>처음은 없고 마침은 있을 것이다.</u>(굳셈을 만난다)
- 구사. 홀로 외롭게 처한 '규'다. 원래의(초효를 가리킴) 장부를 만나 믿음으로 사귀니, (사납게) 위태로우나 뜻이 행해질 것이다.
- 육오. 후회가 없을(회망) 것이니, 같은 무리(구이를 가리킨다)끼리 (살을 씹듯이) 굳게 결합하면(가면 반드시 경사가 있다) 감에 무슨 허물이 있겠는가?
- 상구. 홀로 외롭게 처한 규다. 돼지가 더러운 진흙탕에서 뒹구는 것을 보고, 귀신이 한 수레 가득 실려 있는 것을 본다.(두렵고 괴이한 일이 매우 많다) 처음에는 활시위를 당겼다가(활을 쏘려 했다) 뒤에는 활을 벗으니, 도둑이 아니라 청혼하는 것이다. <u>가서 비를 만난즉, 길할 것이다.(비를 만나면 길한 것은 모든 의심이 없어진 것이다)</u>

39. 수산건水山蹇

규는 어긋나는 것이다. 서로 어긋나면 어려움이 발생하여 앞으로 나아가지 못하게 된다. 건은 아래에 산이 있고, 위에 물이 있는 괘상이다. 수산은 괘의 상이며, 건은 괘의 이름이다.

건은 추운 겨울에 발이 얼어붙어 나아가지 못하는 형상을 나타내는 글자다. 건은 산 위에서 비를 만난 처지를 뜻한다. 위의 물이 아래로 흐르고자 하여도, 아래의 산이 그치게 하는 형상이다. 이러한 처지에서 앞으로 나아간다면, 큰 어려움에 부닥치게 될 것이다. 그러므로 규 다음에 건으로 받았다.

◆산 위에 물이 있는 것이 건이다. 건은 험하고 위태로움이다. 험난함이 앞에 있다. 험난함을 보고 능히 그칠 수 있으니, 지혜롭다.

건은 서남쪽이 이롭고(가서 중中을 얻는다는 뜻이다) 동북쪽은 이롭지 않으며(그 도가 궁색하다는 뜻이다) 대인을 봄이 이롭다.(가면 공이 있다는 뜻이다) 맡은 위치에 자리하여 올바르면 길하니, 나라를 바로잡을 것이다. 건의 때와 쓰임이 크도다.

사방이 막히고 고립되어, 움직일 수 없는 형국이다. 스스로를 반성하고 근신하면서, 인내하고 견뎌 나가야 할 때다.

- 초육. 가면 험한 어려움이 있고, 오면 명예로울 것이다.(때
  를 알고, 기다려야 한다)
- 육이. 왕과(구오를 가리킨다) 신하가(육이를 가리킨다) 어
  려움을 당하여 몹시 괴로우나,(마침내 허물이 없다) 자신의
  잘못 때문이 아닐 것이다.
- 구삼. 가면 험한 어려움이 있고, 오면 (반대로) 돌아올 것이
  다.(안의 이음二陰이 기뻐한다)
- 육사. 가면 험한 어려움이 있고, 오면 (구삼과) 힘을 합쳐서
  건널 것이다.
- 구오. 크고 험한 어려움이니, 친구가 올 것이다.(중으로 절
  제한다)
- 상육. 가면 험한 어려움이 있고, 오면 (공이) 클 것이다. 길
  할 것이니, 대인을 봄이 이로울 것이다.

40. 뇌수해雷水解

건은 험하고 위태로움이다. 어렵고 험한 과정을 지내고 나면, 마침내 풀리는 때가 올 것이다. 해는 아래에 물이 있고, 위에 우레가 있는 괘상이다. 뇌수는 괘의 상이며, 해는 괘의 이름이다.

해는 우레가 물 밖으로 움직여 나가는 형상이니, 만물이 이 기운을 받아서 터지고 풀어진다. 풀릴 때가 되면, 소뿔을 빼듯이 과감하게 단숨에 해결해야 한다. 그러므로 건 다음에 해로 받았다.

◆우레가 치고 비가 내림이 해다. 해는 험하고 위태로움이 풀린다는 것이다. 해는 험하고 위태로움으로써 움직이니, 움직임으로써 험하고 위태로움을 면하는 것이 해다. 해는 서남이 이로우니,(서남쪽은 곤괘의 방위다. 가서 무리를 얻는다는 뜻이다) 갈 곳이 없으면 돌아옴이 길하고,(중中을 얻는다는 뜻이다) 갈 곳이 있으면 빨리 가는 것이 길하다.(가면 공이 있다는 뜻이다)

천지가 풀려서 우레가 치고 비가 내리니, 온갖 과일과 초목이 모두 생겨난다. 해의 때가 크도다.

- 초육. 허물이 없을 것이다.

- 구이. 밭에 사냥 가서 여우 세 마리를 잡고, 누런 화살을 얻으니, 올바르므로 길할 것이다.(중을 얻었다)
- 육삼. 등에 짊어지고 또 타고 가는 것은,(짊어지고 있어야 하는데 타고 있는 것은 또한 후한 일이다) 도둑이 오도록 초래함이니, 올바르더라도 욕볼(린) 것이다.
- 구사. 너의 엄지발가락을 없애면, 친구들이 몰려와서 이에 믿음이 있을 것이다.
- 육오. 군자가 오직 풀어서 없애면(소인이 물러감) 길할 것이니, 소인에게 (물러가는 체험의) 믿음이 있을 것이다.
- 상육. 공이(존귀한 자리에 있으나, 군주는 아니다) 높은 성벽 위의 새매를 (활을) 쏘아 잡으니,(어그러진 패악을 풀어서 없앴다) 이롭지 않음이 없을 것이다.

41. 산택손山澤損

해는 풀린다는 것이다. 느긋하게 풀어지고 열리게 되면, 반드시 잃는 바가 있게 된다. 손은 아래에 못이 있고, 위에 산이 있는 괘상이다. 산택은 괘의 상이며, 손은 괘의 이름이다.

손은 내 것을 덜어내어 남에게 보태 주는 것이다. 잉태된 생명을 열 달 동안 품고 해산하여, 자궁 밖으로 내보내는 형상이다. 그러므로 해 다음에 손으로 받았다.

◆산 아래에 못이 있는 것이 손이다. 손은 아래를 덜어내어 위를 더해준다는 뜻으로, 그 도가 위로 행한다. 손은 믿음이 있으면 크게 길하니, 허물이 없어서 가히 올바를 것이다. 갈 곳이 있어 이롭다.

이것(손의 도)을 어떻게 써야 하는가? 제기 2개로도 제사를 지낼 수 있다.(제사의 본질은 오직 지극한 정성이니, 때에 맞추어 순수한 본질에 맞게 행하라) 제기 3개로 제사 지내는 것도 그에 응하는 때가 있다. 굳센 것을 덜어내어 부드러운 것을 더해주는 때가 있으니, 덜어내고 더하고, 채우고 비우고 하는 것은, 때와 더불어 행해야 한다. 덜어 내다보면 다시 회복하게 된다.

덜고자 하는 자는 더하게 되고, 더하고자 하는 자는 잃는 것이 세상의 이치다. 손해와 이익은 자신의 마음에 있는 것이다. 천지와 남녀, 변화와 생성은, 음과 양이 서로 통하여 일어나는 것이다. 손해와 이익도 음양이 교감하듯이, 서로 통하게 됨을 알아야 할 것이다. 손해를 봄으로써 득이 되는 이치를 알아야 할 때다.

- 초구. 이미 일을 끝냈으면 빨리 가야 허물이 없을 것이니, 참작하여 덜어낼 것이다.
- 구이. 올바름을 (굳게) 지키는 것이 이롭고,(중으로 그 뜻을 삼는다) 치러 가면 흉하니, 덜지 않아야 더할 것이다.
- 육삼. 세 사람이 갈 때에는 곧 한 사람을 덜어내고, 한 사람이 가면(셋이면 서로 의심하기 때문이다) 곧 그 친구를 얻을 것이다.(세 사람이면 한 사람을 덜어내고, 한 사람이면 벗을 얻으니, 세상에 둘이 아닌 것이 없다)
- 육사. 그러한 질병을 치료함에 빠르게 하면 기쁜 일이 있고, 허물이 없을 것이다.
- 육오. 혹 열 명의 친구가 더한다면, (거북점 치는 데 쓰는) 거북도 어기지 못하는 것이니 크게 길할 것이다.
- 상구. 덜어내지 말고 더한다면, 허물이 없을 것이다. 올바름으로 길하여 갈 바가 있으면 이로울 것이니, 신하를 얻으면 천하가 하나가 될 것이다.

42. 풍뢰익風雷益

손해를 마다하지 않으면, 반드시 이익되는 바가 있게 된다. 밖으로 덜어내다 보면, 안으로 차게 된다. 익은 아래에 우레가 있고, 위에 바람이 있는 괘상이다. 풍뢰는 괘의 상이며, 익은 괘의 이름이다.

익은 아래의 우레는 위로 올라가고, 위의 바람은 아래로 내려가, 서로 부딪히면서 만물을 움직여 득을 얻게 하는 형상이다. 남녀가 부부가 되어 아이를 낳으면, 자손이 늘어나게 된다.

농업 혁명이 막 시작되고 농경 사회로 정착 생활을 영위하던 문명사적 관점에서 바라보라. 또한 주역이 완성되던 당시 시대 상황에서 비추어 볼 때, 자손과 재물이 번성하게 되는 것보다 더 큰 이익은 없었을 것이다. 그러므로 손 다음에 익으로 받았다.

◆바람과 우레가 서로 더하는 것이 익이다. 익은 위의 것을 덜어내어 아래에 더하니, 백성의 기쁨이 끝이 없다. 스스로 위로부터 아래로 내리니, 그 도가 크게 빛난다. 익은 갈 곳이 있어 이롭고,(중정中正으로 경사가 있다는 뜻이다) 큰 강을 건넘이 이롭다.(익의 도가 바로 행해진다는 뜻이다)
　　익은 움직이면서 공손하고, 날로 나아가서 끝이 없다. 하늘이 베풀고 땅이 생겨나게 하니, 그 이익이 미치지 않는 곳이 없다.

모든 '익'의 도는, 때와 더불어 행해야 하도다. 사람들을 보살펴서 인심을 얻고 일을 벌여나가야 할 때다.

- 초구. <u>위대한 일을 하는 데 씀이 이로울 것이니, 크게 길하고 허물이 없을 것이다.</u>(아랫사람이 막중한 일을 못 할 것이다)
- 육이. 혹 더한다면(밖으로부터 온다) 열 명의 친구다. (거북점을 치는 데 쓰는) 거북도 어기지 못할 것이다. 오래도록 올바르면 길할 것이니, 왕이 천제에게 제사 지낸다면 길할 것이다.
- 육삼. 더하는데 흉한 일에 씀이니,(흉사에 써서 베풀어야 굳음이 있다) 허물이 없을 것이다. <u>믿음을 가지고 중中을 행하여 공(존귀한 자리에 있으나, 군주는 아니다)에게 말하되 규(옥으로 만든 홀, 신뢰가 있음을 상징)를 쓰듯이 할 것이다.</u>
- 육사, 중中으로 행하여 공에게 말하면 따르게 될 것이니, (뜻을 더한다) 이를 의지하여 나라를 옮기는 데 씀이 이로울 것이다.
- 구오. 믿음이 있어 은혜를 베푸는 마음이다.(묻지 말라는 뜻이다) <u>묻지 않아도 크게 길할 것이니, 믿음이 있어 나의 덕으로 은혜를 베풀 것이다.</u>(크게 뜻을 얻는다)
- 상구. 더하지 말라.(한쪽으로 치우쳤다는 의미) 혹(여럿이면서도 핵심이 없다) 칠 것(공격이 밖에서 옴)이니, <u>단단히 작정한 마음이 항상 하지 않으면 흉할 것이다.</u>

43. 택천쾌澤天夬

자신의 이익만을 추구해 가면, 반드시 남들에 의해 배척당하게 된다. 쾌는 아래에 하늘이 있고, 위에 못이 있는 괘상이다. 택천은 괘의 상이며, 쾌는 괘의 이름이다.

쾌는 아래의 다섯 양이, 위의 일 음을 마지막으로 떨어뜨리는 상이다. 못이 하늘 위로 올라가서 흔들리고, 아래로 물이 새는 형상이다. 그러므로 익 다음에 쾌로 받았다.

◆ 못이 하늘 위에 있는 것이 쾌다. 쾌는 쫓아낸다(강綱이 유柔를 쫓아낸다)는 뜻이다. 쾌는 왕의 뜰에 드러내어(부드러움이 다섯 굳셈 위에 올라탄다는 의미다) 믿음으로 명령하나 위태로움이 있으니,(그 위태로움이 빛에 이른다는 의미다) 마땅히 자신의 읍에서부터 먼저 통고하여 다스리고,(숭상하는 것이 곤궁함에 이른다는 의미다) 갈 곳이 있는 것이 이롭다.

소인이 권세를 얻어 자기만의 이익을 추구하다가, 결국 벼랑 끝까지 몰리게 된다. 권세와 힘이 있더라도 자기 수양의 덕으로 처신해야지, 무력으로 다스리면 안 된다. 부담감이 머리를 짓누르고 있다. 용기 있게 극복해야 할 때다.

- 초구. 앞발이 나아가는 것이 건장함이니, <u>가서 이기지 못하</u>

<u>면 허물이 될 것이다.</u>

- 구이. 두려워서 큰 소리로 부르짖으니, 해 저문 밤에야 만
족이 있더라도 근심하지 말라.(중도를 얻었기 때문이다)
- 구삼. 광대뼈에 건장함이니 흉함이 있고, 군자는 과감하게
결단하고 홀로 가다가 비를 만나니, 젖는듯하여 노여운 일
이 있으나, 허물이 없을 것이다.
- 구사. 엉덩이에 살이 없음이니, 그 행함을 머뭇거림이다.
양을 끌어감에 후회가 없을(회망) 것이며, 말을 들어도 믿
지 않을 것이다.
- 구오. 수리취(국화과의 여러해살이풀)를 <u>과감하게 끊듯이</u>
<u>하면,</u>(쾌의 뜻은 굳셈으로 부드러움을 끊어내는 것으로,
군자로서 소인을 교화시킨다는 의미다) <u>중中을 행함에 허</u>
<u>물이 없을 것이다.</u>
- 상육. 부르짖을 데가 없음이니, <u>마침내 흉함이 있을 것이다.</u>

44. 천풍구天風姤

쾌는 쫓아낸다는 뜻이다. 만물은 쫓아버려도, 반드시 다시 생겨나서 만나게 된다. 구는 아래에 바람이 있고, 위에 하늘이 있는 괘상이다. 천풍은 괘의 상이며, 구는 괘의 이름이다.

구는 하늘로부터 바람이 불어와서, 만물에 두루 퍼지고 파고드는 상이다. 맨 아래 처음 생긴 일 음이, 위의 다섯 양을 뒤쫓아 가고 있는 형상을 나타내고 있다. 그러므로 쾌 다음에 구로 받았다.

◆하늘 아래에 바람이 부는 것이 구다. 구는 만난다는 뜻이다. 부드러움(일 음)이, 굳셈(다섯 양)을 만남이다. 구는 여자가 씩씩함이니, 여자를 취하지 말라.(그 여자와 더불어 길게 지속할 수 없기 때문이다) 천지가 서로 만나니, 형체가 있는 온갖 물건이 모두 빛난다. 굳셈이 중정中正을 만나니, 천하에 크게 행해짐이라. 구의 때와 의리가 크다.

음이 점차 자라나게 되면, 양이 사라지게 된다. 음의 기운이 단단하게 찬 형국이다. 자신을 굽히고, 부드럽게 순응해야 할 때다.

- 초육. 쇠 말뚝에 묶음이니,(부드러움의 도는 묶어야 한다) 올바르면 길하고, <u>갈 바가 있으면 흉함을 볼 것이니</u>, 야윈

돼지가 미쁘게 머뭇거릴 것이다.
- 구이. 보따리에 물고기가 있음이니, <u>허물이 없을 것이나,</u>
  <u>손님에게는 이로움이 없을 것이다.</u>
- 구삼. 엉덩이에 살이 없음이니, 그 행함을 머뭇거림이다.
  (행함을 끌어내지 못한다) <u>사납게 위태로우나, 큰 허물이</u>
  <u>없을 것이다.</u>
- 구사. 보따리에 물고기가 없음이니, <u>흉함이 일어날 것이다.</u>
  <u>(백성을 멀리하기 때문임)</u>
- 구오. 구기자나무로 오이를 쌈이니, (적색과 백색의) 아름
  다운 빛깔을 머금었으니, 하늘로부터 저절로 떨어짐이 있
  을 것이다.(뜻이 천명을 버리지 않았다)
- 상구. 그 뿔에서 만남이니,(위에서 궁지에 몰려 인색해진다
  는 뜻이다) <u>욕볼(린) 것이나, 허물이 없을 것이다.</u>

45. 택지췌澤地萃

구는 만나는 것이다. 서로 만나면 저절로 모이게 된다. 실개천이 만나면 강물이 되고, 강물이 흘러가면 저절로 바다를 이룬다. 췌는 아래에 땅이 있고, 위에 못이 있는 괘상이다. 택지는 괘의 상이며, 췌는 괘의 이름이다.

췌는 땅 위에 물이 고여 못을 이룬 상으로, 여러 갈래의 물줄기가 한 군데로 모여 저절로 합쳐진 형상이다. 그러므로 구 다음에 췌로 받았다.

◆못이 땅 위에 올라가 있는 것이 췌다. 췌는 함께 모이는 것이다. 순종하면서 기뻐하고, 굳셈이 중中에 자리하여 (육이에) 응한다. 그래서 함께 모인다고 하는 것이다.

왕이 (제사 지내려고) 종묘의 안에 이른다.(효도를 다 하여 조상에 제사를 지내, 사람들의 마음을 함께 모으는 방도를 말함) 대인을 봄이 이로우니, 형통하다.(모이는 것을 바름의 도로 하기 때문이다) 큰 희생을 씀이 길하고, 갈 바가 있어 이롭다.(천명에 순종한다는 것이다)

물이 많이 모이면 넘쳐서 물이 샐 염려가 있으니, 반드시 제방을 쌓아서 다가올 우환을 대비하여야 할 것이다. 사막에서 오아시스를 만난 형국이다. 매사를 감사하는 마음으로 대해야 할 때다.

- 초육. 믿게 함이 있으나, 끝맺음이 없음이다. 이에 (마음이) 어지러워졌다가 이에 모였다가 하니,(그 뜻이 심란하다는 의미다) 만약 슬피 통곡하여 한 줌의 비웃음이 되더라도, 근심하지 말라. 가서 허물이 없을 것이다.
- 육이. 끌어당기면 길하여, 허물이 없을 것이니,(중中은 변하지 않기 때문이다) 믿게 함이 있어 이에 간소한 제사를 지냄이, 이로울 것이다.
- 육삼. 모으려다 탄식함이다. 이로운 것이 없으니, 가면 허물이 없을 것이나,(윗사람이 공손하기 때문이다) 작은 욕됨(린)이 있을 것이다.
- 구사. (반드시) 크게 길한 후에, 허물이 없을 것이다.(자리位가 마땅하지 않기 때문이다)
- 구오. 모으는 데 자리位가 있으니, 허물이 없으나, 믿게 함이 아니면 크게 오래도록 올발라야 후회가 없을(회망) 것이다.
- 상육. 눈물·콧물 흘리며 탄식함이니,(위에서 편안하지 못하다) 허물이 없을 것이다.

46. 지풍승地風升

췌는 모이는 것이다. 물건이 저절로 모이다 보면, 땅속에서 새싹이 돋아나와 큰 나무로 자라듯이 올라가게 된다. 승은 아래에 바람이 있고, 위에 땅이 있는 괘상이다, 지풍은 괘의 상이며, 승은 괘의 이름이다.

승은 만물이 땅속에서 싹이 터서 크고 자라나는 형상이다. 그러므로 췌 다음에 승으로 받았다.

◆땅 가운데서 나무(손괘는 바람과 나무를 상징한다)가 생겨나는 것이 승이다. 승은 아래에서 위로 오른다는 것이다.

부드러움이 때에 맞게 오른다. 공손하면서도 순종하고, 굳셈이 중中에 자리하여 응하니, 그래서 크게 형통하다.

승은 크게 형통하니, 대인을 만나보되 근심하지 말라.(경사가 있다는 의미다) 남쪽으로 전진해 가면 길하다.(뜻이 행해진다는 의미다)

뻗어 나가는 어린나무의 형국이다. 순조롭게 성장하도록 잘 보살펴야 할 때다.

- 초구. 진실로 나아가서 오르는 것이니, <u>크게 길할 것이다.</u>
<u>(위와 뜻을 합한다)</u>

- 구이. 믿게 함이 있어,(기쁨이 있다는 뜻이다) 이에 간소한
  제사를 지내는 것이 이로우니, 허물이 없을 것이다.
- 구삼. 텅 빈 고을에 오를 것이다.(가면 쉽게 고을을 얻는
  것은 의심할 바가 없다는 뜻이다)
- 구사. 왕이 (주나라의 왕업이 시작된) 기산에서 제사 지내
  면,(법도와 사정에 순응하여, 산에 올라가서 제사 지낸다는
  뜻이다) 길하고 허물이 없을 것이다.
- 육오. 올발라야 길할 것이니, 섬돌을 오를 것이다.(크게 뜻을
  얻어서 존귀하게 된다)
- 상육. 어두워졌어도 오름이니, 쉬지 않고 올바르게 함이 이
  로울 것이다.(쇠퇴하여 재산이나 세력이 많지 않다는 뜻이
  다)

47. 택수곤澤水困

아래에서 위로 올라가는 것을 승이라 한다. 계속하여 오르기만 하다 보면, 못물이 말라붙은 것처럼 곤궁하여 어려움에 부닥치게 된다. 곤은 아래에 물이 있고, 위에 못이 있는 괘상이다. 택수는 괘의 상이며, 곤은 괘의 이름이다.

곤은 못물이 말라붙어 곤궁한 상이다. 물이 못에 있는 것은 있어야 할 곳에 있는 것이다, 그러나 물이 못에서 빠져나오면 시련을 겪고, 곤란함을 당하게 된다. 그러므로 승 다음에 곤으로 받았다.

◆못에 물이 없는 것이 곤이다. 곤은 곤궁하지만, 스스로 떨치고 일어날 수 없다는 뜻이다. 곤이란 굳셈이 가려지게 된 것이다. 험한 처지에서도 기뻐하고, 곤경 속에서도 그 형통한 바를 잃지 않으니 이는 오직 군자만이 할 수 있는 일일 것이다.
　곤은 형통하고 올바름이니, 대인이라서 길하다.(굳셈이 중中에 자리하기 때문이다) 말하여도 믿지 않는다.(입을 숭상하면 바로 곤궁해진다는 의미다) 그러나 물은 낮은 곳으로 흘러서 그 길을 간다. 와신상담해야 할 때다.

- 초육. 엉덩이가 나무 그루터기에서 곤란을 당함이다. 깊은 산골짜기에 들어가서(어두워서 밝지 않다) 3년 동안 보지 못할 것이다.

- 구이. 술과 밥에 (먹고 마심이 지나쳐서) 곤란을 당하지만, (중中으로 경사가 있다는 뜻이다) 주불(붉은색 끈으로 만든 왕의 무릎에 두르는 옷감. 적색은 남방의 색으로, 남방의 물건으로 해석하기도 한다)이 장차 도착할 것이니 <u>제사에 씀이 이롭고, 가면 흉하지만, 허물이 없을 것이다.</u>

- 육삼. 돌에 (걸려) 곤란을 당하고, 가시덤불에 할퀴었다.(군셈을 탔기 때문이다) 그 궁전에 들어갔으나, 그 아내를 보지 못하니,(상서롭지 못함) <u>흉할 것이다.</u>

- 구사. 오는 것을 천천히 함은(뜻이 아래에 있기 때문이고, 비록 자리位가 마땅하지 않지만, 함께 함이 있다) <u>욕됨(린)을 보지만, 마침내 좋은 결과가 있을(유종) 것이다.</u>

- 구오. 의월(고대의 형벌인 코를 베는 형벌, 발꿈치를 베는 형벌을 의미함)을 당함이니,(뜻을 얻지 못했다는 의미다) 주불(붉은색 제복, 남방의 물건으로 해석하기도 한다)에 곤란을 당하나, 이에 느리게 기쁨이 있을 것이니,(중中으로 곧기 때문이다) 제사를 지냄이 이로울 것이다.(복을 받는다)

- 상육. 칡덩굴과 얼올한(불안하고 위태로운) 곳에서 곤란을 당하여(처한 바가 마땅하지 않다) 말하기를 "움직이면 후회한다."라고 하니, <u>뉘우침이 있으니 치러 가면 길할 것(길하게 행할 것)</u>이다.

48. 수풍정水風井

곤은 못물이 말라붙은 것처럼 곤궁한 상이다. 만물이 곤궁해지면, 반드시 초목의 뿌리와 같은 본바탕을 찾아 돌아오게 된다. 정은 아래에 바람이 있고, 위에 물이 있는 괘상이다. 수풍은 괘의 상이며, 정은 괘의 이름이다.

곤즉통困則通. 목마른 사람이 샘물을 파서 물을 얻듯이, 어려움을 겪는 가운데 오히려 형통함을 얻는 법이다. 그러므로 곤 다음에 정으로 받았다.

◆ 나무 위에 물이 있는 것이 정이다. 물에 두레박을 넣어서 물을 퍼 올리는 것이 우물이다. 우물은 (물을) 퍼 올려도 다하여 없어지지 않는다.

정井은 고을을 바꾸어도, 우물은 바꿀 수가 없다.(바로 굳센 셈이 중中에 자리했기 때문이다) 잃음도 없고 얻음도 없으니, 오고 가며 그 우물을 쓴다. 거의 다 이르더라도 우물에 두레박줄을 매지 않아(아직 공이 있지 않음을 의미) 두레박이 깨진다면, 흉이 될 것이다.

정은 물이 고이도록 땅을 파고, 우물에 침목을 깔아, 맑은 물을 퍼 올리는 형상이다. 조용한 가운데 풍성한 생명력이 깃들어 있다. 우물은 두레박줄을 매어야 완성이 되니, 만인이 우물물을 먹을 수 있도록 열린 자세를 가져야 할 때다.

- 초육. 우물이 (오래 묵고 치우지 않아) 진흙이니,(아래에 있기 때문이며) 먹을 수가 없다. 오래된 우물에 날짐승도 없을 것이다.(시대가 버린 것이다)
- 구이. 우물이 계곡이 되니(우물은 두레박으로 위로 퍼 올려서 사람들의 목마름을 해소해야 하는데, 폐정으로 아래로 흘러내려 계곡이 되니) 붕어가 놀고,(함께하는 사람이 없다는 뜻이다) 항아리가 깨져서 물이 샌다.
- 구삼. 우물을 (깨끗하게) 쳐냈으나 (사람들이) 먹지 않음이다. 내 마음을 슬프게 하나, 물을 길어 쓸 수 있다. <u>왕이 (지혜가) 밝으면, 함께 그 복을 받을 것이다.</u>
- 육사. 우물을 치고 벽돌을 쌓음이니, <u>허물이 없을 것이다. (우물을 수리했다)</u>
- 구오. 우물이 맑고 차서, 찬물이 솟는 샘물을 먹을 것이다.(중정中正의 덕이 있다)
- 상육. 우물을 길어 마시고, (그 우물을) 덮지 않음이다. <u>미덥게 함이니, 크게 길할 것이다.</u>

49. 택화혁澤火革

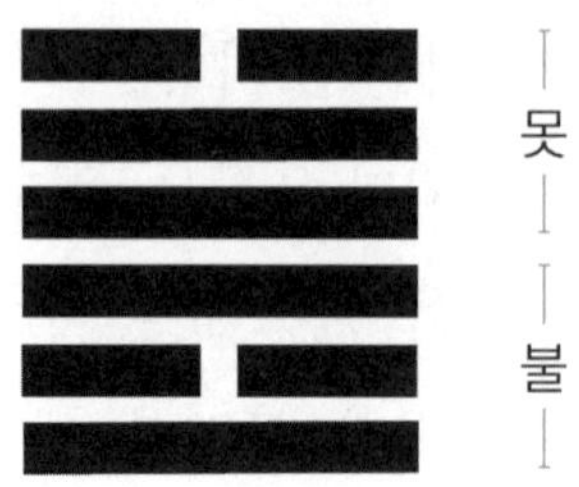

　혁은 아래에 불이 있고, 위에 못이 있는 괘상이다. 불이 타면 물이 마르고, 물을 뿌리면 불은 꺼진다. 택화는 괘의 상이며, 혁은 괘의 이름이다. 오래된 우물은 반드시 고쳐야 한다. 그러므로 정 다음에 혁으로 받았다.

◆ 혁革은 물과 불이 서로 반대로 작용(서로 죽이고 살리는 것으로, 죽인 이후에 살린다)하는 것이니, 두 여자가 한 집에 동거함에, 그 뜻을 서로 얻지 못하는 것을 '택화혁'이라 한다.

　혁명은 변혁이다. 혁명은 때가 되어야 이루어진다. 혁명의 때라고 하더라도, 그때가 무르익고 사람들의 믿음을 얻어야 혁명이 이루어진다. 자신의 힘만을 믿고 성급하게 나서면, 실패하게 되어 흉하게 된다. 변혁의 초기에 사람들이 믿지 않는 까닭은, 반드시 변혁의 날이 지난 후에야 믿음이 있기 때문이다.

　혁명한 것이 모두 바르고 마땅하면, 혁명한 바에 후회가 없다. 하나라도 부정한 것이 있으면 믿지도, 통용되지도 않아, 도리어 후회가 있을 것이다. 변혁의 때에, 질긴 황소의 가죽처럼 마음속에 혁명의 뜻을 공고히 지키다가, 혁명의 뜻이 이루어지면 표범처럼 변해야 할 것이다.

- 초구, 혁은 굳음固이다. 질긴 황소 가죽을 사용하여 단단하게 묶듯이(황소 가죽을 써서 묶는 것은 어떤 일도 도모할 수 없기 때문이다) 행동할 수 없으니, 스스로 변혁의 뜻을 공고하게 지켜라. 성인이 변혁에 근심함이 이와 같다.
- 육이, 변혁의 때가 이른 후에라야 바꿀 수 있으니, <u>치러 나아가면 천하의 낡음을 새롭게 바꾸어, 길하여 허물이 없으리라.</u>
- 구삼, 정벌하러 나간다면 흉함이 있다. 바르게 해도 위태로우나, 혁명해야 한다는 말을 세 번 들으면 또한 참된 믿음이 있다고 할 것이니, 혁명이 가능할 것이다.
- 구사, (혁명의 도는, 상하의 믿음을 그 근본으로 삼는다. 혁명의 때가 이르러리) <u>후회가 없을(회망) 것이니, 참된 믿음이 있으면, 운명을 고침이 길할 것이다.</u>
- 구오, 대인은 호랑이의 상이고, 변함은 호랑이가 (여름과 가을에) 털갈이함을 말한다.(구오는 강건한 양(─)이 중中·정正을 얻음으로써 혁명의 주체가 된 상이다) <u>점치지 않아도, 사람들의 믿음(대인이 하늘에 순종하고, 사람들의 바람에 응하여, 자기를 새롭게 하는 것으로부터, 백성을 새롭게 한다는 믿음)이 그 가운데 있다.</u>
- 상구, (혁명의 도가 이미 이루어짐에) 군자는 표범같이 변하여 그 문장이 밝고 빛나며, 소인은 혁명을 맞이하여 얼굴만 바꾸어 (임금의 명을) 듣고 따르니, <u>정벌하러 가면 흉하고, 올바름에 머물면 길할 것이다.</u>

50. 화풍정火風鼎

정은 나무의 바람구멍에 불을 지펴서, 음식을 삶고 익히는 솥의 형상이다. 정은 아래에 바람이 있고, 위에 불이 있는 괘상이다. 화풍은 괘의 상이며, 정은 괘의 이름이다.

오래된 우물을 고치고, 혁명을 일으킨 다음에는, 음식을 솥에 익혀 조상에게 제사를 지내, 정통성을 확보해야 한다.

백성들을 먹이고, 새로운 시대에 맞는 물건을 만들고, 생산성을 높여 사회의 일체감을 끌어내야 한다.

고대 중국에서, 솥은 나라를 통치하는 왕권의 상징이었다. 솥이 바르게 놓이지 않으면 솥이 엎어져서 솥 안의 음식물들이 쏟아질 것이고, 불이 제대로 지펴지지 않으면 밥이 설익어 제대로 먹을 수 없을 것이다. 그러므로 혁 다음에 정으로 받았다.

◆나무 위에 불이 있는 것이 정이다. 나무가 불에 들어가서 삶고 찌는 것이다. 정은 음식을 삶고 찌는 그릇이다. 가마솥의 형상으로 괘명을 삼았다. 성인은 음식을 익혀 상제에게 제사를 지내고, 이처럼 극진한 정성으로 현인을 길러낸다.

정은 크게 형통하다. 공손하면서도 이목이 총명하고, 부드러움이 나아가 위로 올라가며, 중中을 얻어 굳셈으로써 응하

니, 크게 형통한 것이다. 정통성과 권위를 확보해야 할 형국
이다. 서로 순조롭게 협조해야 할 때다.

- 초육. 솥의 발이 엎드러졌으나,(이치에 어그러지지 아니함)
  사악하고 더러운 오물을 쏟아내었으니 이롭고,(새것을 받
  아들여 귀한 것을 따름) 첩을 얻고 그 자식도 얻으니, 허
  물이 없을 것이다.
- 구이. 솥이 열매로 가득 찼음이다.(갈 바를 신중히 하는 것
  이다) 나의 적(초육을 가리킨다)이 병이 들어(마침내 허물이
  없을 것이다) 나에게 오지 못하니, 길할 것이다.
- 구삼. 솥귀가 바뀜이다.(그 본뜻을 잃었기 때문이다) 그 행
  함을 틀어막아서 기름진 꿩고기를 먹지 못하나, 바야흐로
  비가 내리니 근심을 덜어주고 마침내 길할 것이다.
- 구사. 솥이 다리가 부러져서 솥 안에 든 공의 음식을 엎었
  으니,(믿음이 어떤지를 물은 것이니, 신임을 잃었다는 말이
  다) 그 형색이 젖어서 흉할 것이다.
- 육오. 솥이 누런 귀에(육오가 중中으로 꽉 찬 것이다) 구멍
  에 꿰는 고리도 황금 고리니, 올바르면 이로울 것이다.
- 상구. 솥의 구멍에 꿰는 고리가 옥고리니,(옥고리가 위(상
  구)에 있음은 굳셈과 부드러움이 절도에 맞기 때문이다) 크
  게 길하고 이롭지 않음이 없을 것이다.

51. 중뢰진重雷震

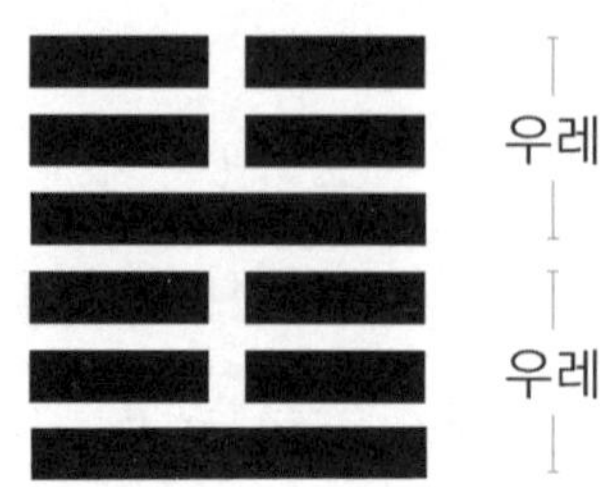

고대 중국에서, 솥은 나라를 통치하는 왕권의 상징이었다. 진은 아래도 우레가 있고, 위에도 우레가 있는 괘상이다. 왕권의 상징인 솥을 주관하여 나라를 계승하고, 우레가 거듭 울리듯이 만방에 떨쳐 나가는 형상이다. 중뢰는 괘의 상이며, 진은 괘의 이름이다. 그러므로 정 다음에 진으로 받았다.

◆거듭된 우레가 진이다. 진이란 움직임이다. 진은 형통하다. 우레가 쳐서 깜짝 놀라면,(두려워하여 복에 이른다는 의미다) 웃고 말하는 소리가 즐겁다.(후에 본받을 것이 있다는 의미다)

우렛소리가 백 리를 놀라게 하더라도,(멀리 있는 자는 놀라고, 가까이 있는 자는 두려워한다는 의미다) 국자와 울창주를 잃지 않으리라.(울창주는 검은 기장으로 빚은 술(창주)에, 울금이라는 향기가 나는 풀을 향료로 첨가하여 만든 술이다) 천자는 창을 사용하고, 제후는 훈을 사용하며, 대부는 난을 사용하였다. 여기서는 천자가 종묘사직을 지키고, (대를 이어) 제사의 주인이 될 것이라는 뜻이다.

예로부터 하늘에서 우레가 거듭하여 울리면, 하늘을 두려워하였다. 자신을 돌아보고 반성하면서, 조심스럽게 행동하였다. 뇌성벽력이 거듭하여 칠 형국이다. 침착하게 행동하여야 할 때다.

- 초구. 우레가 치니 놀라서 두려워하면,(두려워해서 복을 받
  는다) 나중에 (큰 소리로 하하) 웃으면서 말할 것이니, 길할
  것이다.
- 육이. 우레가 쳐서 (사납게) 위태함이다.(굳셈을 탔기 때문
  이다) 패물을 잃고 슬퍼하여 첩첩이 이어진 높은 언덕을
  오르지만, 쫓지 말라. 7일이면 (되돌아와) 얻을 것이다.
- 육삼. 우레에 (무서워하고 두려워) 불안하고 떠는 모습이
  다.(자리位가 마땅하지 않기 때문이다) 놀라고 두려워하면
  서 간다면, 재앙이 없을 것이다.
- 구사. (탄식하노라!) 우레가 마침내 (진흙에 빠져) 진흙 칠
  해져 버렸다.(빛나지 않는다는 뜻이다)
- 육오. 우레가 쳐서 가고 오고 함이 사납게 위태롭지만, 잃을
  것이 없고 (능히) 일이 있을 것이다.(왕래해야 위태로울 것
  이다)
- 상육. 우레가 번쩍번쩍하여(중을 얻지 못하기 때문이다) 눈
  동자를 (놀라서 허둥대며) 두리번거림이니, 치러 가면 흉할
  것이다. (우레의) 뒤흔드는 울림이 자기 몸이 아니고, 그
  이웃에게라면 허물이 없을 것이다. 청혼은 말이 있을 것이
  다.

52. 중산간重山艮

진은 움직이는 것이다. 만물이 움직일 때는 움직이고, 그칠 때는 끝까지 앞으로 나아가지 않고 마침내 그쳐 멈추게 된다. 간은 아래에 산이 있고, 위에도 산이 있는 괘상이다. 중산은 괘의 상이며, 간은 괘의 이름이다. 그러므로 진 다음에 간으로 받았다.

◆산이 겹친 것이 중산간이다. 간은 멈춤이다. 간은 그친다는 것이니, 그쳐야 할 때 그치고 가야 할 때 가서 움직임과 고요함에 중산간의 그때를 잃지 않으니, 그 도가 밝게 빛난다.

등에 그치니,(그칠 곳에 그친다는 것이며, 상하가 서로 적으로 응한다는 것은 서로 함께하지 않는다는 의미다) 그래서 그 몸을 얻지 못하며 그 뜰에 가서도 그 사람을 보지 못하니 허물이 없을 것이다.

간은 겹겹이 산으로 둘러싸여 마침내 고요히 멈추어 움직이지 않는 형국이다. 만물의 기운은 고요히 그치는 데로 모인다. 스스로 자신의 길을 찾아가야 할 때다.

- 초육. 그 발에 그침이다.(바름正을 잃지 않았기 때문이다) 허물이 없을 것이니, 길이 올바르게 함이 이로울 것이다.
- 육이. 그 장딴지에 그침이다. 그 따라감(초육을 가리킨다)

을 구해 주지 못하니,(물러나 듣지 않기 때문이다) 그 마음
이 불쾌할 것이다.

- 구삼. 그 허리에 그침이다.(위태로움이 불안한 마음을 태
움) 그 등골뼈가 갈라지니, (사납게) 위태로움이 마음을 태
울 것이다.

- 육사. 그 몸에 그침이다. 허물이 없을 것이다.

- 육오. 그 광대뼈에 그침이다.(중中에 자리 잡았기 때문이
다) 말에 순서가 있으니, 후회가 없을(희망) 것이다.

- 상구. 그침을 돈독히 하니, 길할 것이다.

53. 풍산점風山漸

간은 그치는 것이다. 만물의 이치는 끝까지 그치고만 있을 수는 없다. 점은 아래에 산이 있고, 위에는 바람이 있는 괘상이다. 풍산은 괘의 상이며, 점은 괘의 이름이다.

점은 산 위의 나무가 점차 자라서 큰 기둥으로 성장하는 것을 뜻한다. 그러므로 간 다음에 점으로 받았다.

◆산 위에 나무가 있는 것이 점이다. 점은 점차로 나아간다는 것이다. 여자가 시집가는 것이 길하니, 순서를 지켜 올바르게 함이 이로울 것이다. 나아가 자리를 얻는다는 것은,(나아가면 공이 있다는 의미) 그 자리는 굳셈이 중中을 얻는다는 것이다.

바르게 나아간다는 것은, 나라를 바르게 할 수 있다는 것이다. 그치면서 공손하다는 것은, 움직임에 곤궁함이 없다는 것이다. 착실하게 성장해 가는 형국이다. 순서대로 나아가야 할 때다.

- 초육. 기러기가 물가에 나아감이니, <u>소자(소인)에게 (사납게) 위태로워(올바른 도리에는 허물이 없다) 말이 있으나, 허물은 없을 것이다.</u>
- 육이. 기러기가 큰 바위에 나아감이다. 먹고 마심에 즐겁

고 화평하니,(본래 헛되이 배부르게 먹지 않는다는 것이다) 길할 것이다.

- 구삼. 기러기가 뭍에 나아감이다. 지아비가 먼 길을 가면 돌아오지 못하고,(무리를 떠난 것이다) 지어미가 아이를 배더라도 기르지 못하여(그 도를 잃음이다) 흉하니, 도적을 막는 것이 이로울 것이다.

- 육사. 기러기가 나무에 나아감이다. 혹 그(서까래 같은) 나뭇가지를 얻으면, (이치를 따르며 공손하기 때문에) 허물이 없을 것이다.

- 구오. 기러기가 큰 언덕에 나아감이다. 지어미가 3년 동안 아이를 배지 못하나, 끝내 이길 수 없을 것이다. 길할 것이다.(소원을 이룬다는 뜻이다)

- 상구. 기러기가 높은 하늘에 나아감이다. 그 날개가 가히 (모범적인) 의식으로 쓸 만하니, 길할 것이다.(어지럽히지 못하기 때문이다)

54. 뇌택귀매雷澤歸妹

점은 점진적으로 나아가는 것이다. 나아가면 반드시 돌아가는 데가 있다. 귀매는 아래에 못이 있고, 위에는 우레가 있는 괘상이다. 뇌택은 괘의 상이며, 귀매는 괘의 이름이다. 그러므로 점 다음에 귀매로 받았다.

◆ 못 위에 우레가 있는 것이 귀매다. 귀매는 소녀가 시집간다는 뜻이다. 여자가 시집간다는 것은 천지의 큰 뜻이다. 천지가 사귀지 않으면 만물이 일어나지 않으니, 여자가 시집간다는 것은 인간사의 끝과 시작이다.

귀매는 치러 가면(함부로 손에 넣어 자기 것으로 만들려고 하면) 흉하니,(자리가 합당하지 않기 때문이다) 이로울 것이 없다.(부드러움이 굳셈을 타고 오르기 때문이다)

귀매는 못 위에 우레가 울리니, 못의 물기운이 기뻐하며 올라가는 상이다. 아래의 어린 소녀가, 위의 장남을 만나 시집을 가는 괘로 풀이한다. 사랑이 오래가지 않고, 이루어지지 않을 형국이다. 안으로 충실을 도모해야 할 때다.

- 초구. 누이가 (나이 어린) 첩으로 시집감이니,(변하지 않고 오래가는 덕이 있기 때문이고) 절름발이가 겨우 걷는 것과 같다. (먼 길을) <u>치러 가면 길할 것이다.</u>(서로 이어주기 때

문이다)

- 구이. 애꾸눈이 겨우 보는 것이니, <u>유인(속세를 피해 조용히 사는 사람)의 올바름이 이로울 것이다.</u>(평상의 도가 변하지 않았음이다)

- 육삼. (누이가) 시집가는 것을 기다렸으나,(마땅하지 않기 때문이다) 오히려 (나이 어린) 첩으로 시집갈 것이다.

- 구사. (누이가) 시집가는데 시기를 놓침이니,(기다려 행한다는 것이다) 더디게 시집감이 때가 있을 것이다.

- 육오. 제을이 딸을 시집보냄이니, 그 군(문어체에서 타인에 대한 존칭으로 쓰는 말. 여기서는 육오를 가리킨다)의 소매가, 그 첩의 좋은 소매만 못 하다.(더 검소함을 뜻한다) 달이 기망(음력 열 나흗날 밤. 달이 거의 찼다는 뜻이다)이니, 길할 것이다.

- 상육. 여자가 광주리를 받아도 (광주리가 비어 있어) 실속이 없으며, 선비가 양을 (찔러) 잡아도 피가 없음이니,(고대에는 희생물의 피로 제사 지내는 것은 왕성한 기운을 바치는 것이라 생각했다. 그러니 제사를 지낼 수 없다는 뜻이다) <u>이로울 바가 없을 것이다.</u>

55. 뇌화풍雷火豐

귀매는 돌아갈 바를 얻는 것이다. 어린 소녀가 집안의 대를 이을 장남을 만나 시집을 가면, 살림살이가 늘고 자손이 늘어난다. 자기가 돌아갈 곳을 찾은 사람은, 반드시 풍요로워진다. 풍은 아래에 불이 있고, 위에는 우레가 있는 괘상이다. 뇌화는 괘의 상이며, 풍은 괘의 이름이다.

뇌성벽력이 함께 일어나 심장이 피를 돌게 하듯이, 만물을 힘차게 작동시키는 상이다. 그러므로 귀매 다음에 풍으로 받았다.

◆우레와 번개가 모두 이른 것이 풍이다. 풍이란 크다는 뜻이다. 밝음으로써 움직이니, 그래서 풍이라 한다. 풍은 형통하다. 왕이 이에(풍의 때에) 이르러 근심하지 말고,(풍의 때에 성대함이 극에 달해 쇠퇴해짐을 근심하지 말라는 의미다) 해가 중천에 이른 것 같이(천하를 비추어야 한다는 의미다) 하여야 할 것이다.

해가 중천에 이르면 기울고, 달이 차면 이지러지는 것이 법칙이다. 천지가 찼다 기울었다. 때와 더불어 끊임없이 변화하고 순환하니 하물며 사람에 있어서랴? 하물며 귀신에 있어서랴? 절정에 달한 형국이다. 융성하면 반드시 쇠망한다는 이치를 알아야 할 때다.

- 초구. 그 (뜻에 맞는) 짝이 될 주인(구사를 가리킨다)을 (초구가) 만나면, 비록 (동등하게) 고르게 하나 허물이 없을 것이니,(고르게 동등함이 지나치면 재앙이 될 것이다) 가면 숭상함이 있을 것이다.

- 육이. 그 (가리는) 차양을 풍성하게 쳤음이다. (해가 중천에 뜬) 한낮에 북두칠성을 봄이다. 가면 (의심을 잘하는 증세의) 병을 얻을 것이니, 믿음으로써 (진실한 마음을) 드러낸다면 길할 것이다.

- 구삼. 그 늪에 (풀이) 무성함이다.(큰일은 하지 못한 것이다) 해가 중천에 뜬 한낮에 (어슴푸레하게 밝은) 작은 별이 보임이니, 그 오른팔이 꺾일 것으로(끝내 쓸 수 없음이다) 허물이 없을 것이다.

- 구사. 그 (가리는) 차양을 풍성하게 쳤음이다.(그 자리位가 마땅하지 않음이다) 해가 중천에 뜬 한낮에 북두칠성을 봄이다.(어두워서 밝지 않다) 그 (동등하게) 평안한 주인(초구를 가리킨다)을 (구사가) 만나면, (길하게 행하기 때문에) 길할 것이다.

- 육오. (천하의 아름답고) 빛난 것이 오면, 경사와 명예가 있어 길할 것이다.

- 상육. 그 집을 (건물의 처마를 하늘 높이 치솟게 하여) 크고 풍성하게 하고, 그 집을 (차양을 쳐놓은 것처럼 어둡게) 가림이다. 그 (한 짝으로 된) 문을 몰래 살핌이다. 사람이 없고 고요하여(스스로 가리고 감춤이다) 삼 년이 지나도록 보지 못하니, 흉할 것이다.

56. 화산려火山旅

풍은 크게 성대함이니, 풍요로움이 다하면 마침내 자신이 거처할 곳을 잃게 된다. 려는 아래에 산이 있고, 위에는 불이 있는 괘상이다. 화산은 괘의 상이며, 려는 괘의 이름이다. 려는 산 위에 불이 타올라 이곳저곳으로 옮겨붙는 모습으로, 이리저리 정처 없이 방황하는 나그네의 형상이다. 그러므로 풍 다음에 려로 받았다.

◆산 위에 불이 있는 것이 려다. 려는 떠도는 나그네를 뜻한다. 려는 조금 형통하니,(부드러움이 밖(외래)에서 중中을 얻고, 순종함으로써 굳셈을 따르니, 그침으로써 밝게 빛난다) 떠도 는 나그네는 올바르면 길하리라. 려의 시의(때와 의리)가 크 도다.

인간은 정해놓은 목적지가 어디인지 모르고, 길 떠나는 나 그네와 같다. 정처 없이 가는듯한 해와 달도, 사계절의 순환 에 따라 왕래하고 있다. 방랑과 절도節度가 함께 존재하는 것 이 우주 만물의 운행 이치다. 고독한 나그네의 형국이다. 고 난 속에서 한 걸음씩 나아가야 할 때다.

- 초육. 나그네가 (비천하고) 자질구레함이니,(뜻이 궁하여 재앙이 있다) 그리하여 그 재난을 취하는 바일 것이다.

- 육이. 나그네가 머물 곳에 가서 그 노자(먼 길을 오가는데
  드는 비용)를 품고, 동복(사내아이 종)의 <u>올바름(충정)을 얻</u>
  을 것이다.(마침내 허물이 없을 것이다)
- 구삼. 나그네가 그 머물던 곳을 불태우고(또한 그로 인하
  여 다치게 되고) 그 동복을 잃으니, <u>올바르더라도 (사납게)</u>
  <u>위태로울 것이다.</u>
- 구사. 나그네가 머물던 곳에서 (바른 자리位를 얻지 못했기
  때문에) 그 노자와 도끼를 얻었으나, 내 마음은 불쾌하다.
- 육오. 꿩을 쏘아 (맞추어) <u>화살 한 대를 잃더라도,(잃어버림</u>
  <u>의 비용이 없는 것은 아니지만, 잃어버린 것이 많지 않다)</u>
  <u>영예롭고 복 있는 운명으로 마칠 것이다.</u>
- 상구. 새가 그 둥지를 불사르니,(나그네로서 위에 있다는
  것은, 그 뜻이 불사르는 것이다) 나그네가 먼저는 웃고 나
  중에는 (큰 소리로) 울부짖는다. 소를 쉽게 잃으니,(마침내
  그 소리를 들을 수 없으니) <u>흉할 것이다.</u>

57. 중풍손重風巽

나그네가 되어 바람 따라 떠돌아다니다가, 그 여정이 다하면 반드시 본래 떠나온 곳으로 되돌아가게 된다. 손은 아래에도 바람이 있고, 위에도 바람이 중첩된 괘상이다. 중풍은 괘의 상이며, 손은 괘의 이름이다.

손은 바람이 불고 또 불어서, 연이어 부는 바람의 상이다. 만물이 본래 태어난 곳으로 다시 돌아가는 형상이다. 그러므로 려 다음에 손으로 받았다.

◆ 바람이 거듭해서 부는 것으로, 바람을 서로 잇는 것이 손이다. 손은 들어간다는 것이다. 중은 거듭함이니, 거듭 공손하여 명령을 편다는 뜻이다. 손은 조금 형통함이다. 갈 바가 있어 이롭고, 대인을 봄이 이로울 것이다.(굳셈(구오)이 중정中正에서 공손함으로 뜻이 행해지며, 부드러움이 모두 굳셈에 순종한다. 그러므로 조금 형통하니, 갈 바가 있어 이롭고, 대인을 봄이 이로울 것이다.라고 한 것이다)

소슬바람이 불고 있는 형국이다. 우유부단함을 경계해야 할 때다.

- 초육. 앞으로 나아가고 뒤로 물러남이니,(뜻에 의심이 있다) 무인의 올바름이 이로울 것이다.(뜻을 다스린다)
- 구이. 공손함이 평상 아래 있음이니,(지나치게 공손하면 올

바름을 잃어 허물이 된다) 사무(고대 중국에서 제사 지낼 때의 점치는 이와 무당)의 (뒤섞여 어지러운 것 같은) 많은 말을 (자신의 도를 이해하고) 쓴다면, (공손함이 지나치지만) 길할 것이고 허물이 없을 것이다.

- 구삼. (잦은 실수를 하고) 수다스럽게 공손함이니, 욕볼(린) 것이다.(뜻이 궁하다)

- 육사. 후회가 없을(회망) 것이니, 사냥 나가서 삼품(고대 중국에서 군주는 일이 없으면 1년에 세 번 사냥을 나간다. ① 제사를 위한 마른고기 ② 귀한 손님 접대용 ③ 군주의 푸줏간을 채우는 고기를 '삼품'이라 한다)을 잡을 것이다. (공이 있을 것이다)

- 구오. 올바르면 길할 것이니, 후회가 없어(회망) 이롭지 않음이 없을 것이다. 처음은 없으나, 마침은 (좋은 결과가) 있을 것이다. 선경 3일 하고, 후경 3일 하면,(변화 전에 먼저 살피고, 변화와 혁신으로 고친 후에 살피고 헤아리면) 길할 것이다.

 * 구오의 길흠은 자리位가 중정에 자리 잡았기 때문이다. 주역의 괘사와 효사에서 중정은, 과도하지도 않고 미치지 못하지도 않아 그중中을 바르게 얻은 것이다.

- 상구. 공손함이 평상 아래에 있다.(지나치게 공손하여 위에서 궁함이다) 그 노자와 도끼를 잃었으니, 올바르더라도 흉할 것이다.(어찌 바르겠는가? 반드시 흉할 것이다)

58. 중택태重澤兌

자신의 본래 처소로 되돌아가서 휴식을 취하면, 마음이 평화롭고 즐거워 기뻐하게 된다. 태는 아래에 못이 있고, 위에도 못이 있는 괘상이다. 중택은 괘의 상이며, 태는 괘의 이름이다.

태는 결실을 보는 가을을 뜻한다. 결실을 보는 때가 오면 양의 기운으로 열매만 남기고, 음의 기운은 다하여 사라져 간다. 태는 못의 물이 고여서 일렁거리고, 또 일렁거리며 기쁨을 드러내는 형상이다. 그러므로 손 다음에 태로 받았다.

◆곱게 연결된 못이 태다. 태는 기쁨을 뜻한다. 태는 형통하니, 올바르면 이로울 것이다. 굳셈이 중中(구이, 구오)에 자리하고, 부드러움이 밖(육삼, 상육)에 자리 잡아, 기뻐하고 올바르면 이롭다. 그래서 위로 하늘에 순종하고, 아래로 인심에 응한다. 기뻐함으로써 백성들에게 먼저 하면, 백성들이 그 노고를 잊고 기뻐할 것이다. 어지러움(난)을 범하더라도 백성들이 그 죽음을 잊을 것이다.

기뻐하게 함이 큼이니, 백성들이 믿음으로 따를 것이다. 절차탁마하여 중심이 잡히고, 속이 꽉 찬 형국이다. 기뻐함이 다하면 흩어짐이 있음을 알아야 할 때다.

- 초구. 화목해서 기뻐함이니, <u>길할 것이다.</u>(행하는데 의심하
  지 않는다)
- 구이. 믿음성이 있어 기뻐함이니, <u>길하고 후회가 없을(회망)</u>
  <u>것이다.</u>(뜻에 믿음이 있다)
- 육삼. 와서 기뻐함이니, <u>흉할 것이다.</u>(자리位가 마땅하지
  않기 때문이다)
- 구사. 헤아려서 기뻐함이다. 편안하지 못하나, (구오와 육
  삼 사이에) 끼어서 (바름을 지켜 삿된 부드러움의 육삼을)
  미워하면, <u>기쁨이 있을 것이다.</u>(경사가 있다)
- 구오. 깎이고 떨어짐(소인이 극성하여 군자를 끝까지 핍박
  함)을 믿게 하면,(자리位가 정당하기 때문이다) <u>사납게 위태</u>
  <u>로움이 있을 것이다.</u>
- 상육. 끌어당겨서 기뻐함이다.(반드시 빛나는 것은 아니다)

59. 풍수환風水渙

태는 기뻐하는 것이다. 기뻐함은 영원히 지속되지 않는다. 세월이 지나면, 바람이 불어 강물 위에 일렁거리는 물결처럼, 언젠가는 흩어지게 된다. 환은 아래에 물이 있고, 위에는 바람이 부는 괘상이다. 풍수는 괘의 상이며, 환은 괘의 이름이다.

환은 강물 위에 바람이 불어, 물결이 일렁거리며 뿔뿔이 흩어지는 형상이다. 그러므로 태 다음에 환으로 받았다.

◆바람이 물 위에서 부는 것이 환이다. 환은 흩어짐을 뜻한다. 환은 형통하다.(굳셈이 와서 다 함이 없고, 부드러움이 밖에서 자리를 얻어 위와 같기 때문이다) 왕이 종묘에 이르며(왕이 중中(종묘 가운데)에 있다는 의미다) 큰 강을 건넘이 이로우니,(나무배를 타고서 큰 강을 건너니, 공이 있다는 의미다) 올바르면 이로울 것이다.

분열과 이산의 아픔이 있는 형국이다. 흩어짐이 다하면, 다시 모으게 된다. 서로 단결해야 할 때다.

- 초육. (민심이 처음 흩어지기 시작할 때) 구제함에 말이 튼튼하니, 길할 것이다.(구이에 유손하게 따르기 때문이다)

- 구이. (민심이 흩어지는) 환의 때에, 그 책상(편안한 곳)을 향하여 달려가면 (원하는 것을 얻으므로) <u>후회가 없을(회망)</u> <u>것이다.</u>

- 육삼. 그 자신(의 사사로움)을 (흩뜨려서) 버림이니,(뜻이 밖에 있다) <u>후회가 없을(무회) 것이다.</u>

  * 회망悔亡은 본래 뉘우침(회)이 있었는데 없어진 것이고, 무회无悔는 본래부터 뉘우침(회)이 없었다.

- 육사. 그 무리를 (뿔뿔이) 흐트러뜨림이다. 크게 길하다. 흐트러뜨려서 (작은 무리를) 큰 언덕같이 (큰 무리로) 모으는 것은, 생각하는 바가 (보통 사람의) 평탄한 생각이 아니다.

- 구오. (환의 때에) 땀을 (세차게) 흘리며 크게 (소리 지르며) 울부짖으니, <u>환(의 때)에 오직 왕이 (환의 주인으로서 자리位에 걸맞게)</u> 머물러야 허물이 없을 것이다.(바른 자리 位이기 때문이다)

- 상구. (상해를 당하여) 흘린 그 피가 제거되고(해침을 멀리한다는 뜻이다) 두려워함에서 벗어나면, <u>허물이 없을 것이다.</u>

60. 수택절水澤節

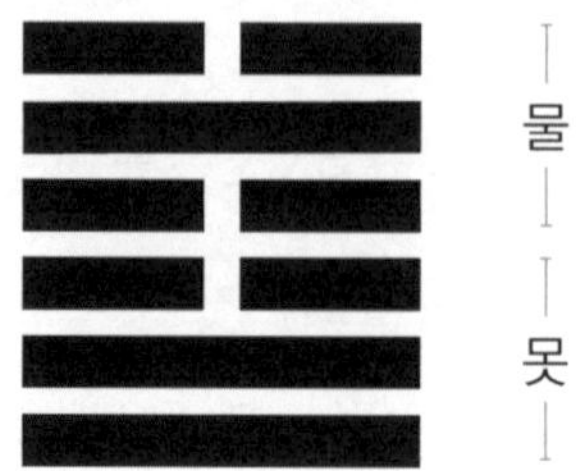

환은 흩어지는 것이다. 흩어짐이 다하면 다시 모으게 된다. 절은 아래에 못이 있고, 위에는 물이 있는 괘상이다. 수택은 괘의 상이며, 절은 괘의 이름이다.

절은 못 위의 물이 마르면 고이고, 넘치면 흘러서 조절하는 형상이다. 그러므로 환 다음에 절로 받았다.

◆ 못 위에 물이 있는 것이 절이다. 절은 한계가 있어 그친다는 뜻이다. 절은 형통하다.(굳셈과 부드러움이 나뉘어서, 굳셈이 중中을 얻었다는 의미다) 고통스러운 절제의 도는 가히 올바름이 없다.(그 도가 궁하다는 의미다)

기뻐하면서 험함을 행하고, 마땅히 그렇게 되어야 하는 것이 절이니, 중정中正에 자리하여 통한다. 천지가 절제의 도가 있어 사계절을 이루고, 법률이나 사회구조의 체계(제도)로써 절제의 도로 삼으니, 재물의 소유권을 침해받지 않고 백성을 해치지 않는다.

1년은 사계절로 마디를 지우고, 대나무는 마디를 맺으며 성장해 간다. 겨울이 가면 봄이 오고 가을이 가면 겨울이 오듯이, 우주는 끊임없이 절도 있게 순환하면서 운행해 나간다. 그러나 지나치게 절도를 지켜서 앞으로 나아가야 할 때 나아가지 못하면, 기회를 놓치게 된다는 것도 늘 염두에 두어야 한다. 절도를 지켜야 할 형국이다. 마무리를 잘해야 할 때다.

- 초구. 호정(집 안에 있는 뜰, 즉 마음을 뜻한다) 밖으로 나가지 아니하면, (통하고 막힘을 알아서) <u>허물이 없을 것이다.</u>
- 구이. 문정(대문 안에 있는 뜰, 즉 일을 뜻한다) 밖으로 나가지 아니하면, (때를 잃음이 극에 이르렀으니) <u>흉할 것이다.</u>
  * 집에 있는 것을 호(외짝 문)라 하고, 고을에 있는 것을 문(양짝 문)이라 한다.
- 육삼. 만약 절도(절제함)에 어긋난다면, 곧 (아! 하고) 탄식할 것이니,(또 누구를 허물하겠는가?) <u>허물이 없을 것이다.</u>
- 육사. 편안하게 절제함이니, <u>형통할 것이다.(육사의 유순함이 바름正을 얻어, 구오를 잇는다는 것이다)</u>
- 구오. 즐거이 절제함이다. <u>길할 것이니, 가면 숭상함이 있을 것이다.(머무는 자리位가 중中이기 때문이다)</u>
- 상육. 고절(어려운 지경에 빠져도 변하지 아니하고 끝까지 지켜 나가는 곧은 절개)함이다. <u>올바르더라도 흉하니, 후회가 없을(회망) 것이다.(괴로운 절제이니, 올바르더라도 흉한 것은 그 도가 궁지에 몰리기 때문이다)</u>

61. 풍택중부風澤中孚

일에 마디를 맺고, 절도 있게 행동하면 믿음을 얻게 된다. 기본 주기를 마디로 하여 새로운 과정이 시작된다. 중부는 아래에 못이 있고, 위에는 바람이 부는 괘상이다. 풍택은 괘의 상이며, 중부는 괘의 이름이다.

중부는 어미 닭이 알을 부화시키기 위하여, 알을 이리저리 품고 있는 형상을 가진 글자다. 그러므로 절 다음에 중부로 받았다.

◆못 위에 바람이 있는 것이 중부다. 중부는 진실한 믿음을 뜻한다. 중부는 진실한 믿음이 돼지와 물고기에까지 미치니,(조급한 돼지와 어리석은 물고기에 이르기까지 그 진실한 믿음이 미친다는 의미다) 길하다.

큰 강을 건넘이 이로우니,(텅 빈 나무배를 타고 큰 강을 건넌다는 의미다) 올바르면 이로울 것이다. 진실한 믿음이 있어,(중부는 부드러움이 안에 있고, 굳셈이 중中을 얻음이다. 기뻐하면서 공손하기 때문에, 믿음이 국가를 변화시킨다) 이롭다.(하늘이 응한다는 의미다)

중부는 못 위의 바람이 부드럽게 일렁거리는 형상으로, 어린 새끼들을 부드럽게 품어서 키우는 모습이다. 병아리가 알을 깨고 나오기 위해서는, 새끼와 어미 닭이 동시에 안팎으로 서로 쪼아야 하듯이, 안과 밖에서 서로 감응하여야 일이 이루어지고 믿음을 가지게 된다. 성실함이 중요하다. 인간관계가 돈독하면, 만사가 순조롭게 이루어짐을 알아야 할 때다.

- 초구. (헤아리고 염려하며) 생각하면 길하나,(뜻이 변하지 않기 때문이다) 믿음이 다른 데 있으면, 편안하지 않을 것이다.
- 구이. 우는 학이 그늘에 있는데, 그 새끼들이 화목함이다. (마음속으로 원함이다) 나에게 좋은 술잔(다리가 세 개 달린 고대의 술잔)이 있으니, 내가 너와 더불어 (술잔을 나누어 함께 얽히고) 쓰러질 것이다.(함께 할 것이다)
- 육삼. 적(상구를 가리킨다. 믿음이 궁한 자다)을 만나 혹은 북을 치고, 혹은 마치고,(자리位가 마땅하지 않기 때문이다) 혹은 (소리 없이) 울고, 혹은 노래할 것이다.
- 육사. 달이 기망(음력 열 나흘날 밤. 달이 거의 찼으니, 군주에게 가까워졌다는 뜻이다)이고 짝이 없으니,(초구와 육사가 짝이 되었으나, 육사가 초구와의 관계를 끊고 위의 구오와 호응한다는 것이다) 허물이 없을 것이다.
- 구오. 미더움이 있어 매인 것 같아야,(자리位가 정당하기 때문이다) 허물이 없을 것이다.
- 상구. 닭(또는 새의) 날갯짓 소리가 하늘로 올라가는 것이니,(어찌 오래 가겠는가? 소리만 높이 날리고 그에 걸맞은 실제가 따르지 못한다는 의미다) 올바르더라도 흉할 것이다.

62. 뇌산소과雷山小過

　서로 감응하여 믿음을 갖게 되면, 밖으로 조금씩 나아가게 된다. 소과는 아래에 산이 있고, 위에는 우레가 있는 괘상이다. 뇌산은 괘의 상이며, 소과는 괘의 이름이다.

　소과는 가운데 두 양을, 밖의 네 음이 감싸고 있어, 물(감)의 상을 보인다. 물처럼 유연하게 아래로 흘러가는 순리를 따라야 한다. 그러므로 중부 다음에 소과로 받았다.

　◆산 위에 우레가 있는 것이 소과다. 소과는 지나친 것이 많지 않다는 뜻이다. 소과는 형통하니,(작은 것은 음이고, 큰 것은 양이다. 음이 지나쳐서 형통하다는 의미다) 올바르면 이롭다. 지나치나 올바름이 이롭다고 함은, 때와 더불어 행하는 것이다.(부드러움이 중中을 얻는다) 그래서 작은 일은 길하다. 작은 일은 할 수 있으나, 큰일은 할 수 없다.(굳셈이 자리를 잃어 중中이 아니다. 그러므로 큰일은 할 수 없다는 의미다)
　나는 새의 상이 있다. 나는 새가 소리를 남기니, 위가 아니고 아래로 (날개를) 펴는 것이, 이치에 마땅하고 크게 길하다.(위는 이치에 거슬리고, 아래로 내림이 이치에 순응한다는 의미다) 모든 일은 소과하여 대과를 이룬다. 열두 달을 지나

일 년이 됨은 대과이고, 한 달을 지나는 것이 소과다. 소과는 작은 일은 가능하지만, 큰일을 이루기 어렵다.

한겨울이 지나 새싹이 땅 위로 싹터 나갈 때는, 분수를 지켜서 조심스럽게 나아가야 한다. 나아갈 때는 나아가고, 멈출 때는 멈출 줄 알아야 할 것이다. 대립과 반목으로 곤경에 처할 형국이다. 큰 문제를 피하고, 일상생활에 전념해야 할 때다.

- 초육. 날아다니는 새이니, <u>그 까닭에 흉할 것이다.</u>(어찌할 수 없는 것이다)

- 육이. 그 할아버지(구사를 가리킨다)를 지나서 그 할머니(육오를 가리킨다)를 만남이다. 그 군주에까지 미치지 못하고,(신하의 본분을 넘어설 수 없기 때문이다) 그 신하를 만남이다. <u>허물이 없을 것이다.</u>

- 구삼. (과도할 정도로) 지나치게 방비하지 않음이다. 따라와서 혹은 (해치거나) 죽일 것이니, (흉함이 어떠하겠는가?) <u>흉할 것이다.</u>

- 구사. 허물이 없어 지나치지 아니하고 만나니,(자리位가 마땅하지 않기 때문이다) 가면 (사납게) 위태로울 것이다. 반드시 경계해야 하고,(끝내 오래 할 수 없다) 오랫동안 올바름을 (고집하여) 쓰지 말라.

- 육오. 먹구름이 (빽빽하게) 뒤덮였으나, 비는 내리지 않음이다.(이미 너무 높게 올랐다) 나의 서쪽 교외(구름은 음양의 기운이고, 음양의 조화로 비가 내린다. 양이 부르면 음이 화답하는 것이 순리다. 서남은 음의 방향이라 음으로부터 먼저 부르기 때문에, 조화되지 못하여 비가 내릴 수 없는 것이다)에까지 이른 것이다. 공公이 저 구멍 속에 있는

새를 (주살로) 쏘아서 잡을 것이다.

* 9. 풍천소축괘 괘사에서 문왕이 "밀운불우 자아서교"라 하였고, 62. 뇌산소
  과괘 육오 효사에서 주공이 "밀운불우 자아서교"라 하였다. 유리옥에서 역을
  짓고 기주를 바라보던 문왕 자신(서백)의 터전이 중국 서쪽 방면이었고, 주
  공도 자신의 터전이 중국 서쪽 방면이었음을 밝히고 있다.

- 상육. 만나지 아니하고 지나치니,(이미 높이 올라갔다 내려
  올 줄 모른다) 날아다니는 새가 떠난다. <u>흉할 것이니, 이것
  을 일컬어 재앙이라고 말한다.</u>

63. 수화기제水火既濟

앞으로 나아가다 보면 반드시 목적지에 도달하게 된다. 수화는 아래에 불이 있고, 위에는 물이 있는 괘상이다. 수화는 괘의 상이며, 기제는 괘의 이름이다. 기제는 세 양陽과 세 음陰이 서로 바르게 응하고 있다.

험난한 수행의 과정을 모두 마친, 수승화강水昇火降의 도통道通을 이룬 형상이다. 그러므로 소과 다음에 기제로 받았다.

◆물이 불 위에 있는 것이 기제다. 기제는 일이 이미 이루어졌음을 뜻한다. 물과 불이 서로 사귐에 각각 그 쓰임을 얻는다. 6효의 자리가 각각 그 바름을 얻으니, 그래서 기제라 한다.

기제는 작은 것이 형통하니, 올바르면 이롭다.(굳셈과 부드러움이 바르고, 바로 그 자리가 마땅하다는 의미다) 처음은 길하고,(부드러움이 중中(육이의 자리)을 얻었고) 끝에 그치면 어지럽다.(주역의 도는 하나로 고정된 이치가 없다. 나아가지 않으면 물러나니, 그 도가 궁색하다는 의미다)

기제는 물이 불 위에 있는 모습으로, 물기운은 오르고 불기운은 내리니, 모든 것이 해결되고 이미 이루어진 때를 나타낸다. 그러나 아래의 불기운이 점차 위의 물기운에 다다르게 된다. 처음의 밝음은 오래가지 못하고, 마침내는 험난한 길에 다다르게 될 형상이다.

　만사형통하고 안정된 형국이다. 새로운 일을 벌이지 말고, 현상을 유지해야 할 때다.

- 초구. 그 바퀴를 (뒤에서) 끌어당기고,(뒤에서 끌어당기면 그치게 되고, 그치면 허물이 없다) 그 꼬리를 (물에) 적시면, 허물이 없을 것이다.

- 육이. 지어미가 그 가리개(부인이 집을 나설 때 그 수레를 가리는 가리개)를 잃음이니, 쫓아가지 않으면 이레 만에 얻을 것이다.(중도로써 하기 때문이다)

- 구삼. 고종이 (북쪽 땅) 귀방을 공격하여 3년 만에 이길 것이니,(몹시 지쳤기 때문이다. 오랜 시간이 지난 후에 이긴다는 뜻이다) 소인은 쓰지 말라.

- 육사. (배에 물이 새서) 적심에, 해진 옷을 (넉넉히) 준비해서 (배의 새는 틈을 막기 위해) 종일토록 경계할 것이다.(의심하는 바가 있기 때문이다)

- 구오. 동쪽 이웃이(동쪽은 양이다. 폭군 주가 왕인, 은나라는 동쪽이다) 소를 잡는 것이,(성대한 제사를 지내는 것이) 서쪽 이웃이(서쪽은 음이다. 서백인 문왕을 의미) 간소한 (여름) 제사를 지내 실제로 그 복을 받는 것만 못할 것이다.(길흉이 크게 온다는 뜻이다)

- 상육. (기제의 극에서 (기제의 도가 다하면) 미제로 가고, 미제로 가면 머리부터 빠지게 된다. 지나치게 나아가 그침이 없으면, 난을 만나게 되므로) 그 머리를 적심이니, (곧 가라앉게 되므로 사납게) 위태로울 것이다.(어찌 오래 갈 수 있겠는가?)

64. 화수미제火水未濟

주역은 화수미제로 마친다. 미제는 아래에 물이 있고, 위에는 불이 있는 괘상이다. 화수는 괘의 상이며, 미제는 괘의 이름이다. 미제는 물 위에 불이 있는 모습이다. 물은 아래로 흐르고, 불은 위로 타올라 서로 사귀지 못하는 형상이다.

음이 극하면 양이 되고, 양이 극하면 음이 되는 것이 주역의 이치다. 변화의 한 과정을 마치고 나면, 다시 변화를 시작하여 끊임없이 순환 반복하는 이치를 나타낸다.

주역은 64괘의 마지막을 미제로 마친다. 세상은 (종말로써) 마침내 끝나는 것이 아니라, 새로운 시작이 있음을 잘 나타내주고 있다.

◆불이 물 위에 있는 것이 미제다. 미제란 (아직 건너지 못한) 미완성을 상징한다. 미제는 형통하다.(부드러움(육오)이 중中을 얻었다는 의미다) 작은 여우가 거의 건넜으나 꼬리를 적시니,(아직 험함 가운데서 나가지 못했다는 의미다) 이로울 것이 없다.(계속 이어서 마치지 못하면 가서 이로울 데가 없다는 뜻이다)

군셈과 부드러움이 마땅한 자리가 아니지만, 서로 응한다. 일을 완성해 가는 데 곤경에 빠져, 계속 이어서 마치지 못하는 형국이다. 서로 협력하여 곤경을 타개해야 할 때다.

- 초육. (화수미제의 하괘 감(물)은 여우고, 아래에 있으니 꼬리다) 그 꼬리를 적심이니, <u>욕볼(린) 것이다.(또한 알지 못함의 극치다)</u>
- 구이. 그 바퀴를 (뒤에서) 끌어당기니,(구이가 육오에 호응하여, 부드러움이 중中을 얻어 스스로 그치고 나아가지 못함이니) <u>올바르다. 길할 것이다.(중中으로 바름을 행하는 것이다)</u>
- 육삼. <u>미제의 때에, (먼 길을) 치러 가면 흉하나,(자리位가 마땅하지 않기 때문이다) 큰 내를 건넘이 이로울 것이다.</u>
- 구사. <u>올바르면 길하고, 후회가 없을(회망) 것이다.(뜻이 펼쳐진다)</u> 혼신의 힘을 떨치고 진동하며 (북쪽의) 귀방을 정벌하여, 3년 만에 (성공한 연후에) 대국에서 상을 받을 것이다.
- 육오. 올바르면 길하여 후회가 없을 것이다, 군자의 빛남이고,(그 광휘가 길하기 때문이다) 믿게 함이 있으면 길할 것이다.
- 상구. 술을 마심에 믿게 함이 있으면 허물이 없을 것이나,(여우가 물을 건넜으나, 그 머리를 적신 것 같이) 그 머리를 적시면,(또한 절도를 알지 못함이다) 믿게 함이 있더라도 이를 잃을 것이다.

* 주희는 주공이 지은 효사가 상象과 점占이 섞여 있는 구조로 이루어져 있다고 보았다. 이 책 2부 Chapter 2(주역 상경 30괘)와 Chapter 3(주역 하경 34괘)의 효사에 밑줄 친 부분은, 그 점占이 그렇다는 것을 표시한 것이다.

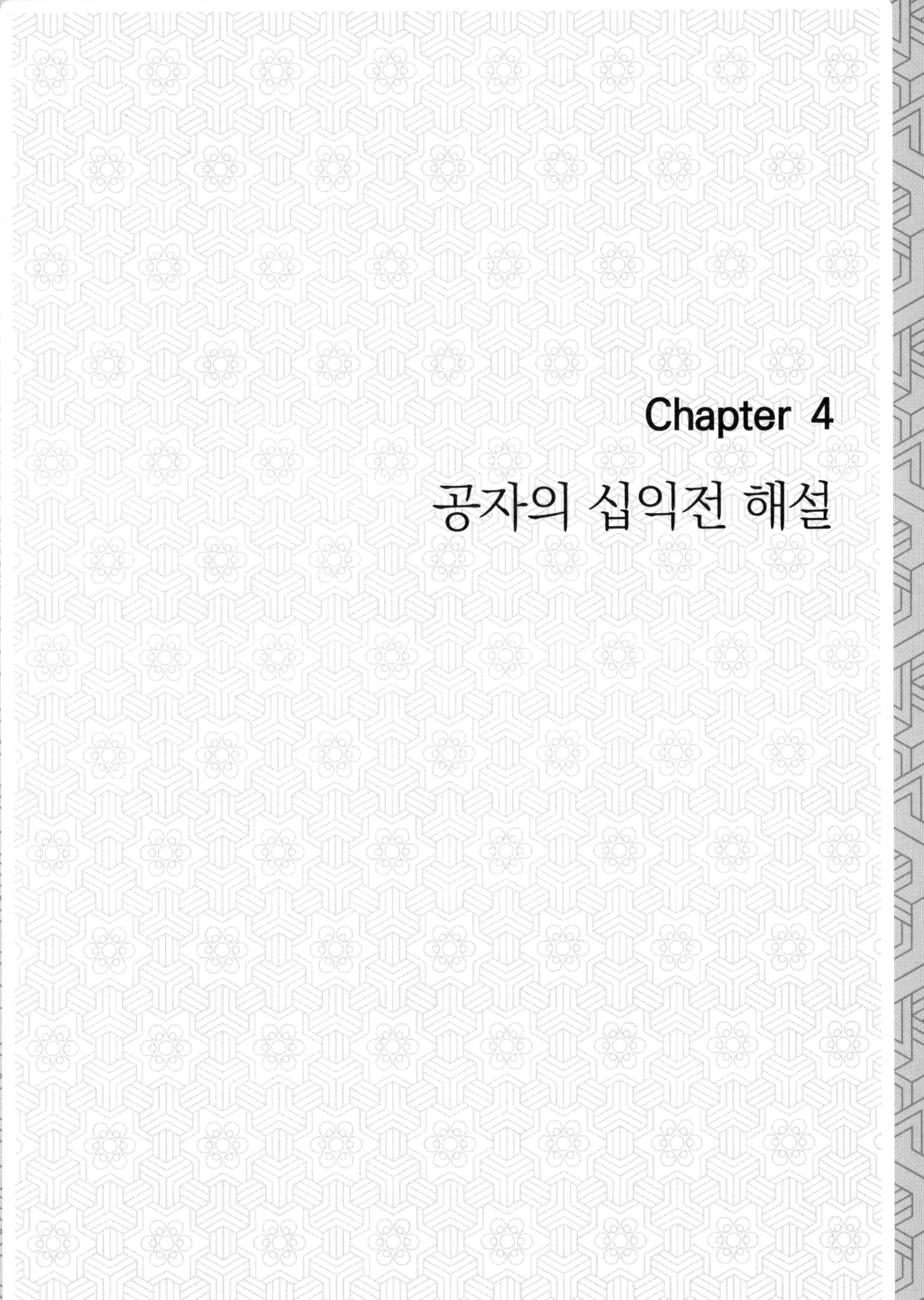

Chapter 4
공자의 십익전 해설

1. 상경 단전

주역은 '경'과 '전'으로 구분된다.

① 복희가 하늘을 우러러 살피고, 땅을 굽어살펴, 음양에 기·우의 수가 있는 것을 보았다. 기(━)·우(--)를 그려 음양을 상징하고, 획을 그어 팔괘를 지었다. 팔괘 위에 팔괘를 더하여 64괘를 만들었다. 그때는 문자가 없고 이치理가 있어, 6획이 모두 기고, 상하의 괘가 모두 건乾이면, 순양인 하늘의 상으로 삼았다.

② 주역 64괘는 건·곤으로 시작한다. 문왕이 중천건괘 아래 "건, 원형이정"(건은 크게 형통하여, 올바르면 이롭다)이라 글을 달아 〈단彖〉이라 하였다. 이것으로 한 괘의 길흉을 단정적으로 판단하니, 단사다. 64괘의 〈단〉이, 64괘의 괘사다.

③ 주공이 384효(64괘 × 6효)의 효사를 지었다. 효사는 한 효의 길흉을 판단한 말이다. 주역 건괘의 "초구. 잠용, 물용"(초구는 잠긴 용이니, 쓰지 말라)이 그것이다. 잠용이 상象이고 물용이 점占이 된다.

   ① + ② + ③ 이 주역의 '경'이다.

성경현전. 성인이 지은 글을 '경'이라 하고, 현인이 '경'을 해석한 글을 '전'이라 한다. 공자가 스스로 "술이부작"(해석하였을 뿐, 지은 것은 아니다)이라 선언하면서, 주역에 열 개의 날개를 달아준 것이 『십익전』이다.

〈단전〉은 공자가 문왕의 〈단〉을 해석한 글이고, "단왈, 대재건원"(단에 이르기를, 위대하도다! 건원이여)이 그것이다.

주희가 48세(순희 4년) 때 지은 『주역본의』는, 상·하경 2편과 『십익전』 10편으로 구성되어 있다. 〈단전〉, 〈상전〉, 〈문언전〉을 오늘날 두루 쓰고 있는 상·하편으로 나눈 것은 왕필이라 알려져 있다.

역이라고 하는 것은, 사람들에게 만물의 변하는 모습象을 보여주고자 하는 것이다. 상象이라는 것은, 곧 사물의 이미지. 자세한 본받음이다.

역에는 두 가지 뜻이 있으니, 변역과 교역이다. 변역은 양이 음으로 변하고, 음이 양으로 변하는(유행의 측면) 것이다. 교역은 양이 음과 사귀고, 음이 양과 사귀는 것이다. 천지가 자리를 잡고, 산택이 기를 통하는(대대對待의 측면) 것이다.

주역 64괘 하나하나가 나타내고 있는 괘상의 상징적 의미와 가르침을 설명하고 있는 것이 〈단〉이다. 주 문왕이 64괘의 순서를 정비하고, 괘마다 괘명과 괘사를 붙여 〈단〉이라 이름하였다. 한 괘의 괘명과 괘사의 뜻을 총괄하여 단정하므로, 이름이 〈단〉이다.

주역 경문에 붙여진 〈단전〉은 "단왈"(단에 이르기를)하고 설명하여, 문왕이 지은 〈단〉과 구별하고 있다. 〈상경 단전〉은 주역 상경 30괘(1. 중천건괘 ~ 30. 중화리괘)의 〈단〉을 공자가 해석한 글이다.

〈단전〉의 구조는 주역 64괘의 괘마다 ① 먼저 괘명을 해석하고, ② 다음 괘사를 해석하고, ③ 괘의 뜻을 해석하는 순서로 되어 있다.

2. 하경 단전

　『주역』 경문에 붙여진 〈단전〉은, "단왈"(단에 이르기를)하고 설명하여 문왕이 붙인 〈단〉과 구별하고 있다. 〈하경 단전〉은, 주역 하경 34괘(31. 택산함 ~ 64. 수화미제)의 〈단〉을 공자가 해석한 글이다.

　* 상세 설명은 〈상경 단전〉 참조

3. 상경 상전

주공에 이르러 주역 64괘 384효마다 효사를 붙였다. 한 괘의 괘상을 총괄적으로 해석한 부분을 대상이라 하고, 한 괘의 여섯 효의 효상을 해설한 부분을 소상이라 한다. 〈상전〉은 공자가 64괘의 괘상과 384효의 효상을 해석한 것이다. 주역 경문에 붙여진 〈상전〉은 "상왈"(상에 이르기를)이라고 설명하여 주공이 붙인 효사와 구별하고 있다. 〈상전〉은 ① 괘상을 해설한 부분 ② 효상을 해설한 부분으로 나뉘어 있다.

대상은 6획 대성괘(상하의 3획 소성괘의 양상兩象을 의미함)를 말하며, 복희가 지은 것이다. 〈대상전〉은 "상왈, 천행건"(상에 이르기를, 하늘의 운행이 씩씩하니)을 가리키며 공자가 해석한 글이다. 건곤 두 괘를 제외한, 62괘의 대상전은 짧은 한 문장으로 되어 있다.

소상은 6획 대성괘의 효사인, "초구. 잠룡, 물용"을 가리키며 주공이 지은 것이다. 〈소상전〉은 "상왈, 잠룡, 물용"(상에 이르기를, 잠긴 용이니 쓰지 말라)을 가리키며, 공자가 해석한 글이다. 대상과 소상, 〈대상전〉과 〈소상전〉은 동일한 것이 아니다.

〈상경 상전〉은 주역 상경 30괘(1. 중천건 ~ 30. 중화리)의 괘상과 효상을 공자가 해석한 글이다.

◆3. 수뢰둔괘의 대상
  - 상왈, 운뢰둔(상에 이르기를, 구름 속에 우레가 진동하는 상이 둔이다) 군자이경륜(군자는 이것을 본받아, 실을 다루어 옷감을 짜듯이 경륜해야 한다)

◆3. 수뢰둔괘 초구의 소상
  - 상왈, 수반환,(상에 이르기를, 비록 나아가기 어려우나) 지행정야(뜻이 바름을 행한다는 것이다)

소상은 앞의 글은 효사를 인용하고, 뒤의 글은 효사를 해석하고 있다.

* 역은 상(괘상과 효상)이다. 상(괘상과 효상)은 본뜬 것이다.(괘상은 팔괘가 지닌 천지 만물의 상이고, 효상은 음·양효의 4가지 효상과 이것이 지니는 천지 만물의 상이다. 주역점은 괘상과 효상이 점을 판단하는 중요한 요소다.

4. 하경 상전

〈상경 상전〉은 주역 상경 30괘(1. 중천건 ~ 30. 중화리)의 괘상과 효상을 공자가 해석한 글이다. 〈하경 상전〉은 주역 하경 34괘(31. 택산함 ~ 64. 수화미제)의 괘상과 효상을 공자가 해석한 글이다.

 * 상세 설명은 〈상경 상전〉 참조

5. 계사 상전

〈계사전〉은 공자가 『주역』 경문에 대하여 총괄적으로 해석한 글로서, 스스로 상전과 하전으로 나누었다. 〈계사 상전〉이 12장, 〈계사 하전〉이 12장으로 구성된 것은 1년이 12개월로 구성된 이치와 같다.

『주역』은 상경(30괘, 자연의 도를 중심)과 하경(34괘, 인사의 이치를 중심)으로 나누어져 있다. 〈계사 상전〉은 역(64괘 384효)의 이치에 관하여, 본질적인 면을 설명한 글이다. 역의 이치易理를 말미암아 천지 만물이 있으니, 역리는 인연을 따르지만 불변하고, 불변하지만 인연을 따른다. 천지 만물을 말미암아 역서易書가 되고, 역서를 말미암아 역학易學을 이룬다. 역학을 말미암아, 역의 이치에 틀림없이 서로 꼭 들어맞음(계합됨)을 밝힌 것이다.

역리는 1(태극)이 2를 낳고, 2가 4를 낳으며, 4가 8을 낳고, 8이 64(천지 만물)를 낳음이다. 역학은 64(천지 만물)가 32요, 32가 16이며, 16이 8이요, 8이 4이니, 4가 2요, 2가 다만 1이다.

천지 만물이 모두 1(태극)이다. 1은 본래 남生이 없으니, 무극이 태극이다. 역리를 말미암아 천지 만물이 있고, 역학을 말미암아 역리에 계합됨을 밝힌 것이다.

 * 역학 : 주역의 괘를 해석하여, 음양·변화의 원리와 이치를 연구하는 학문
 * 역리 : 주역(음양오행설 등)에서 역의 이치나 법칙.

문왕과 주공이 괘효의 아래에 해석을 붙인 것을 단과 효사라 한다.(이는 『주역』 경문이다) 공자가 서술한 〈계사전〉은 주역 전반에 걸쳐 통론한 것으로, 공자 스스로 상·하 두 편〈계사 상전〉, 〈계사 하전〉으로 나누었다.

  ◆계사 상전 1장은, 조화의 실체로서 역을 지은 이치를 밝혔다.
   - 하늘은 높고, 땅은 낮으니, 건과 곤이 정해진다. 높고 낮음으로

펼쳐지니, 귀하고 천함이 자리한다. 움직이고(양), 고요함(음)에 불변의 도(이치)가 있다. 굳셈과 부드러움(괘와 효의 강유를 일컬음)이 갈라진다.

　　사방으로 닮은 무리끼리 모이고, 만물이 같은 무리로써 나누어지니, 길과 흉(주역 괘효의 점쳐서 나타난 말)이 생겨난다. 하늘에 있어 상(일월성신의 엮임)이 이루어지고, 땅에 있어 형상(산천과 동식물의 엮임)이 이루어지니, 변變(음이 변하여 양이 됨)과 화化(양이 변하여 음이 됨)가 나타난다.

> * 길흉이란 잃고 얻는 상이고, 회린은 걱정하고 근심하는 상이며, 변화란 나아가고 물러나는 상이고, 강유란 낮과 밤의 상이다.

◆ 계사 상전 2장은, 성인이 역을 지은 뜻과 군자가 역을 배우는 일을 설명하였다.

－ 효(6효는 초·이가 땅地이 되고, 삼·사가 사람人이 되고, 오·상이 하늘天이 된다)의 움직임(변화를 의미함)은, 3극(천(음·양), 지(강·유), 인(인·의) 3재가 각각 '일태극'이다)의 도다.

　　이런 까닭에 군자가 고요히 있을 때는, 그 상을 자세히 보아 괘사와 효사를 음미한다. 움직일 때는, 그 변變함을 자세히 보아 그 점占을 음미한다. 이로써 하늘로부터 도와 길해서 이롭지 않음이 없다.

◆ 계사 상전 3장은, 상(괘와 효)과 점(길흉, 회린, 무구)의 통례를 나누어서 해석하였다.

－ 길·흉은 득실을 말하며, 회·린은 작은 허물을 근심하는 것을 말하며, 무구는 (뉘우치고) 허물을 잘 고쳐서 허물이 없는 (평상의) 상태로 만드는 것을 말한다.

> * 단은 괘사를 말하며, 상을 말한다. 문왕이 지었으며, 전체를 가리킨다. 효는 효사를 말하며, 변함을 말한다. 주공이 지었으며, 일 절(한 단락)을 가리킨다.

◆ 계사 상전 4장은, 역의 도가 커서, 성인의 씀이 이와 같음을 말했다.

- 역이 천지에 준하여 더불어 같아서 능히 천지의 도를 두루 다스리니 우러러서는 천문을 자세히 살펴보고, 구부려서는 지리를 살핀다.

이런 까닭에 그윽함과 밝음의 까닭을 알며, 처음으로 되돌아가므로 삶과 죽음의 도리를 알며, 정과 기가 사물이 되고 혼이 노닐어 변화가 되는 것이다. 이런 까닭에 귀신의 실정과 형체를 안다.

◆ 계사 상전 5장은, 도의 체용体用이 음양에서 벗어나지 않으나, 그 까닭은 음양에 의지하지 않음을 말했다.

- 일음과 일양을 도라 말하니, 잇는 자는 선이요, 이루는 자는 성性이다. 어진 자가 보면 '인'이라 말하며, 아는 자가 보면 '앎'이라 말하고, 백성은 날마다 사용해도 알지 못한다. 이런 까닭에 군자의 도가 드문 것이다.

◆ 계사 상전 6장은, 역이 광대하여 천지 사이에 있지 않은 곳이 없음을 말했다.

- 역은 넓고도 크도다. 먼 데를 말해도 다함이 없고, 가까운 데를 말해도 고요하면서도 바르다. 역으로써 천지의 사이를 말하면, 있지 않은 곳이 없다. 넓고도 큼은 천지에 짝하고, 변통은 사계절에 짝한다. 음양의 뜻은 일월에 짝하고, 쉽고 간단함이 선함을 지극한 덕에 짝한다.

◆ 계사 상전 7장은, 역이 지극하니! 성인이 역으로써 덕을 높이고, 업을 넓힘을 말했다.

- 공자가 이르시되 "역이 지극하도다! 성인이 역으로써 덕을 높이고, 업을 넓힘이다. 지知를 높임이 하늘과 같아 덕을 높이고, 예가 낮음이 땅과 같아 업을 넓힘이다."

천지의 위位가 베풀어짐에 역이 그 가운데 행하니, 이루어진 지와 예의 (덕숭 광업의) 성품性을 잃지 않음이 도의의 문이다.

◆ 계사 상전 8장은, 괘효의 씀을 말했다.

- 성인이 역으로써 천하의 뒤섞여 어지러운 것을 보아서, 그 사물의 생김새를 헤아리며, 그 사물의 마땅함을 그리니, 이런 까닭에 상象이라 이른 것이다.

  성인이 역으로써 천하의 움직임을 보아서, 그 모이고 통함을 자세히 살피고, 그 전례를 행하며, 말을 매어서 역으로써 그 길흉을 단정함이 있으니, 이런 까닭에 효爻라 이른 것이다.

  '항용 유회'란 귀해도 위位가 없으며, 높아도 백성이 없으며, 현인이 아래에 있어 도울 수 없으니, 이로써 움직임에 뉘우침이 있다.

◆ 계사 상전 9장은, 천지 대연의 수와 시초를 셈하여 괘를 구하는 법칙을 설명하였다.

- 천1 지2 천3 지4 천5 지6 천7 지8 천9 지10이니, 천의 수가 5이며, 지의 수가 5이다. 5를 서로 얻어서 각각 합하니 (천수(기수) 5 = 1, 3, 5, 7, 9, 지수(우수) 5 = 2, 4, 6, 8, 10) 천의 수가 25요, 지의 수가 30이니, 무릇 천지의 수가 55다. 이것이 역으로써 변화를 이루며, 귀신(기우 생성의 굴신 왕래자)을 행하는 바다.

  이는 〈하도〉의 수가 곧 천지의 수임을 밝힘이다. 곧 역으로써 변화를 이루며 귀신을 행하는 것이다. 대연의 수가 50이니, 그 사용은 49다.

  둘로 나누어서 양의를 상징하고, 하나를 걸어서 삼재를 상징한다. 넷으로 셈으로써 사계절을 상징하고, 나머지를 손가락 사이에 끼움으로써 윤달을 상징한다. 오 년에 두 번 윤달이 있으므로, 두 번 끼운 후에 거느니라.

◆ 계사 상전 10장은, 〈계사 상전〉에서 가장 중요한 장으로, 9장의 뜻을 이어서 주역이 주는 4가지 선물(언, 변, 상, 점)을 설명하였다.

- 역에 성인의 도가 넷이 있으니, 역으로써 말하는 자는 그 말을 숭상하고, 역으로써 움직이려는 자는 그 변함을 숭상하고, 역으로써

도구를 만들려는 자는 그 상을 숭상하고, 역으로써 점占을 치려는 자는 그 점을 숭상한다. 넷(언, 변, 상, 점)은 모두 변화의 도이니, 신의 하는 일이다.

역은 생각함이 없고(무사) 함도 없는(무위) 무심을 말한다. 그러한 고요함이 움직이지 않다가 느끼매 드디어 천하의 변화하는 까닭을 통하니, 천하의 지극한 신이 아니면 그 누가 능히 이에 참여하리오.

대체로 보아서 역은 성인이 역으로써 깊음을 다하고, 조짐을 궁구함을 말한다. 오직 깊은 까닭에 능히 천하의 뜻을 통하며, 오직 조짐을 아는 까닭에 능히 천하의 일을 이루며, 오직 불가사의한 까닭에 틈이 없어도 빠르고, 행하지 않아도 이른다. 공자가 이르시되 "역에 성인의 도가 넷이 있다."고 함은 이를 말함이다.

◆ 계사 상전 11장은, 전적으로 점(복서)을 말했다.

- 문을 연 것을 건乾이라 이르고, 문을 닫은 것을 곤坤이라 하며, 한 번 열고 한 번 닫는 것을 변變이라 이르고, 가고 오는데 궁하지 않음을 통通이라 한다. 나타나는 것을 이에 상象이라 이르고, 형체를 이에 기器라 이르고, 지어 쓰는 것을 법法이라 이르고, 출입에 이롭게 하여 백성이 다 씀을 신神이라고 한다.

  이런 까닭으로 역에 태극이 있으니, 이것이 양의를 내고, 양의가 사상을 내고, 사상이 8괘를 내니, 8괘가 길흉을 정하고, 길흉이 대업을 생기게 한다.

  이런 까닭에 하늘이 신물을 내니 성인이 법칙으로 삼으며, 천지가 변화하니 성인이 본받으며, 하늘이 형상을 드리워서 길흉을 나타내니 성인이 이미지로 나타낸다. 황허에서 〈하도〉가 나오고, 낙수에서 〈낙서〉가 나와서 성인이 이를 법칙으로 삼으니, 역에 사상(노양, 소음, 소양, 노음)이 있음은 역으로써 표시하는 바요. 말을 맴은 역으로써 알리는 바요. 길흉으로써 정함은 역으로써 단정하는 바다.

◆ 계사 상전 12장은, 역의 괘효를 지은 과정과 사람의 덕행에 대하여 말했다.

- 역에 이르기를 "하늘로부터 도우니 길하여 이롭지 않음이 없다." 하니, 공자가 이르기를 "하늘이 돕는 것은 따르기 때문이다. 사람들이 돕는 것은 믿기 때문이다. 믿음을 이행하여 따름을 생각하고, 또 역으로써 어진 사람을 높이니, 이로써 하늘로부터 도와서 길하고 이롭지 않음이 없다."고 하였다.

글로써 말을 다하지 못하고, 말로써 뜻을 다하지 못한다. 성인이 상을 세워 뜻을 다하고, 괘를 지어서 진정과 거짓을 다하고, 말을 맴으로써 그 말을 다하고, 변통으로써 이로움을 다하고, 고무함으로써 신神을 다한다.

건곤은 '역'의 본체다. 건곤이 열을 이룸에 '역'이 그 가운데 서게 되었다. 형이상의 것을 도라 하고, 형이하의 것을 기라 한다. 화化하는데 재단하는 것을 변變이라 하고, 미루어서 행하는 것을 통이라 하고, 들어서 천하의 백성들에게 조치하는 것을 사업이라 한다. 천하의 심오함이 다한 것을 괘에 보존하고, 천하의 움직임을 두드리는 것은 사(괘사, 효사)에 보존했다.

6. 계사 하전

　〈계사전〉은 공자가 『주역』 경문에 대하여 총괄적으로 해석한 글로서, 스스로 상전과 하전으로 나누었다. 〈계사 상전〉이 12장, 〈계사 하전〉이 12장으로 구성된 것은 1년이 12개월로 구성된 이치와 같다.

　〈계사 하전〉은 역의 이치에 관하여, 현상적이고 표면적으로 작용하는 면을 설명한 글이다.

◆ 계사 하전 1장은, 괘효의 길흉과 조화의 공업을 말했다
- 팔괘가 열을 이루니(1건, 2태, 3리, 4진, 5손, 6감, 7간, 8곤) 상(상은 괘의 형체를 말한다)이 그 가운데 있고, 각각 1괘를 말미암아(㧀) 팔괘의 순서대로 더하여 육십사괘가 되니(대성괘를 이루니) 효爻가 그 가운데 있다.

　강剛과 유柔가 서로 교대하여 변천하니, 변함이 그 가운데 있다. 말辭을 매어서 명하니, 움직임이 그 가운데 있다. 길함과 흉함,(길흉) 뉘우침과 욕됨(회린)은 움직임(괘효의 움직임)에서 나오는生 것이다.

　굳셈과 부드러움은 근본을 세우는 것이고, 변하고 통함은 때에 따르는 것이다. 천지의 도는 올바르게 보인 것이다. 일월의 운행은 올바르게 밝힌 것이다. 천하의 움직임은 올바른 하나의 이치理 일뿐이다. 대개 건은 아주 확실하게 사람에게 쉬움을 보이고, 곤은 무너지듯이 사람에게 간단함을 보인다. 효란 이것을 본받는 것이고, 상이란 이것을 본뜨는 것이다.

　효상은 안에서 움직이고, 길흉은 밖에서 보이며, 공업은 변에 나타나고, 성인의 정은 말辭에서 보인다.

◆계사 하전 2장은, 성인이 기구를 만드는 데 상을 숭상한 일을 말했
다.

- 5천 년 전 문자가 없던 신석기 시대. 당시 천하에 왕 노릇 하던
복희가 우러러서는 하늘의 상(음양 기우)을 자세히 살피고, 구부려
서는 땅의 법칙을 자세히 살펴서,(음양이 끊임없이 변화하고 순환
하는 두 끝) 새와 짐승의 무늬와 가까이는 자신의 몸에서 취하고,
멀리는 사물에서 취하여 처음으로 획을 그어서 팔괘를 지었다. 신
명의 덕(씩씩하고 묘하고, 움직이고 멈추는 성품)을 통하고, 만물
의 정(우레, 바람, 산, 연못의 상)을 무리로 구분하였다. 새끼를 엮
어 그물을 만들어서 들짐승도 잡고 물고기도 잡으니, 모두 이괘에
서 취한 것이다.

◆계사 하전 3장은, 역은 상이고 효는 움직이니, 길흉이 생기고 회린이
드러남을 말했다.

- 이런 까닭에 역이란 것은 상象이니, 상이란 것은 본뜬다는像 것이
다.(역은 괘의 형상이다) 단彖이란 재질(바탕)이고,(단은 한 괘의
재질이다) 효爻란 천하의 움직임을 본받는 것이다.(효는 둑이다)
　이런 까닭에 길함과 흉함이 생기고, 뉘우침과 욕됨(회린)이 드
러나는 것이다.

◆계사 하전 4장은, 팔괘의 음양 획수로써 군자와 소인의 도를 나눈 것이
다.

- 양괘는 음이 많고,(진, 감, 간괘는 양괘가 되니, 모두 일양 이음이
다) 음괘는 양이 많다.(손, 리, 태괘는 음괘가 되니, 모두 일음이
양이다) 그 까닭은 양괘는 기수(모두 5획, 다섯 조각)고, 음괘는
우수(모두 4획, 네 조각)이기 때문이다.
　양괘는 하나의 임금에 백성이 둘이니 군자의 도이며, 음괘는 임
금이 둘이고 백성이 하나니 소인의 도다.

◆ 계사 하전 5장은, 천지, 군자, 소인이 서로 굽히고 펴는 도를 말했다.

- 역에 이르기를 "분주하게 왕래하니, 친구가 너의 뜻을 따를 것이다." 하니, 공자가 이르기를 "천하가 무엇을 생각하고, 무엇을 고려하겠는가? 천하가 함께 돌아가지만 길이 다르고, 하나에 이르지만 생각은 백 가지니, 천하가 무엇을 생각하고 무엇을 고려하겠는가?"

  해가 지면 달이 뜨고, 달이 지면 해가 뜬다. 해와 달이 서로 옮겨서 밝음이 생긴다. 추위가 가면 더위가 오고, 더위가 가면 추위가 온다. 추위와 더위가 서로 옮겨서 한 해가 이루어진다. 간다는 것은 굽힌다는 것이고, 온다는 것은 펴는 것이다. 굽히고 펴는 것이 서로 느껴서 이로움이 생긴다.

◆ 계사 하전 6장은, 건곤은 역의 문이니, 그 이치를 백성들에게 가르쳐 올바른 길로 인도하는 데 있음을 말했다.

- 공자 이르기를 "건곤은 그 역의 문이로다!" 건은 양물이고, 곤은 음물이다. 음양이 덕을 합하고, 굳셈과 부드러움이 체가 있으니, 이로써 천지의 일을 몸으로 하고, 신명의 덕에 통한다.

  무릇 역은 지나간 것을 밝혀서 오는 것을 살피고, 미미한 것을 드러내어 그윽한 것을 밝히며, 마땅한 이름으로 만물을 분별하여, 바른말로써 구구한 말辭을 끊으니, 즉 갖추어졌다고 한다. 그 이름을 부름은 작으나, 그 무리를 취함은 크고, 그 뜻은 멀고, 그 말은 문채가 있다. 그 말이 굽으면서도 중中에 있으니, 백성의 행위를 구제한다. 잃음과 얻음의 인과를 밝힘으로 인해서, 그 일을 베풀면서도 감추었다.

◆ 계사 하전 7장은, 아홉 괘(이, 겸, 복, 항, 손, 익, 곤, 정, 손)를 삼단으로 해석하여 우환에 처하는 도를 밝혔다.

- 역의 일어남은 중고 시대로다. 역을 지은 자는 우환이 있었음이로다.
* 그러므로 '이'履는 덕의 기초니, '이'는 조화로움으로 극에 이르게 되고, '이'로써 조화롭게 행한다.

* '겸'謙은 덕의 자루니, '겸'은 존귀함으로 빛나고, '겸'으로써 예를 마름한다.

* '복'復은 덕의 근본이니, '복'은 (작은 사물의 선악이라도) 사물을 분별하고, '복'으로써 스스로 알게 한다.

* '항'恒은 덕의 굳음이니, '항'은 뒤섞임으로 싫어하지 아니하고, '항'으로써 덕을 하나 되게 한다.

* '손'損은 덕의 닦음이니, '손'은 먼저는 어렵지만 나중은 쉽게 하고, '손'으로써 해침을 멀리한다.

* '익'益은 덕의 넉넉함이니, '익'은 오래도록 넉넉하여 함부로 베풀지 않고, '익'으로써 이익이 일어나게 한다.

* '곤'困은 덕의 분별함이니, '곤'은 궁함으로 통하게 하고, '곤'으로써 원망을 적게 한다.

* '정'井은 덕의 처지니, '정'은 그 자리에 머물면서 옮기게 하고, '정'으로써 의(물사를 재단하는 것)를 분별하게 한다.

* '손'巽은 덕의 마름이니, '손'은 저울질함으로써 드러나지 않게 하고, '손'으로써 권세를 행사하게 한다.

◆ 계사 하전 8장은, 역은 오직 변화에 따르므로 변동하여 머무르지 않지만, 역의 도는 잠시라도 떠날 수 없음을 말했다.

 - 역은 잠시라도 떠날 수 없는 글이며, 순환 반복하여 여러 번 옮겨지는 도로써, 변동하여 머무르지 않고 육허(괘의 육위)에 두루 흘러서 상하가 무상하고 강유가 서로 바뀌어 일정한 법칙이 없으니,(불가위전요) 오직 변화에 따르는 바이다.

   또 우환에 대처함을 밝혔으니, 선생은 없으나 부모가 있는 것과 같다. 처음에 말(계사·효사)을 따라 그 방향을 헤아리면, 이미 변하지 않는 도리가 있다.

   진실로 (역을 깨우쳐서, 그러한 신명의 밝음이 있는) 그 사람이 아니면, (역의 이치를 헤아려서 그 속에 법칙이 있는) 도가 아닌 헛된 행위를 한다.

◆ 계사 하전 9장은, 괘의 본체와 육효의 길흉, 공과에 대하여 말했다.

- 역의 글은 시작하는 처음으로 마침을 구하는 것이니, 이것이 괘의 본체다. 육효가 서로 섞이는 것은, 오직 그것이 때에 따라 나오는 물건(사물)이기 때문이다. 그 처음은 알기 어렵고, 그 위는 알기 쉬우니, 일의 처음과 끝이다. 초효사를 헤아리고, 상효사를 이룸으로써 끝난다. 만일 사물을 섞어서 덕을 가려내고, 옳음과 그름을 분별하려면, 그 중효(호체)가 아니면 제대로 다 갖추지 못할 것이다.

  아! (탄식하노라) 또한 존망과 길흉을 구하면 머물러서 가히 알 것이다. 지혜로운 자가 그 단사(괘사)를 보면, 생각이 반을 지날 (반 이상을 알 수 있을) 것이다. 이효와 사효는 공은 같되 자리가 다르니, 그 선이 같지 않다. 이효는 명예가 많고, 사효는 (군주와) 가깝기 때문에 두려움이 많다.

  부드러움의 도란 멀리 있어 불리하지만, 그 구함이 허물이 없음이고, 그 씀이 부드러움을 중中으로 하기 때문이다. 삼효와 오효는 공은 같으나 자리가 달라서, 삼효는 흉이 많고, 오효는 공이 많아 귀천이 가지런함이다. 그 부드러움은 위태하나, 그 굳셈은 이김이다.

◆ 계사 하전 10장은, 육효는 삼재의 도이며, 길흉의 생김을 말했다.

- 『주역』은 모든 이치를 다 갖춘 광대한 책이다. 천도가 있고, 인도가 있고, 지도가 있다. 삼재(천지인)를 겸하여 둘로 하였으니, 그래서 육(육효)이라 한다. 육효는 다른 것이 아니라, 삼재의 도다. 도가 변동이 있으므로 '효'爻라 하고, 효에 차이가 있어 만물이라 하였고, 만물이 서로 섞이니 '무늬'文라 하고, 무늬가 이치에 맞지 않아서 길흉이 생긴다.

◆ 계사 하전 11장은, 위태하게 여기고 두려워하면 허물이 없고, 이것이 '역의 도'임을 말했다.

- 역의 일어남은 그 은의 말세와 주의 성덕, 즉 문왕과 주(은나라 마지막 왕)의 일에 해당한다. 이런 까닭으로, 주역의 그 말이 위태하다. 위태로운 자를 평안하게 하고, 경솔한 자를 기울어지게 하니, 그 도가 심히 커서 만물이 이를 폐할 수 없다. 처음부터 끝까지 두려워함으로 하는 것, 그것이 허물이 없음을 구하는 것이다. 이것을 '역의 도'라고 말한다.

◆ 계사 하전 12장은, 팔괘는 상으로 말하고, 괘효사는 뜻으로 말한다는 것을 밝혔다. '역'의 뜻은 가까우나 서로 얻지 못하면, 흉·해·회·린이 있게 된다는 것을 말했다.

- 무릇 건은 천하의 지극히 튼튼함이니, 덕행이 항상 쉬우므로 험함을 안다. 무릇 곤은 천하의 지극히 순함이니, 덕행이 항상 간단하여 막힘을 안다. 능히 마음으로 기뻐하고, 능히 생각함을 갈고닦아 천하의 길흉을 정하고, 천하의 노력을 이룬다.

  이런 까닭으로, (변화하고 움직임에) 길사吉事에 상서로움이 있고, 일을 추상하여 알고, 일을 점쳐서 미래를 안다. 천지가 자리를 배열함에 성인이 능함을 이루니, 사람은 귀신도 꾀하고, 백성도 더불어 능함이 있게 된다. 팔괘는 상(괘획)으로 말하고, 효와 단(괘효사)은 정情으로 말하니, 굳셈과 부드러움이 섞여 있어 길흉을 볼 수 있다.

  변동은 이利로 말하고, 길흉은 정情으로 옮긴다. 이런 까닭으로, 사랑과 미움이 서로 치니 길흉이 생기며, 멀고 가까움이 서로 취하니 뉘우침과 욕됨(회린)이 생기며, 본성과 거짓이 서로 느끼니 이해利害가 생긴다. 무릇 '역'의 뜻은, 가까우나 서로 얻지 못하면 흉하거나, 해롭거나, 후회하거나, 욕보게 됨(흉·해·회·린)이 있게 될 것이다.

장차 반역할 자는 그 말이 부끄럽고, 마음 가운데 의심이 있는 자는 그 말이 갈라지고, 길한 사람은 말이 적고, 조급한 사람은 말이 많다. 선함을 모함하는 자는, 그 말이 논다. 그 지킬 것을 잃어버린 자는, 그 말이 비굴하다.

7. 건곤 문언전

〈문언전〉은 공자가 64괘의 첫머리인 건·곤 두 괘의 괘효사를 해석한 것이다. 64괘가 음양 2효에서 벗어나지 않으니, 음양의 순수함은 건·곤 2괘가 된다. 음양의 두 도리가 밝으니, 일체 괘의 도리가 밝은 것이다. 그러므로 특히 〈문언전〉을 지어서 역으로써 펼쳤다.

공자가 건괘의 단,(괘사) "건乾은 원元코, 형亨코, 이利코, 정貞하다."를 해석한 것이 '건문언'이다. 〈문언〉에 이르기를 "원元은 선함의 우두머리이며, 형亨은 아름다움의 모임이며, 이利란 의리의 화합이며, 정貞은 일事의 줄기다." 그러므로 이르되 "건, 원형이정"이다.

주역의 핵심은 중中·정正이다. 중정이란, '건문언' 첫째 단락 둘째 양효에 있다.

> - " '나타난 용이 밭에 있으니, 대인을 만나보는 것이 이롭다.'는 것은 무엇을 말한 것입니까?"
> ◆ 구이. 견룡재전, 이견대인, 하위야? 九二. 見龍在田, 利見大人, 何謂也?
> - 공자 이르시되 "용의 덕이 바르고 알맞은 것이다."
> ◆ 자왈, 용덕이 중정자야 子曰, 龍德而 中正者也

중中은 치우침이 없고, 편벽함이 없다는 것이다. 주역 64괘의 각 괘는 6효로 구성되어 있다. 상수로 해석하면 6효 중 둘째와 다섯째 자리를 중中이라 한다. 중中은 위아래 괘의 가운데 자리를 가리킨다.

역은 때에 따라 바뀐다.(수시 변역) 사람의 도리는 중정中正을 지키면서, 때에 따라 바뀔 줄 알아야 함을 『주역』은 말하고 있다.

공자가 곤괘의 단,(괘사) "곤坤은 원元코, 형亨코, 이利코, 빈마지정牝馬之貞이다."를 해석한 것이 '곤문언'이다. 〈문언〉에 이르기를 "곤은 지극히 유순하되 움직임이 강하고 지극히 고요하되 덕이 방정하니, 뒤를 따르면 이利를 주장하여 얻음에 늘 떳떳함이 있다. 만물을 머금어 화化함이 빛나니 곤의 도가 순하여, 하늘天을 이어서 때에 따라 행하는 것이다."

『주역』 '경문'에 붙여진 〈문언전〉은 "문언에 이르기를"(문언왈) 하고 설명하고 있다.

8. 설괘전

〈설괘전〉은 공자가 서술한 『십익전』 중 하나다. 〈설괘전〉은 팔괘(건·태·리·진·손·감·간·곤)의 괘위位, 괘덕德, 괘상象에 대한 총론적인 설명으로 11장으로 구성되어 있다.

◆ 설괘전 1장 ~ 2장

성인이 신명을 도와 설시법을 내고, 6획으로 괘를 이루어 표시(천지인 3재가 천은 지·인을, 지는 천·인을, 인은 천·지를 갖춘다)하여 역을 지은 뜻은, 생사의 흐름을 거슬러 성명性命의 이치를 따르게 하고자 함이다.

◆ 설괘전 3장

천지가 그 자리位를 정하니, 양은 하늘에 속하고 음은 땅에 속하므로, 산과 못이 기를 통하고, 우레와 바람이 서로 부딪치고, 물과 불이 서로 어긋나되 서로 싸우지 않고, 팔괘가 서로 섞인다.

팔괘가 서로 사귀어 64괘를 이룬다. 지나간 것을 셈하는 것(진에서 시작하여 이와 태를 지나 건에 이르니, 이미 생겨난已生 괘를 셈하는 것)은 순順이고, 올 것을 아는 것(손에서 시작하여 감과 간을 지나 곤에 이르니, 아직 생겨나지 않은未生 괘를 미루는 것)은 역이다. 그러므로 역은 역수다.(역에서 괘를 생생함은 건·태·리·진·손·감·간·곤이 순서가 된다. 그러므로 모두 역수다)

◆ 설괘전 4장

우레로 움직이고, 바람으로 흩어지며, 비로 적시고, 해로 말리고, 산으로 그치게 하고, 일렁이는 못으로 기쁨을 드러내고, 하늘로 주재하고, 땅으로 감춘다.

◆ 설괘전 5장

  - 하늘의 주재자가 진에서 나와서(진은 동방)

  - 손에서 가지런하고(손은 동남)

  - 리에서 서로 보고(리는 남방)

  - 만물이 모두 길러지니, 곤에서 힘써 부리고(곤은 땅)

  - 태에서 기뻐하고(태는 가을)

  - 건에서 음양이 서로 부딪치고(건은 서북)

  - 감은 물이며 일하는 괘니, 만물이 돌아가는 것은 바다다.(감은 북방)

  - 간은 만물의 마침을 이루고, 시작을 이룬다.(간은 동북)

◆ 설괘전 6장

신이란 만물을 묘하게 함을 말한 것이다. 만물을 움직이는 것이 우레만큼 빠른 것이 없고, 만물을 흔드는 것이 바람만큼 흔드는 것이 없다. 만물을 기쁘게 하는 것이 못보다 기쁘게 하는 것이 없다. 만물을 적시는 것이 물보다 적시게 하는 것이 없고, 만물을 마치며 만물을 시작하는 것이 산보다 채우는 것이 없다.

물과 불이 서로 뒤따라가 붙잡고, 우레와 바람이 서로 어그러지지 아니 하며, 산과 못이 서로 기를 통한 연후에야 능히 변화하여 만물을 다 이룬다.

〈설괘전 7장 ~ 11장〉

건	굳세고, 말, 하늘, 동근 원, 군주, 옥, 금, 추워서 떨다, 얼음, 심하게 붉음, 훌륭한 말, 늙은 말, 파리하게 마른 말, 얼룩말, 나무의 열매
태	기뻐함, 막내딸, 못, 무당, 구설,(시비하고 비방하는 말) 훼절,(다닥쳐서 꺾임) 첩, 양(가축과 야생을 통틀어 이른다)
리	걸리고, 꿩, 차녀, 불, 해, 번개, 갑옷과 투구, 창과 군사, 배가 큰사람, 자라, 게, 벌, 조개, 거북이
진	움직이고, 용, 장남, 우레, 검은 하늘과 누런 땅, 큰 길, 펴다, 조급한 성격, 푸른 대나무, 갈대, 잘 우는 말, 기형적으로 흰발, 굳셈으로 속속들이 파고 들어감, 무성하고 고운 새싹
손	나무, 바람, 장녀, 먹줄처럼 똑바름, 장인工, 흰색, 길다長, 높다, 진퇴, 결실이 없음, 냄새, 사람에는(털이 적고, 이마가 넓고, 흰자위가 많은 눈), 시장의 3배에 가까울 정도로 이익이 많은(그 궁극에는 조급한 괘가 된다)
감	빠지고, 돼지, 차남, 물, 개천과 수령, 몸을 엎드려 숨음, 휘어 굽혀 바로잡음, 활과 바퀴, 그 사람에는(근심을 더하고, 마음의 병, 귀통증, 혈괘掛가 되고, 붉게 되고), 그 말에는(아름다운 등을 가진 말, 머리를 숙이는 말, 얇은 발굽을 가진 말, 끄는 말), 그 수레에는(눈에 백태가 낀 것처럼 재난이 많고, 통하고, 달이 되고, 도적이 된다), 견고하고 고갱이가 많은 나무
간	그치고, 개, 삼남, 산, 지나가는 길, 작은 돌, 대궐의 문, (나무와 풀의) 열매, 환관,(거세된 남자) 손가락, 쥐, 검은 부리의 짐승, 튼튼하고 마디가 많은 나무
곤	순하고, 소, 땅, 어머니, 베, 가마솥, 지나치게 박함, 평평하게 고르다, 큰 수레, 문자, 많은 무리, 끝에 달린 손잡이,(자루) 검은 빛이 도는 땅

9. 서괘전

〈서괘전〉은 공자가 서술한 『십익전』 중 하나이며, 64괘의 차례를 서술한 글이다. 천지 간의 이치는, 서로 원인을 이루는 근본(상인)과 서로 반대되거나 어긋남(상반)에서 벗어나지 않는다. 서괘의 뜻은 상인으로써 차례가 됨이 있으니 둔, 몽, 수, 송이 그것이요, 상반으로 차례가 됨이 있으니 태, 비, 동인이 그것이다.

공자가 주역 64괘 중 첫 번째 괘인 중천건에서 → 30번째 괘인 중화리까지 『주역』 상경 30괘의 순서를 설명한 글이 〈서괘 상편〉이다. 공자가 『주역』 64괘 중 31번째 괘인 택산함에서 → 『주역』 마지막 괘인 64번째 화수미제까지 『주역』 하경 34괘의 순서를 설명한 글이 〈서괘 하편〉이다. 서괘는 역의 요체이니, 모든 일의 얽히고설킴이 다 그 안에 있다.

1. 하늘乾이 생기고,
2. 땅坤이 생긴 뒤에, 만물이 나니, 하늘과 땅 사이에 가득 찬 것이 오직 만물이다.
3. 그러므로 둔屯으로 받으니, 둔은 가득 참이다. 둔은 만물의 비로소 나옴이다. 만물이 비로소 나옴에 반드시 어리고 어리석음이 있으니,
4. 몽夢으로 받았다. 어리고 어리석음이 있으니 잘 길러야 하므로,
5. 수需로 받았다. 수는 음식의 도道다. 만물이 나오면 어리고 어리석으니, 잘 길러야 한다. 무지몽매하기 때문에, 반드시 음식에 다툼이 있으니,
6. 송訟으로 받았다. 다툼이 생기면 무리를 짓기 마련이니,
7. 사師로 받았다. 사는 무리들이다. 무리들이 모이면 견줄 바가 있으므로,
8. 비比로 받았다. 비는 견줄 바를 말함이다. 견주면 반드시 쌓음이 있

으니,

9. 소축小畜으로 받았다. 세상 만물이 반드시 쌓음이 있은 연후에 예
   절이 있는지라.

10. 이履로 받았다. 몸소 예절을 이행하고 크게 넉넉한 후에 편안함이
    있으니,

11. 태泰로 받았다. 태는 두루 통하여 미침이다. 나아가다 보면 막히
    는 때가 있고, 태평한 때가 다하면 꽉 막힌 때가 오니,

12. 비否로 받았다. 세상 운수가 꽉 막힌 때가 오면, 모든 사람들이
    뜻을 하나로 하여 함께하는 것이므로,

13. 동인同人으로 받았다. 사람과 더불어 뜻을 같이하면, 세상 만물이
    반드시 돌아와서歸 크게 소유함이 있으므로,

14. 대유大有로 받았다. 두루 큼을 과시하는 자는 가히 그 그릇을 가
    득 채우지 못할 것이고, 크면서도 자신을 낮출 수 있는 겸손함이
    있어야 하므로,

15. 겸謙으로 받았다. 두루 큼大을 두고 능히 겸손함이 있으면 자연히
    즐거운 일이 생기게 마련이고, 스스로를 미루어 앞일을 예측할 수
    있게 되므로,

16. 예豫로 받았다. 스스로를 미루어 앞일을 예측하면, 반드시 때를
    따르게 되어 계획을 세워 예정대로 나아갈 수 있게 된다. 그러므로

17. 수隨로 받았다. 즐거움이 있으면 누구나 따르게 되고, 기쁨喜으로
    사람을 따르는隨 자가 반드시 일事이 있게 되므로,

18. 고蠱로 받았다. 고蠱는 일事이다. 일이 있은 연후에 점차 커지는
    까닭에,

19. 임臨으로 받았다. 임臨은 큼大이니, 세상 만물이 크게 번창한 연
    후에 잘 볼 수 있으니,

20. 관觀으로 받았다. 마땅히 잘 살펴본觀 연후에 서로 함께 합할 수
    있으므로,

21. 서합噬嗑으로 받았다. 합嗑은 다물어 합合한다는 것이다. 세상 만
    물이 구차히 합하지 못할 따름이며, 서로를 꾸미게 된다. 그러므로

22. 비賁로 받았다. 비는 꾸밈飾이다. 꾸미고 치장한 연후에 형통함이 곧 다할 것이다. 그러므로

23. 박剝으로 받았다. 박은 깎이고 떨어짐이다. 낙엽 지고 열매가 떨어지는 것처럼, 세상 만물이 위에 궁하여 아래로 돌아옴은 천지자연의 이치다. 그러므로

24. 복復으로 받았다. 세상 만물이 끝까지 궁하여 없어지지는 않고, 다시 돌아온다. 다시 돌아오면 허망하지 않을 것이다. 그러므로

25. 무망无妄으로 받았다. 본성을 회복하여 천명에 순응하면 허망함이 없을 것이다. 무망이 있은 연후에 크게 쌓음이 있을 것이다. 그러므로

26. 대축大畜으로 받았다. 천지 만물이 크게 쌓은 뒤에, 베풀어 기를 수 있다. 그러므로

27. 이頤로 받았다. 이는 몸과 정신을 기르고 성장시킴이다. 기르고 성장시키지 않으면, 움직여動 건너지 못할 것이다. 그러므로

28. 대과大過로 받았다. 대과는 크게 건너는 뜻이 있다. 세상 만물이 지나치게 지내다 보면, 험한데 빠져서 마침내 다 건너지 못하게 된다. 그러므로

29. 감坎으로 받았다. 감은 빠지는陷 것이다. 빠짐은 반드시 걸리는 바가 있게 된다. 그러므로

30. 리離로 받았다. 리는 걸림이다. 해와 달이 하늘에 걸리고, 백곡과 초목이 땅에 걸리니, 걸림離은 밝게 빛남이다.

　　주역 64괘 중 상경 30괘는 건·곤괘에서 시작하여, 감·리괘로 마친다. 형이상학적인 자연의 도를 말하고 있다. 주역 하경 34괘는 천지인 삼재 중 하나인, 사람이 살아가는 이치를 중심으로 하므로, 서로 사귀고 짝짓는 함咸(모든 음양의 기운이 서로 느끼는 것)과 항恒(오래가는 것)을 으뜸가는 괘로 삼았다.

　　천지가 있고 난 후에 만물이 있고, 만물이 있고 난 후에 남녀가

있고, 남녀가 있고 난 후에 부부가 있고, 부부가 있고 난 후에 부
자가 있고, 부자가 있고 난 후에 군신이 있고, 군신이 있고 난 후
에 상하가 있고, 상하가 있고 난 후에 예절을 갖추게 되었다.

31. 함咸은 느끼는 것이다. 모든 음양의 기운이 서로 느끼는 것을 말
한다. 남녀가 서로 느껴 사귀고 짝짓게 되니, 서로 함께하는 뜻이
다. 항은 변하지 않고 오래 함이니, 부부의 도를 뜻한다. 그러므로
함괘 다음에,

32. 항恒으로 받았다. 세상 만물이 변치 않고 일정한 자리에 오래 있
을 수만은 없다. 그러므로 항괘 다음에 물러나 숨는,

33. 돈遯으로 받았다. 돈은 물러남退이다. 세상 만물이 물러나 숨을
수만은 없다. 그러므로

34. 대장大壯으로 받았다. 대장은 씩씩하고 굳셈이다. 세상 만물이 씩
씩하고 굳세면, 앞으로 나아가게 마련이다. 그러므로

35. 진晉으로 받았다. 진은 앞으로 나아감進이다. 앞으로 나아가면, 반
드시 상처가 생기게 된다. 그러므로

36. 명이明夷로 받았다. 이夷는 상처받음이니, 밖에서 상처받은 자는
반드시 집으로 되돌아와서 휴식을 취하기 마련이다. 그러므로

37. 가인家人으로 받았다. 가인은 가정의 도家道를 의미한다. 가인은
집안을 바르게 하는 것이다. 집안을 바르게 하려고 힘쓰지만, 지
나치면 궁색하게 되고 반드시 어그러지게 된다. 그러므로

38. 규睽로 받았다. 규는 어그러짐이다. 어그러지면 반드시 고생스러
움에 이른다. 그러므로

39. 건蹇으로 받았다. 건은 겨울에 발이 얼어붙어 나가지 못하는 형상
을 뜻한다. 서로 어긋난 까닭에, 억지로 나아간다면 큰 난관에 빠
지게 된다. 어렵고 험한 과정을 지내고 나면, 마침내 풀리는 때가
온다. 그러므로

40. 해解로 받았다. 해는 느슨해지는 것이다. 느슨하게 풀어지고 열리
게 되면 반드시 잃는 바가 있게 된다. 그러므로

41. 손損으로 받았다. 천지, 남녀, 변화, 생성의 모든 일이 음양의 교
감에 따르는 것이다. 덜고자 하는 자는 더하고, 더하고자 하는 자
는 잃게 된다. 그러므로

42. 익益으로 받았다. 자신의 이익만을 추구해 가면, 반드시 터지게
된다. 그러므로

43. 쾌夬로 받았다. 쾌는 단정을 내리는 것이다. 세상 만물은 결정적
인 단정이 내려져도 반드시 다시 생겨나서 만나게 된다. 그러므로

44. 구姤로 받았다. 구는 만나는遇 것이다. 세상 만물은 서로 만나면
저절로 모이는 것이다. 그러므로

45. 췌萃로 받았다. 췌는 저절로 모이는 것이다. 새싹이 돋아 큰 나무
로 자라듯이, 세상 만물이 저절로 모여서 올라가는 것을 승升이라
한다. 그러므로

46. 승升으로 받았다. 계속 오르기만 하다 보면 못물이 말라버린 것처
럼 곤란함이 오게 마련이다. 그러므로

47. 곤困으로 받았다. 곤란함이 극에 달하면, 반드시 뿌리와 같은 본
바탕을 찾아 되돌아오게 된다. 목마른 사람이 우물을 파게 마련이
다. 그러므로

48. 정井으로 받았다. 오래된 우물은 반드시 고쳐야 한다. 그러므로

49. 혁革으로 받았다. 세상 만물을 바꾸는데 솥만 한 것이 없다. 솥은
고대 중국에서 왕권의 상징이었다. 왕권의 상징인 솥과 그릇의 주
인으로써 정통성을 확보해야 한다. 그러므로

50. 정鼎으로 받았다. 정은 솥의 형상이니, 물건을 새롭게 만드는 것
이다. 솥(그릇)의 주인으로서 장자長子(우레) 만한 것이 없다. 그러므로

51. 진震으로 받았다. 진은 움직여 나가는動 것이다. 세상 만물이 나
아가다 그칠 때가 되면, 그쳐서 멈추게 된다. 그러므로

52. 간艮으로 받았다. 간은 멈추는止 것이니, 세상 만물은 끝까지 그
치고만 있지는 않는다. 그러므로

53. 점漸으로 받았다. 점은 점진적으로 나아가는 것이다. 나아가면 반
드시 돌아가는 데가 있다. 그러므로

54. 귀매歸妹로 받았다. 귀매는 돌아갈 바를 얻은 것이다. 어린 소녀
   가 장남을 만나 시집을 가면 살림살이가 늘고 자손이 늘듯이, 자
   기가 돌아갈 곳을 얻은 사람은 커진다. 그러므로

55. 풍豊으로 받았다. 풍이란 커짐이다. 커짐이 극에 달하면, 반드시
   있을 곳을 잃고 떠나게 된다. 그러므로

56. 려旅로 받았다. 려는 몸담을 곳이 없어 정처 없이 방황하는 나그
   네의 형상이다. 바람 따라 떠돌아다니다가도, 그 여정이 다하면
   본래 떠나온 곳으로 되돌아가게 된다. 그러므로

57. 손巽으로 받았다. 손은 들어간다入는 뜻이다. 들어간 후에 기뻐한
   다. 그러므로

58. 태兌로 받았다. 태는 기뻐함說이다. 기뻐한 후에 흩어진다. 그러므
   로

59. 환渙으로 받았다. 환은 강물 위에 바람이 불어 물결이 일렁거리며
   떼놓은離 듯이 흩어지는 형상이다. 흩어지다 보면 어딘가에 걸려
   마디節를 짓게 된다. 그러므로

60. 절節로 받았다. 절은 믿음信이니, 절도 있게 행하면 믿음을 얻게
   된다. 그러므로

61. 중부中孚로 받았다. 중부는 못 위에 바람이 있어 부드럽게 품는
   상象이다. 중부는 어미 닭이 알을 품어서 키우는 형상이다. 믿음
   을 가진 자는 반드시 행行하게 한다. 그러므로

62. 소과小過로 받았다. 서로 감응하여 믿음을 갖게 되면, 밖으로 조
   금씩 나아가게 된다. 세상 만물은 조금씩 나아가게 되면, 반드시
   건너서濟 목적지에 도달하게 된다. 그러므로

63. 기제既濟로 받았다. 기제는 물과 불이 서로 사귀어, 물기운은 오
   르고 불기운은 내리는 수승화강水昇火降의 형상이다. 기제는 미제
   를 낳고, 미제는 기제를 낳는다. 마치면 다시 시작하여, 끊임없이
   이어지게 된다. 그러므로

64. 미제未濟로 받았다. 세상 만물이 가히 다하지 못할 것이다. 그러
   므로 주역 64괘는 미제로써 마친다. 이는 천지의 도道가 종말이

아니라, 끝없이 순환 반복하는 이치를 내보인 것이다. 일음일양이
도다. 주역은 음과 양이 나뉘고, 모이는 것의 상象을 보여준다. 순
음순양을 대표하는 건·곤을 머리에 놓고, 음양이 가장 잘 나누어
진 기제·미제로 마친다.

　『주역』을 공부하는 이유는 길함을 취하고, 흉함을 피하는 길로 나아가는 법을 알기
위함이다.『주역』은 말을 삼가고, 음식을 절제하고, 위태로운 담장 아래 서 있지 말라
고 한다. 삼가라愼는 것이다. 삼가는愼 마음으로『주역』64괘의 순서를 음미하여야
할 것이다.

10. 잡괘전

〈잡괘전〉은 공자가 저술한 『십익전』 중 하나다. 〈서괘전〉이 주역 64괘를 천지 만물이 생성 변화하는 순서에 따라 설명하였다면, 〈잡괘전〉은 천지 만물이 착잡(갈피를 잡을 수 없이 뒤섞여 어수선함. 잡괘란 반대의 뜻이 있다)하게 뒤섞여 자리 잡고 있는 상태와 그 이유를 설명하고 있다.

굳셈과 부드러움의 합덕과 근심과 즐거움의 상호 관계와 베풂과 구함의 상호 교환, 그리고 궁통과 흥망성쇠로 달라지는 천지 만물의 변화에 있지 않음이 없음을 설명하였다.

◆ '건'은 굳세고, '곤'은 부드럽다는 것이며, '비'比는 즐겁다는 것이고, '사'는 근심한다는 것이다.

◆ '임'과 '관'의 뜻은 혹은 주고, 혹은 받는다는 것이다. '둔'은 나타나지만 그 머물 곳을 잃지 않는다는 것이고, '몽'은 섞여 있으면서도 분명하게 드러난다는 것이다.

◆ '진'은 일어난다는 것이고, '간'은 그친다는 것이다. '손익'은 성쇠의 시작이다. '대축'은 때에 적절하다는 것이고, '무망'은 재앙이 있다는 것이다.

◆ '췌'는 모인다는 것이고, '승'은 오지 않는다는 것이다. '겸'은 가볍다는 것이고, '예'豫는 게으르다는 것이다. '서합'은 먹는다는 것이고, '비'는 꾸밈이 없다는 것이다.

◆ '태'는 나타난다는 것이고, '손'은 숨는다는 것이다. '수'는 연고가 없다는 것이고, '고'는 경계한다는 것이다. '박'은 문드러진다는 것이고, '복'은 돌아온다는 것이다. '진'은 낮이고, '명이'는 밝음을 잃는 것이다.

◆ '정'은 통한다는 것이고, '곤'困은 서로 만나는 것이다. '함'은 빠르다
는 것이고, '항'은 오래간다는 것이다. '환'은 떠난다는 것이고, '절'
은 그친다는 것이며, '해'는 느슨해지는 것이고, '건'은 어렵게 된다
는 것이다.

◆ '규'는 밖에서 한다는 것이고, '가인'은 안에서 한다는 것이다. '비'와
'태'는 그 무리를 반대로 한다.

◆ '대장'은 나아가지 않는다는 것이고, '돈'은 물러가는 것이다. '대유'
는 무리가 많다는 것이고, '동인'은 친하다는 것이며, '혁'은 낡은 것
을 버린다는 것이고, '정'은 새로운 것을 취하는 것이다. '소과'는 지
나서 통과한다는 것이고, '중부'는 믿는다는 것이다.

◆ '풍'은 연고가 많다는 것이고, 친한 사람이 적은 것이 '려'다. '리'離
는 오르고, '감'은 내린다. '소축'은 적다는 것이고, '리'離는 한 곳에
거처하지 않는다는 것이다.

◆ '수'는 나아가지 않는다는 것이고, '송'은 친하지 않다는 것이다. '대
과'는 자빠진다는 것이다. '구'는 만난다는 것이니, 부드러움이 굳셈
을 만난다는 것이다. '점'은 여자가 남자를 기다려 시집간다는 것이
다. '이'頤는 정당함을 기른다는 것이고, '기제'는 바르게 정해진 것
이다. '귀매'는 여자의 마침이고, '미제'는 남자의 궁함이다. '쾌'는
결단하는 것이니, 굳셈이 부드러움을 무너뜨려서 내쫓는 것이다. 군
자의 도는 오래가고, 소인의 도는 근심이 있다.

Chapter 5

주역 경문의 명구절

1. 주역 상경의 명구절

◆ 잠룡潛龍은 쓰지 말라. 현룡見龍은 포부를 세상에 크게 펼쳐라. 비룡飛龍은 하늘에 있으니, 천하를 다스려라. 항용亢龍은 뉘우침이 있으리라.

◆ 서리를 밟으면 단단한 얼음이 된다. 서리는 음이 처음 엉긴 것이다.

◆ 선을 쌓은 집안은 반드시 남은 경사가 있고, 불선을 쌓은 집안은 반드시 남은 재앙이 있다. 신하가 임금을 시해하고, 아들이 아비를 죽이는 것은 하루아침에 일어나는 것이 아니므로, 그 말미암은 바는 조금씩 점점 더해져 온 것이다. 그것을 분별할 수 있는 것은, 일찍이 분별하지 못하는 것에서부터 말미암은 것이다. 『주역』에 이르기를 "서리를 밟으니 굳은 얼음에 이른다."는 것은 미미한 데서 분별하는 것이 마땅하니, 신중해야 한다는 뜻이다.

◆ 하늘의 도는 가득 찬 것을 이지러지게 하고, 겸손함을 더한다. 땅의 도는 가득 찬 것을 변하게 하고, 겸손함으로 흐른다. 사람의 도는 가득 찬 것을 미워하고, 겸손한 것을 좋아한다. 귀신은 가득 찬 것에 해를 주고, 겸손함에 복을 준다.

◆ 천지가 도리를 따라 움직이니, 일월이 오직 지나치지 않아 사시四時가 어긋나지 않고, 성인이 도리를 따라 움직이니 곧 형벌이 맑아서 백성이 복종한다. 예豫의 때時와 뜻志이 크도다.

◆ 천문을 자세히 보아 때의 변화를 살피고, 인문을 자세히 보아 천지 자연이 만물을 낳고 키우는 작용을 이루어감을 살펴라.

◆ 천지의 도는 만물을 양육함이요, 만물을 양육하는 도는 바름正일 따름이다. 성인이 뛰어난 인재를 길러서 그 덕이 만민에게 미치니, 기

르는 때가 크도다.

◆ 군자는 말을 삼가니, 삼가면 잃음이 없으며, 음식에 절도를 지키니,
몸을 삼가고 기르는 것이다.

◆ 일월은 하늘에서 곱게 빛나고, 모든 곡식과 초목은 땅에서 곱게 빛
나니, 천지 가운데 만물이 각각의 자리에서 곱게 빛나지 않는 것이
없도다. 사람에 있어서도, 마땅히 그 자리에서 곱게 빛나고 있음을
깊게 살필지니, 곱게 빛남이 바름正을 얻으면, 능히 형통하리라.

2. 주역 하경의 명구절

◆하늘과 땅의 기가 서로 감응하여 만물이 화생化生하고, 성인이 만인의 마음을 느끼어 천하가 화평和平하니, 이러한 이치理와 도道를 자세히 살피면, 천지와 만물의 정情을 가히 볼 것이다.

◆군자가 자신의 사사로움을 비우면,(무아) 사람들의 마음에 자리 잡아 통하지 않음이 없으리로다.

◆택산이 함이 되며,(산 위에 못이 있는 상으로, 음양이 서로 느끼는 31. 택산함괘) 뇌풍이 항이 되니,(바람이 아래로 행하고, 우레는 위로 오르는 상으로, 항상 함을 의미하는 32. 뇌풍항괘) 항상 함常이 무상無常이요, 무상無常이 항상 함이므로, 항상과 무상이라는 두 마리의 새가 함께 노니나니, 이에 가히 깨달음이 있을 것이다.

◆집안을 다스림은, 지극한 정성이 아니면 할 수 없는 것이다. 남녀가 도리를 바르게 지킴이, 천지의 대의大義다. 아버지가 아버지답고, 자식이 자식다우며, 형이 형답고, 동생이 동생다우며, 남편이 남편답고, 아내가 아내다우면, 집안의 도道가 바를지니, 천하가 정定해진다. 일세계一世界가 청정하면, 온 세계十方世界가 모두 청정해진다.

◆아래를 빼서 위를 더하는 것이 줄어듦이요, 위를 빼서 아래를 더하는 것이 늘어남이다. 덜고자 하는 자는 더하고, 더하고자 하는 자는 잃게 된다.

◆군자는 착한 것을 보면 즉시 옮기고, 허물이 있으면 뉘우쳐 고치니, 그 이익이 이보다 큼이 없도다.

◆음양(천지)이 서로 교우하지 않으면 만물이 생길 수 없고, 군신이 서로 교우하지 않으면 정치가 흥할 수 없고, 사물이 서로 교우하지 않

으면 공들인 효과가 이루어지지 않으니, 만남의 때時가 옳고 크도다.

◆ 실개천이 만나 강물이 되어 흐르듯이, 서로 만나면 모이게 된다. 있음과 없음有無, 움직임과 정지함動靜, 마침과 시작함終始의 이치가 모이고 흩어짐에 있으니, 그 모인 바를 자세히 살피면, 천지 만물의 실정을 가히 보리라.

◆ 만물의 나아감이 모두 이치에 따르기 때문이며, 거역하면 뒤로 물러나게 된다. 군자가 땅속의 나무가 자라나는 것을 보고, 이치에 따라 작은 것을 쌓아 높고 크게 하느니라.

◆ 간艮(산)은 그침을 뜻한다. 그칠 때가 되면 그치고, 행할 때가 되면 행하여, 움직임과 그침에 그때를 잃지 않는 것을, 그 도道가 밝음이라 한다.

◆ 해가 중천에 이르면 기울어지고, 달이 차면 이지러진다. 천지의 성쇠도 때와 더불어 나아가고 물러나게 되나니, 하물며 사람이며, 하물며 귀신이랴.

◆ 모든 것은 변화한다. 한 번 음하고, 한 번 양하는 것이 도道다. 음양의 움직임은 굽혔다(굴) 폈다(신) 한다. 굽힘屈을 귀鬼라 하고, 폄伸을 신神이라 하므로, 음양의 굴신 운동을 귀신이라 한다.

Chapter 6

때에 따라 체인지하라

1. 모든 것은 변화한다

1.1. 생겨난 모든 것은 변해 간다

◆ 생겨난 모든 것은 변해 간다. 세상에 변하지 않는 것은 없다. 수행자들은 저마다 자기 자신을 등불로 삼고, 자기를 의지하라. 진리를 등불로 삼고, 진리에 의지하라. 이밖에 다른 것에 의지하지 말라. 게으르지 말고 부지런히 정진하라. (붓다)

◆ 천지의 도는 한 번 음하면 한 번 양하는 것이며, 음이 극하면 양이 되고, 양이 극하면 음이 된다. 역易에 태극이 있으니, 태극이 양의를 낳고, 양의가 사상을 낳고, 사상이 팔괘를 낳고, 팔괘가 길흉을 정하니, 길흉이 대업을 낳는다. (공자)

◆ 돌아가는 곳은 같은데 저마다 가는 길이 다르고, 이치는 하나인데 생각은 가지각색이다. (주역)

◆ 하나의 진리를 두고, 여러 현자가 각기 여러 가지 방법으로 말한다. (베다)

◆ 사람은 땅을 본받고, 땅은 하늘을 본받고, 하늘은 도를 본받는다. 그리고 도는 자연을 본받는다. (노자)

◆ 배움이란 날로 더해가지만, 도란 날로 덜어내고 또 덜어내어 덜어낼 게 없는데 이르면, 다 타버린 재처럼 자연히 마음이 텅 비게 된다. (노자)

◆ 밤과 낮이 순환한다. 안목이 있는 사람에게는, 이것이야말로 교훈이

다. (코란)

◆ 태극이 스스로 동정(움직이고 고요함)할 수 있다. 태극에서 기가 나
와 흐른다. 태극이 기의 원천이다. 이 태극이 음양을 낳는다. (주희)

◆ 태초에 비존재도 존재도 없었다. 땅도 그 위의 하늘도 없었다. 그때
에는 죽음도 불멸도 없었다. 낮과 밤을 구별하는 표징도 없었다. 일
자만이 그 자신의 힘으로 바람도 없이 호흡하고 있었다. 그 외에는
아무것도 없었다. 태초에 어둠이 어둠에 덮여있었다. 어떤 것을 구별
할 수 있는 표징도 없었고, 오직 공허하고 형태도 없는 물의 혼돈뿐
이었다. 그때 대단한 열기(타파스)에 의해서 '일자'가 탄생했다. (리
그베다)

1.2. 자등명 법등명

붓다가 여든 살이 되어 노쇠해졌다. 열반을 위하여 쿠시나가르로 가던 도중, 바이샬
리에 머물게 되었을 때, 아난다에게 말씀하셨다.

- 아난다여, 현재에도 내가 입멸한 후에도, 자기 자신을 등불로 삼고,
  자기를 의지하라. 진리를 등불로 삼고, 진리를 의지하라. 이밖에 다
  른 것에 의존하지 않고 살아가는 그런 사람만이, 진정한 수행자이며
  내 뜻에 맞는 사람이다.

  쿠시나가르에 도착한 붓다는, 두 그루 사라 나무 아래에서 열반에
  드실 때, 슬퍼하는 아난다에게 말씀하셨다.

- 아난다여, 한탄하거나 슬퍼하지 말라. 일찍부터 가르쳐 주었듯이, 사
  랑하는 사람이나 친한 사람과는 언젠가 헤어지지 않을 수 없다. 태
  어난 모든 것은, 반드시 죽게 마련이다. 죽지 않았으면 하고 바라는
  것은, 부질없는 생각이다. 아난다여, 내가 입멸한 뒤 가르침을 말할

스승이 이미 없으니, 우리들의 스승이 없다고 생각해서는 안 된다. 내가 지금까지 말한 법과 계율이, 내 입멸 후에는 곧 너희들의 스승이다.

그리고 붓다는 유훈으로 제자들에게 말씀하셨다.

- 너희들에게 작별을 고한다. 모든 것은 변화한다. 게으르지 말고 힘써 정진하라.

1.3. 붓다의 깨달음, 중도

2,500여 년 전 싯다르타가, 우루빈나 마을 나이란자나 강변의 보리수 아래에서 새벽 별빛이 빛날 때 얻은 깨달음. 이것이 중도다. 연기를 사유하여 중도를 깨달은 붓다는 눈뜬 자가 되어, 맨발로 장마 속 빗길 250km를 11일간 걸어서 도착한 녹야원에서 초전법륜을 설하였다.

이것이 있으므로 저것이 있고, 이것이 생겨나므로 저것이 생겨나며, 이것이 없으므로 저것이 없고, 이것이 멸하므로 저것이 멸한다. 모든 것은 서로 의지하고 있다. 이것이 연기다.

태어났으므로 늙음과 죽음이 있다. 이것은 붓다가 이 세상에 나오기 전에 본래 정하여져 있는 것이다. 붓다는 이것을 깨달아 눈뜬 자가 되었다. 붓다의 깨달음이 중도(양쪽 가장자리에 치우치지 않는 바른 도리)다.

◆무명을 씨 뿌려 행이 있다 → 식 → 명색 → 육처 → 촉 → 수 → 애 → 취 → 유를 씨 뿌려 → 생이 있다. 그리하여 태어남이 있다.

◆그렇다면, 무명을 거두면, 행이 멸한다. → 행이 멸하면, 식이 멸한다. → 명색이 멸하고 → 육처가 멸하고 → 촉이 멸하고 → 수가 멸하고 → 애가 멸하고 → 취가 멸하고 → 유를 거두면, 생生이 멸한다.

그러므로, 태어나지 않으면, 늙음도 죽음도 없다. 생사의 얽매임에서 벗어나면 자유의 커다란 즐거움을 누리게 된다.

* 나가르주나(용수. AD 150~250 경, 남인도에서 살았던 대승불교의 아버지)는 그의 대표적 저서 『중론』(27품 500수의 게송으로 이루어짐)의 제1품(인연에 대한 고찰) 첫머리에 8불八不로 중도를 설명하고 있다.

    ◆ 불생不生(생겨나지도 않고)

    ◆ 불멸不滅(소멸하지도 않으며)

    ◆ 불상不常(항상 하지도 않고)

    ◆ 부단不斷(단절된 것도 아니며)

    ◆ 불일不一(동일하지도 않고)

    ◆ 불이不異(다르지도 않으며)

    ◆ 불래不來(오는 것도 아니며)

    ◆ 불출不出(가는 것도 아님)

1.4. 중中으로 가는 길 : 팔정도

'중'中으로 가는 길이 팔정도다. 붓다가 반열반에 들기 전 마지막 제자인 스밧다의 질문에 대하여, '여덟 가지 성스러운 길'이라는 실천적 가르침을 설하였다.

라자가하의 기사굴산(왕사성의 영취산)에 머물고 있던 세존이 여로에 올라, (암바라티카 동산을 지나서) 나란다 → 파탈리 → (갠지스강을 건너) 코티 → 나디카 → 바이샬리 → 차팔라 → 파바(붓다가 대장장이 춘다의 망고동산에서, 스카라 맛다바(돼지감자) 공양을 한 지역) → 입멸의 땅 쿠시나가라('여래가 태어난 곳'이라는 뜻)에 도착하여, 히란나바티강 맞은편 언덕 사라나무 숲에서 반열반(남김이 없는 완전한 열반의 세계)에 들려 하셨다.

오늘 밤이 깊어 사문 고타마(석가모니는 성이 고타마, 이름이 싯다르타였다)가 열반에 들려고 한다는 말을 들은 편력 행자 스밧다(붓다 열반 전의 마지막 제자)가, 세존이 누워 계시는 곳으로 와서 질문하였다.

- 세상 가운데는 사문·바라문으로서 스스로 깨달았다고 말하며, 교단을 가진 스승으로서, 교조로 불리는 매우 존경받는 사람들(세존 당시에 정통 바라문의 동물 희생제와 제사 만능주의에 반대하는 자유사상가, 사문들, 정신과 육체의 이원론을 부르짖어 고행을 장려하는 자이나교, 불이이원론을 주장하는 샴카파 등을 말함)이 있습니다.

예를 들면, 푸라나 카사파,(선악의 과보를 부정) 막카리 고살라,(무인·무연론자인 사명외도) 아지타 케사캄발린,(유물론적인 일원론으로서 노력 부정설을 주장하는 찰나적 쾌락주의자) 파쿠다 카차야나,(기계적인 물심의 불멸을 주장) 산자야 벨라티풋타,(말을 회피하여 명확한 대답을 하지 않는 불가지론 주장) 니간타 나타풋타(정신과 육체의 이원론을 부르짖어 고행을 장려하는 자이나교의 교조 마하비라. 나타족의 아들이라 부르기도 한다) 등이 있습니다. 이들은 모두 스스로 진리를 깨달았다고 말하고 있습니다. 그러니 누구도 깨닫지 못한 것입니까? 그들 가운데 어떤 사람은 깨닫고, 그 밖의 어떤 사람은 깨닫지 못한 것입니까?

- 스밧다여! 그와 같은 것을 말하지 말라. 그와 같은 것(모두 스스로 진리를 깨달았다고 말한다든가, 누구도 깨닫지 못했다고 한다든가, 어떤 이는 깨닫고, 그 밖의 어떤 이는 깨닫지 못했다고 말하는 것)은 알아서 무슨 이익이 있겠느냐? 그것보다 훨씬 중요한 진리가 있느니라.

스밧다여! 법과 율을 설한다 해도, 그 가운데 여덟 가지 성스러운 길(팔정도)이라는 실천의 가르침이 보이지 않는다면, 그런 가르침을 사문은 추구할 수 없느니라.

스밧다여! 내용이 없는 공허한 논의 따위는 사문에게는 무관한 것이다. 내가 설한 법과 율에 따라 수행하면, 여덟 가지 성스러운 길이라는 '실천의 가르침'을 얻을 수 있다. 이리하여 바른 생활을 보낸다면, 그들에게는 공허하지 않은 진리의 세계가 나타나고, 그들도 또한 세상에서 존경받을 만한 이가 될 수 있느니라.

세존의 마지막 직제자인 스밧다는 삼보(세존, 가르침, 비구 모임)에 귀의하여 출가를 허락받고 구족계를 받았다. 스밧다는 범행을 완성하고 아라한이 되었다.

〈팔정도 : 깨달음으로 가는 여덟 가지 실천의 가르침〉

1. 정견正見	바른 견해	right-views	samma-ditthi
2. 정사유正思惟	바른 사유	right-resolve	samma-sankappo
3. 정어正語	바른 말	right-speech	samma-vaca
4. 정업正業	바른 행위	right-conduct	samma-kammanto
5. 정명正命	바른 생계	right-livelihood	samma-agivo
6. 정정진正精進	바른 정진	right-effort	samma-vayamo
7. 정념正念	올바른 마음 챙김	right-mindfulness	samma-sati
8. 정정正定	바른 삼매	right-concentration	samma-samadhi

2. 주역의 핵심 사상 : 중·정

『주역』의 핵심 사상은 중·정이다. 중이란 기울어짐이 없다는 뜻이다. 희로애락(기쁨, 노여움, 슬픔, 즐거움)이 드러나지 않은 고요한 상태를 '중'이라 한다. 『중용』의 첫 구절은 천명지위성(하늘이 부여한 명령을 본성性이라 한다)으로 시작한다. 하늘이 인간에게 준 본래 성품을 성性이라 한다. 성을 따르는 것을 도道라 한다.

중이야말로 천하의 근본이다. 예로부터 사람들은 죽고 사는 것은, 하늘天에 달려있다고 말한다. 하늘天은 천지 만물이 생성·변화하는 근원이며 시초元다.

"천명이 본성이다."로 시작하는 『중용』의 기본 개념은 중中과 성誠이다.

『중용』은 BC 430년경 자사가 쓴 책이다. 주희는 주자학(우주 만물에서 인간의 마음 깊은 곳까지 포괄하는 하나의 철학 체계)의 기본 강령인 '성性 즉 리理'를 『중용』에서 도출하였다.

송나라 때, 주희가 전해오던 『논어』·『맹자』에, 『대학』·『중용』을 넣어 『사서』(『논어』, 『맹자』, 『대학』, 『중용』)로 묶은 후, 중용은 유학의 필수 입문서가 되었다. 인간은 도에서 잠시도 벗어날 수 없다.(벗어날 수 있는 것은 도가 아니다) 중中은 하늘이 내려준 성性이므로, 하늘의 본질이기도 하다.

주역의 효爻를 해석함에 가장 중요하게 판단하는 것이, 중中·정正이다. 중을 얻으면 정은 당연히 포함되어 있지만, 바르다 하여 반드시 중을 얻은 것은 아니다. 주역에서 중을 가장 좋게 해석하는 이유다.

주역에서 효는, 아래에서 위로 초 → 이 → 삼 → 사 → 오 → 상으로 읽는다. 주역 6효(대성괘)에서 초효, 삼효, 오효는 양위가 되고, 이효, 사효, 상효는 음위가 된다. 초, 삼, 오에 양효(—)가 놓이고 이, 사, 상에 음효(--)가 놓이면 바름正을 얻었다고 하고, 2위와 5위를 얻음을 득중이라 하여 가장 좋게 해석한다. 따라서 주역의 '중'을 해석함에 있어, 중도中道의 이치를 깊이 음미하면, '중'을 정확하게 이해하고 해석할 수 있을 것이다.

또한 '여덟 가지 실천의 가르침'인 〈팔정도〉를 깊이 음미하여야, 『주역』의 '정'을 정확하게 이해하고 해석할 수 있을 것이다. 실천적 가르침으로써의 '정'이 바르게 행하여져야만, 『주역』을 바르게 배우고, 실천하고, 해석해 나갈 수 있을 것이다.

『주역』은 하늘과 땅, 그리고 사람(3재)이 함께하는 시간적·공간적 구조가 세상사를 생성·변화시켜 간다는, 4차원의 인문학이며 입체적 관점의 재발견이다. 『주역』은 천지인 3재가 상호 작용하여 변화를 만들어가는 정신세계로 우리를 데려다 줄 것이다. 『주역』은 불확실하고 급변하는 세상에서, 우리가 가야 할 길을 제시해 주는 길잡이가 될 것이다.

3. 때에 따라 체인지하라

역은 체인지하는 것이니, 때에 따라 체인지하는 것이 도를 좇는 것이다. 주역은 광대하게 모든 이치를 갖추어 장차 성性과 명命의 이치를 따르며, 죽음과 삶의 연고를 통달하여 사물의 정情을 다하고, 만물의 이치를 깨달아 모든 일을 이루는 도를 보였으니, 성인이 후세를 근심하는 것이 가히 지극하다고 할 것이다.

지나간 옛날은 비록 멀지만, 남겨진 경전은 아직 보존되어 있다. 지난날의 선비들은 뜻을 잃고서 말만 전하여, 후학들은 그 말만 암송하고 의미를 잃었으니, 진나라 이후로는 그 (의미의) 맛이 전해지지 못했다.

내가 천 년 후에 태어나 사문斯文(유학의 도의를 이르는 말)이 없어진 것을 안타깝게 여겨, 장차 후인들에게 흘러온 것을 거슬러 올라가 근원을 구하게 하였으니, 이것이 『역전』을 짓게 된 이유다.

역에는 성인의 도가 넷이 있으니, 이것으로 말하는 자는 그 말(괘사와 효사)을 숭상하고, 이것으로 움직이려는 자는 (괘와 효의) 변화를 숭상하고, 이것으로 기물을 만들려는 자는 그 모양을 숭상하고, 이것으로 점을 치려는 자는 그 점괘를 숭상한다.

길흉과 소장의 이치와 진퇴와 존망의 도가 괘사와 효사에 갖추어져 있다. 괘사와 효사를 미루어 괘를 고찰하면 변화를 알 수 있고, 상과 점이 그 가운데에 들어있다. 군자가 거처할 때는, 그 상을 관찰하여 그 괘사와 효사를 늘 가지고 놀듯이 익힌다. 움직이려 할 때는, 변화를 관찰하여 점을 늘 가지고 놀듯이 익힌다.

괘사와 효사를 이해하고서도 그 속에 담긴 뜻을 통달하지 못하는 사람은 있을 수 있지만, 괘사와 효사를 이해하지 못하고서 그 속에 담긴 뜻을 통달할 수 있는 사람은 없다.

지극히 은미한 것이 이치理고, 지극히 드러난 것은 상象이다. 사물의 본체(체)와 그 작용(용)은 그 근원이 하나이고, 드러남과 은미함에 틈이 없으니, 회통(언뜻 보기에 서로 어긋나는 뜻이나 주장을 잘 통하도록 해석함)함을 살펴서 전례를 행한다면, 괘사와 효사에 갖추어지지 않음이 없다. 그러므로 잘 배우는 사람은, 반드시 자신의 경험 속에서 그 말들을 이해한다.

자신과 가까운 경험 속의 변화를 가볍게 여기는 사람은 말을 아는 것이 아니다. 내가 전하는 것은 괘사와 효사를 해석한 글이니, 글(사)로부터 그 뜻을 얻는 것은 바로 그 사람 자신에게 달려 있다.

『역전』 서문
1099년(송나라 원부 2년 기묘년)
정월 경신일에 정이 씀

4. 주역, 혁명을 말하다

4.1. 어려움에 부닥쳐야 비로소 큰일이 이루어진다

◆ 문왕은 폭군 주왕에 의해 유리옥에 갇혀 있으면서도, 자신이 처한 개인적인 어려움과 시대적 난세를 극복하고 앞으로 모든 백성이 흉함을 피하고 길함을 얻게 하려는 뜻에서 주역의 순서를 정비하고 단(괘사)을 지었다.

◆ 손빈은 친구 방연에게 배신당하여 무릎뼈를 도려내는 빈형을 당하여 세상에 쓸모없는 앉은뱅이가 되었지만, 돼지우리 속에서 미치광이처럼 행동하면서 살아남았다. 그 후 위나라를 쳐서 조나라를 구하고 이름을 떨쳤다. 마침내 마릉 전투에서 방연을 자살케 하였다. 손빈은 공격을 중시하고, 변화를 중요시하는 『손빈병법』을 세상에 남겼다.

◆ 공자는 천하 주유 중 진나라와 채나라에서 고난을 겪을 때, 『춘추』를 지었다.

◆ 초나라 굴원은 조국에서 쫓겨나는 신세가 되어 유랑할 때, 〈이소〉를 지었다.

◆ 좌구명은 실명하여 방황할 때, 『국어』를 써서 넘겼다.

◆ 법가 사상가 한비자는 진나라에 갇혀 지내면서 〈세난〉과 〈고분〉 두 편을 지었다.

◆ 『사기』는 사마천이 지은 기전체의 역사서다.
사마천은 이릉을 변호하다가 남성의 성기를 제거하는 궁형을 당하게 되었다. 궁형이란 치욕을 받고 억울하고 구차하게 살아가면서도, 자신이 살아가야 하는 존재 이유와 자신이 『사기』를 지은 목적을 『사기』의 곳곳에 밝혀 놓았다.

* 천한 노비와 하녀조차도 자결할 수 있는 법인데, 하물며 나와 같은 사람이 어찌 자결하지 못하였는가? 고통을 견디면서 더러운 치욕 속에 구차하게 살아가는 이유는, 비겁하게 세상에서 없어질 경우 미처 완성하지 못한 『사기』가 후세에 전해지지 못할 것을 한스럽게 생각하기 때문이다.

  옛날부터 지금까지 부귀와 권력을 누렸지만, 그 이름이 닳아 없어지고, 이 세상에 왔다 간 사실조차 알 수 없는 사람들은 이루 다 말할 수 없을 정도이지만. 오직 평범하지 않은 사람들만이 그 이름이 후세에 전해질 뿐이다.

  그리하여 『사기』를 완성한 사마천은, 후세에 '역사의 성인'으로 기록되어 전해져 오고 있다.

◆ 정약용이 남긴 불후의 저술들은 억울한 귀양살이에 처하여 고난을 당할 때 남긴 산물들이다. 이런 사람들은 모두 어려움에 부닥쳐 마음속에 울분이 맺혀 있는데, 그것을 발산시킬 도리가 없었기 때문에 지나간 일들을 돌아보고 앞으로 다가올 일들을 생각하였다.

  죽을 고비를 넘겨야 산다. 그러한 때, 비로소 큰일이 이루어진다. 눈보라가 몰아치는 길고 긴 겨울이 오래도록 계속될 것이다. 겨울은 제대로 추워야 한다. 오래도록 계속된 것은, 언젠가는 그치기 마련이다. 길고 긴 겨울이 지나고 꽃 피는 봄이 오면, 동면의 시기에 제대로 뿌리를 내리고 발아한 씨앗만이 저마다 아름다운 꽃을 피우고 향기를 온 사방에 내뿜을 수 있다. 꽃이 피어야 봄이다. 봄은 겨울을 지나야 찾아온다. 『주역』은 이것이 "우주 만물이 살아가는 이치"라고 가르쳐 준다.

4.2. 문왕과 무왕, 그리고 태공망 여상

◆ 근원이 깊어야 강물이 흐르고, 강물이 흘러야 물고기가 생긴다.

◆ 물고기는 물을 떠나 살 수 없고, 열매는 나무를 떠나서는 맺히지 못하며, 사람은 도를 떠나서는 살 수 없다.

◆ 모든 사람은 죽는 것을 싫어하고 사는 것을 즐거워하니, 사람을 살리는 것이 도다.

◆ 물고기는 미끼를 물어 낚싯줄에 걸리고, 사람은 녹을 먹어 복종하니, 녹으로 천하 인재를 모으라.

◆ 천하는 임금 한 사람의 천하가 아니라, 천하 만민의 천하다.

◆ 하늘에는 춘하추동 4계절이 있어 음양이 순환하고, 땅은 만물을 길러내니, 사심이 없는(仁이 있는) 곳으로 천하의 민심은 돌아올 것이다. 백성의 민심을 얻어라. 천명은 민심을 얻는 데 있다.

* 위수 강가에서 낚시질하던 태공망 여상이 문왕을 처음 만났을 때 한 말이다.

은대 말기 주왕이 갖은 폭정을 하고 있을 즈음, 서백(서쪽 지방 제후들의 맹주. 후에 문왕으로 추존됨)이 전략가 태공망(이름은 여상, 문왕의 스승이 됨) 등을 모아 주나라 창건의 기틀을 다졌다.

그의 아들 무왕이 태공망과 함께 목야에 진을 치자, 은나라 주왕(은나라를 세운 탕왕의 31세손)은 조가에서 누대에 올라 스스로 불길에 뛰어들어 죽었다. 무왕은 은나라를 멸하고, 호경을 수도로 삼아 서주(BC 1046~770)를 세웠다. 무왕은 구정(천자를 상징하는 솥. 하나라를 세운 우임금은, 아홉 주를 상징하는 구정을 주조하여 대대로 받들게 했다. 하나라를 멸하고 은나라를 세운 탕왕은 구정을 상읍으로 옮겼다)을 낙읍으로 옮겼다.

무왕이 호경(장안 = 산시성 시안)에 도읍한 후, 시안은 1,100년 동안 13개 왕조(서주, 전한, 당나라 등)의 수도가 되었다. 무왕이 구정을 옮겼던 낙읍(허난성 뤄양)은 중국 역사에서 9개 왕조(동주, 후한, 수나라 등)의 수도가 되었다.

지금까지 전해오는 고전 중에서 '혁명'을 말한, 가장 오래된 책은 『주역』이다. 『주역』은 천하의 민심이 떠나간, 오래된 우물은 반드시 고쳐야 한다고 말한다.

4.3. 낡은 것을 버리고 새로운 것을 취하라

천지가 바뀌어 사계절이 이어지는 것처럼, 탕왕과 무왕이 혁명을 해서 하늘에 순종하고 백성들의 믿음을 얻었으니, 비로소 혁명의 때가 크게 무르익었다. 혁명을 어찌 쉽게 할 수 있겠는가?

혁革은 변혁變革이다. 택화혁은 아래에 불(리≡)이 있고, 위에 못(태≡)이 있는 괘상으로, 못 속에 불이 있음을 상징한다. 택화(못과 불)는 괘의 상象이며, 혁革은 괘의 이름이다. 못의 물과 불이 서로 작용을 쉬게 하고 운동을 멈추게 하여, 마치 두 여자가 한 집에 거주하여 서로 그 뜻이 다르고 어긋나는 형상을 상징하고 있다.

오래된 우물井은 반드시 고쳐야 한다. 혁명은 낡은 것을 버린다는 뜻이고, 솥鼎은 새로운 것을 취한다는 뜻이다. 48. 수풍정井 다음에 49. 택화혁革으로 받았다. 물건을 변혁시키는데 솥만 한 것이 없으므로, 49. 택화혁 다음에 50. 화풍정革을 놓았다. 50. 화풍정은 솥 안에 음식을 넣고 삶는 상이다.

곤궁하고 목마른 자는, 구덩이를 파서 우물을 만든다. 우물을 파서 침목으로 우물벽을 정井자로 만들어 쌓고 우물물을 긷는다. 마을은 옮길 수 있어도, 우물은 옮길 수 없다. 우물이 오래되어 물이 마르고 진흙이 나오니, 사람들에게 버림받고 새도 돌아보지 않는다. 퍼내지 않으면 물은 고여 썩는다. 우물을 치고 고쳐서革 뚜껑을 닫지 않고 열어 두면, 우물을 찾는 사람들의 발길이 다시 이어진다. 누구라도 물을 퍼서 쓸 수 있도록 베풀면 크게 길吉하다.

오래된 우물을 고치고, 혁명을 한 다음에는 음식을 솥에서 삶고 익혀서 조상께 올리고, 정통성을 확보해야 한다. 백성들을 먹이며, 새로운 시대에 맞는 물건을 만들고, 생산성을 높여서 사회의 일체감을 끌어내야 한다.

택화혁괘의 괘사와 효사는 문왕과 무왕, 태공망 여상이 천명을 받아 은의 주왕을 타도하여 은나라를 멸하고, 서주를 세우는 변혁의 이치가 잘 나타나 있다.

개혁은 때가 되어야 이루어진다. 혁명의 때라고 하더라도, 때가 무르익고 사람들의 믿음을 얻어야 혁명이 이루어진다. 질긴 황소의 가죽처럼 마음속에 혁명의 뜻을 공고히 지키면서, 때를 기다려야 한다. 자신의 힘만을 믿고 성급하게 혁명에 나서면, 실패하게 되어 흉할 수밖에 없다.

『주역』은 고친다는 말을 세 번 들어야, 개혁에 대한 사람들의 여론이 충분히 형성되어 믿음이 생기고 혁명이 이루어진다고 말한다. 드디어 혁명의 때가 오면, 혁명 지도자는 때를 기다리던 태도에서 호랑이처럼 변하여, 스스로 믿음을 가지고 사람들의 신뢰를 얻어 용맹하게 혁명의 길로 나아가야 한다.

혁명이 완성되는 단계에서는 혁명 주도 세력이 과거의 면목을 일신하고 새로운 사회 건설에 노력하지만, 혁명이 완수된 후에는 혁명 주체 세력이었던 지도자도 수구세력으로 표변하고 사람들은 자기 이익을 지키기에만 몰두한다.

물건을 변혁시켜서 백성들을 먹여 살리는 데는 솥鼎만 한 것이 없다. 그러므로 주역 50괘는 화풍정鼎이다.

급변하는 글로벌 비즈니스 환경에서 변화의 속도는 기하급수적으로 빨라지고 있다. 비가 새고 무너지기 시작하는 헌 집은 고치고, 새집을 지어야 한다.

옛날이든 지금이든, 동양이든 서양이든, 살아남기 위해서는 변해야 한다. 변화와 혁신의 길은 멀고 험난한 길이다. 미련한 소보다 민첩한 생쥐가, 급격한 변화의 그 길을 잘 찾아갈 것이다.

『주역』의 뿌리는 천지인 삼재 사상이며, 천인합일 사상이다. 천지에서 나온 '사람'은, 천지 만물의 이치에 따라 천지와 조화를 이루며 살아가야 함을 강조하고 있다.

군자는 성인을 배우는 자다.(공자) 성인을 배우는 자는 반드시 주역을 배우고, 주역을 잘 배운 자는, 주역을 읽어서 역의 이치를 깨달아 온전히 역의 이치로써 궁행실천(말로 약속하는데 그치지 않고 실제로 밟고 몸소 행함) 하는, 자리이타(자신의 수행과 다른 이의 이익을 위해 행동함)의 묘행을 하여야 한다. 모든 일과 행함에 반드시 괘사·효사를 지녀서 익숙해지고, 이로써 (점을 쳐서) 다가오는 일을 안다면, 역의 지극한 정(진심에서 우러나오는 참된 정)이 군자의 지극한 정이 되리라. (계사 상전 10장)

5. 주역을 만난 헤르만 헤세의 통찰

5.1. 헤르만 헤세, 주역을 만나다

1877년 칼프(독일)에서 태어난 헤르만 헤세(1877~1962)는 1911년 인도 및 동남아시아를 여행하였다. 1911년은 신해혁명으로 청 왕조(1644~1911)가 붕괴하고, 중국이 공화국으로 변혁되는 격동의 시대였다.

헤르만 헤세는 1913년 그 여행기 『인도 여행』을 발표하였다. 1922년 '인도의 시'라는 부제가 붙은 소설 〈싯다르타〉를 발표하고, 1946년 노벨문학상을 수상하였다.

헤르만 헤세는 1911년 제노바에서 출발하여, 인도행 기선 프린츠 아이텔 프리드리히호를 타고 수에즈 운하(1869년 개통)를 지나 → 스리랑카 → 니코바르제도 → 페낭 → 싱가포르 → 수마트라섬(팔렘방, 펠라양) → (배를 갈아타고) 싱가포르(싱가포르는 중국인들의 도시인 것이 인상적이라, 중국인들의 거리와 삶을 관찰하고 『인도 여행』에 그 기록을 자세하게 남겼다) → 스리랑카(콜롬보 캔디) → 아덴 → 1911년 12월 12일(화) 제노바로 돌아왔다.

헤르만 헤세는 (1911년) 인도로 가는 증기선 갑판에서 만난 상하이 출신의 중국인이 『주역』 경문을 전부 외우는 것을 보고, 『인도 여행』에 주역과의 만남을 자세하게 기록하였다.

『주역』은 1924년 처음으로 독일어로 출간(리하르트 빌헬름 번역)되었기 때문에, 『주역』 경문을 처음부터 끝까지 외우는 중국인을 처음 만난 헤르만 헤세는 깊은 인상을 받았다고 『인도 여행』에 자세하게 기록하였다.

한문 원전의 『주역』 경문 전체를 토를 달아 소리 내어 읽는 데는(1. 중천건괘 첫머리 건乾은 원元코~, 형亨코~, 이利코~, 정貞하느니라부터 시작하여, 『주역』 경문 전체를 외워서 읽음) 2시간 이상이 소요된다.

5.2. 주역을 만난 헤르만 헤세의 통찰

인도 여행 중 배에서 『주역』을 외우는 중국인을 만나고, 중국인들의 도시인 싱가포르에서 그들의 거리와 삶을 관찰한 헤르만 헤세는 다음과 같이 기록했다.

◆ 중국 민족은 때에 따라 유럽인들에게 친구가 될 수도 있고, 적이 될 수도 있다. 어떠한 경우든 우리에게 무한한 이익을 주거나 해를 끼칠 수 있는 동등한 경쟁자로서 그들을 연구해야만 한다고 나는 생각한다.

◆ 중국인들에게서 처음으로 하나의 민족 단일성이 절대적으로 지배하는 것을 보았다.

◆ (피부색이나 의상, 생활방식이) 말레이인이나 인도인, 흑인들을 아주 뚜렷한 단일성으로 획일화시킬 수 있다. 중국인들에게서는 처음부터 문화 민족이라는 인상을 받았다.

◆ 그것은 중국인들의 오랜 역사 속에서 형성되었으며, (자기의 문화 의식을 가지고) 과거를 돌아보는 것이 아니라 적극적인 미래를 바라보는 민족이라는 것이 인상적이었다.

◆ 낙후된 문명 속에서 식민제국주의자들에게 착취당하며 허물어진 사원들 틈에서 비참한 삶을 살아가는 원주민들과 그들의 삶에 덮쳐오는 태풍과 열대 지방의 우거진 밀림 등 자연의 위력에 압도당하여 바꿀 수 없는 운명에 자신을 맡긴 채 살아가는 말레이인들과 반대로 부지런하고 명석하며 고집스러움으로 성공적인 삶을 꾸려가는 중국인들을 나는 보았다.

헤르만 헤세의 작품에는 〈싯다르타〉의 문체와 장면들뿐만 아니라, 〈유리알 유희〉에 이르기까지 힌두교, 불교, 유교와 도교의 지혜가 뿌리 깊게 스며들어 있다.

인도 여행 당시 헤르만 헤세는 종교들 간의 관용과 민족들 간의 상호 이해만이 실제적인 평화를 이끌어낼 수 있다는 점을 깊이 인식하고, 여행기 『인도 여행』 곳곳에 그의 생각들을 기록하였다.

싱가포르는 동남아시아 말레이반도 끝에 위치한 도시국가다. 인구의 70%가 중국 민족이다. 싱가포르는 1965년 말레이시아 연방(말레이시아 연방은 1959년 영국 식민지에서 독립)으로부터 독립하였다.

1911년 싱가포르를 여행한 헤르만 헤세의 작가적 통찰에서, 오늘날 싱가포르가 발전한 그 근원이 어디에 뿌리를 두고 있는지 우리는 깊이 이해할 수 있다.

6. 주역 64괘에서 디지털 이진법 원리를 도출한 라이프니츠

고트프리드 빌헬름 라이프니츠(1646~1716)는 독일 하노버에서 태어난 철학자이며 수학자였다. 라이프니츠는 1675년 적분과 미분의 기초를 세웠다. 1679년에는 0과 1의 수 체계를 사용하는 이진법을 완성하였다.

라이프니츠는 불굴의 저술가였으며, 600명 이상과 광범위한 서신 교류를 하였다. 당시 청나라(베이징)에 파견된 프랑스 신부 부베(1656~1730)가 1701년 서신으로 보내준 '복희 64괘 방원도'를 보고 영감을 받아, 팔괘를 이진법으로 표현하였다.

라이프니츠는 우리가 생각할 수 있는 모든 개념은 0과 1(음과 양)로써 표현할 수 있다고 보았다. 음(--)은 절대적 무를 의미하는 0으로, 양(ㅡ)은 신과 하나됨을 의미하는 1로 해석했다. 라이프니츠는 "복희 64괘 방위도는 현존하는 과학의 최고 기념물"이라고 하였다. 라이프니츠는 이진법의 수 체계가 주역 음양의 원리에서 도출된다고 본 것이다.

디지털 컴퓨터는 숫자, 문자, 기호를 이진법(0과 1)으로 표현하여 처리한다. 라이프니츠는 0과 1의 이진법 체계로 작동하는, 현대 디지털 컴퓨터의 이론적 선구가 된 모델을 제시했다. 프랑스의 파스칼과 독일의 라이프니츠는 17세기에 기계식 디지털 계산기를 발명했다.

〈라이프니츠가 정리한 팔괘와 이진법〉

팔괘	곤괘	간괘	감괘	손괘	진괘	리괘	태괘	건괘
이진법	000	100	010	110	001	101	011	111
십진법	0	1	2	3	4	5	6	7

◆ 세상의 변화는 기하급수적이다.

한 번에 한 개씩 6번을 반복하여 취하면 6개를 얻을 수 있다. 그러나 한 번에 두 배씩 여섯 번을 계속하면 64개를 얻는다. 주역은 세상의 변화를 태극에서 양의가 나오고, 이어서 사상이 되고, 8괘에 이른다고 한다. 1생2법에 따라 세 배 하여 8을 얻으면, 또 그 획을 세 배 하여 64를 얻으니, 주역은 세상이 기하급수적으로 변한다고 보는 것이다.

◆ 인공지능(AI) 혁명으로 세상이 기하급수적으로 변하고 있다.

무어의 법칙에 따라, 컴퓨팅과 칩의 집적도가 기하급수적으로 증가하면서

- 현재의 AI(인공지능)는 → GAI(범용 인공지능, General AI) → SAI(슈퍼 인공지능, Super AI) → UAI(초 인공지능, Ultra AI)로 기하급수적으로 변해간다.

UAI라는 용어는 기하급수적으로 변해가는 AI 혁명의 미래를 나타내기 위하여 저자가 처음으로 만들어서 사용하는 용어다. 인공지능이 인공지능을 만들어내고, 인간의 지능을 뛰어넘는 더욱 강력하고 발전된 형태의 인공지능이 작동하는 새로운 시스템의 시대가 다가오고 있음을 상징하는 용어로 사용한다.

◆ 1생2법으로 태극에서 음양이 나온다. 음양은 비트의 표현 체계와 같다. 주역의 음양, 사상, 팔괘는 (디지털 컴퓨터와 같은 원리이므로) 비트, 큐비트(사상 비트), 팔괘 비트로 표시할 수 있다.

양자컴퓨터가 발전해 감에 따라 전통적인 컴퓨터의 기본 단위인 비트(0과 1)와 달리, 양자 컴퓨터는 큐비트(0과 1이 공존 : 00, 01, 10, 11)라는 기본 단위를 사용한다.

UAI 시대가 다가오면 주역의 이치에 따라서 우리가 예지할 수 있는 바와 같이, 큐비트 → 팔괘 비트를 기본 단위로 하는 울트라 슈퍼 컴퓨팅 체계가 등장할 것이다.

◆ 그러나 기하급수적으로 변하는 세상에도 변하지 않는 이치는 존재하고 있다. 한낮이 지나면 밤이 오고, 봄이 지나면 여름이 오고 가을이 온다. 태풍이 남쪽에서 북쪽으로 불고, 물이 높은 곳에서 낮은 곳으로 흐르고, 지구 에너지의 흐름으로 지진이 생긴다. 생겨난 것은 언젠가는 사라진다는 우주 법칙은 변함없이 존재한다.

만물이 극에 달하면 통한다. 양이 극에 달하면 음이 생겨나고, 음이 극에 달하면 양이 생겨난다. 양속에 음이 있고, 음속에 양이 있다. 주역의 뿌리는 천지인 삼재 사상이며, 천인합일 사상이다. 천지에서 나온 '사람'은 천지 만물의 이치에 따라 천지와 조화를 이루며 살아가야 함을 강조하고 있다.

UAI 시대가 다가올지라도 사람이 세상을 살아가는 이치는 오래된 주역의 본질 속에 이미 오롯이 내재되어 있다. 이것이 저자가 '주역의 본질'을 주제로 이 책을 쓴 이유 중의 하나다.

3천 년의 역사 속에서 주역의 본질과 이치를 밝혀서 크고 작은 글과 그림으로 남겨 주신 거인들에게 삼가 두 손 모아 절하며

'때를 알고, 때에 따라 체인지하라!'

이 글을 읽는 그대에게 이 말을 전합니다.

THE BOOK OF CHANGES

주역의 본질

때에 따라 체인지하라

초판 1쇄 인쇄 2024년 5월 8일
초판 1쇄 발행 2024년 5월 20일

저 자 ⏐ 손 민 익
발행인 ⏐ 박 신 옥
기 획 ⏐ 손 재 현
편 집 ⏐ 손 덕 원
펴낸곳 ⏐ 도서출판 아마
인 쇄 ⏐ 서울문화인쇄(주)
등 록 ⏐ 제 2015-000068 호
주 소 ⏐ 서울시 은평구 연서로 15길 41-1(구산동) 2층-3층
전 화 ⏐ 02)389-8137
e-메일 ⏐ sonminik@hanmail.net

ISBN 979-11-956860-8-7 03140